해커스공무원
매일
하프모의고사
한국사 2

해커스공무원

차례

매일 하프모의고사

실전모의고사

(책 속의 책)
약점 보완 해설집

OMR 답안지 [문제집 내 수록]
OMR 답안지를 활용하여 실전처럼 모의고사 문제를 풀어보세요.

시대별 막판 암기 점검 [PDF]
해커스공무원(gosi.Hackers.com) 접속 후 로그인 ▶ 상단의 [교재·서점 → 무료 학습 자료] 클릭 ▶ 본 교재 우측의 [자료받기] 클릭하여 이용

『매일 하프모의고사』 교재 활용법

1 24일 동안 매일 하프모의고사를 풀며 문제풀이 감각 높이기

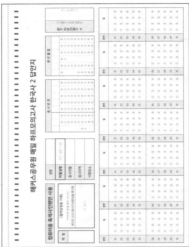

1. 문제집 맨 뒤에 수록된 OMR 답안지를 준비합니다.

2. 타이머를 '7분'으로 맞춥니다.

3. OMR 답안지와 타이머가 준비되면 제한된 시간 내에 매일 하프모의고사(1일~24일)를 풀어봅니다.

   이때, 문제 풀이 시간을 최대한 앞당기는 연습이 필요합니다.

4. '바로 채점하기'를 통해 빠르게 채점하고 맞은 갯수를 적습니다.

2 마무리 OX 퀴즈로 핵심 개념 점검하고, 약점 보완 해설집으로 약점 극복하기

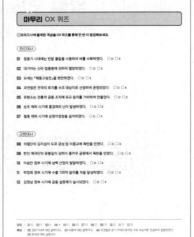

1. 각 일자별 '하프모의고사'의 마지막 페이지에 있는 '마무리 OX 퀴즈'를 풀고 채점합니다.

2. [약점 보완 해설집(책 속의 책)]의 '취약시대 분석표'를 활용하여 본인이 어떤 시대의 문제를 많이 틀렸는지 확인합니다.

3. 해설을 꼼꼼히 읽어보며 틀린 문제는 어떤 개념을 몰라서 틀렸는지 확인하고, 헷갈렸던 개념에 대해 점검합니다.

4. '이것도 알면 합격!'을 꼼꼼히 읽어보며 심화 개념들을 학습합니다.

3 시험 D-3일, 실전모의고사로 실전 감각 높이기

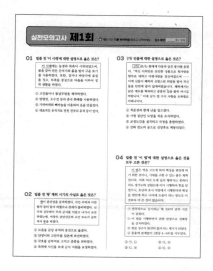

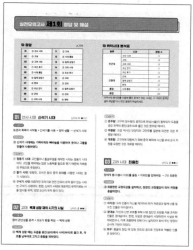

1. 문제집 맨 뒤에 수록된 OMR 답안지를 준비합니다.

2. 타이머를 '15분'으로 맞춥니다.

3. OMR 답안지와 타이머가 준비되면 제한된 시간 내에 실전모의고사(총 3회분)를 실전처럼 풀어봅니다.

4. 채점을 하고, 틀린 문제의 해설을 꼼꼼히 읽어보며 놓치고 있는 개념이 있는지 점검합니다.

4 시험 D-1일, 시대별 막판 암기 점검(PDF) 풀어보기

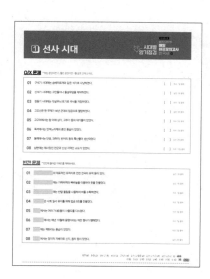

1. 온라인으로 제공되는 '시대별 막판 암기 점검(PDF 부가물)'을 풀어보며 중요한 핵심 키워드들을 최종 점검합니다.

2. 채점 후 틀린 OX 문제, 빈칸 채우기 문제와 관련된 개념은 반드시 복습합니다.

해커스공무원
매일 하프모의고사 한국사 2

매일
하프모의고사

1일~24일

* 하프모의고사를 풀기 전 OMR 답안지를 미리 준비합니다
OMR 답안지는 교재 p.121에 있습니다.

01 밑줄 친 '이 시대'의 생활상으로 옳은 것은?

> 계급이 처음 발생한 이 시대에는 부족 간의 전쟁이 빈번하게 일어나면서 마을 주변에 목책과 환호, 토성 등의 방어 시설을 설치하였다. 특히 마을을 둘러싼 도랑인 환호는 울주 검단리 유적에서 처음으로 완전한 모습으로 발견되었다.

① 명도전 등의 화폐를 사용하였다.
② 빗살무늬 토기로 곡식을 저장하였다.
③ 슴베찌르개와 같은 석기로 사냥하였다.
④ 반달 돌칼을 사용하여 벼를 수확하였다.

02 밑줄 친 '왕'에 대한 설명으로 옳은 것은?

> 왕이 명하기를 "이제 장차 내고·상적창·도염원 및 여러 궁원과 사사가 소유한 염분을 모두 관에 납입시키도록 하라 …… 그리하여 소금을 쓰는 자는 모두 의염창에 가서 사도록 하고, 군현의 사람들은 모두 본관의 관사에 나아가 포를 바치고 소금을 받도록 하라." 라고 하였다.

① 섬학전을 설치하였다.
② 사림원을 설치하였다.
③ 요동 정벌을 단행하였다.
④ 기철 등의 부원 세력을 제거하였다.

03 (가) 시기에 있었던 사실로 옳은 것은?

> 동학 농민군이 백산에 집결하여 격문과 4대 강령을 선언하였다.
>
> ↓
>
> (가)
>
> ↓
>
> 동학 농민군이 전주에서 정부와 화약을 체결하였다.

① 남접군과 북접군이 논산에서 집결하였다.
② 전봉준의 주도로 고부 농민 봉기가 일어났다.
③ 동학 농민군이 황토현에서 관군에 승리하였다.
④ 동학 농민군이 우금치에서 일본군과 관군에 패배하였다.

04 밑줄 친 '그'에 대한 설명으로 옳은 것은?

> 그가 처음 보현도량을 결성하고 법화삼매를 수행하여, 극락정토에 왕생하기를 구하였는데, 모두 천태삼매의를 그대로 따랐다. …… 대중의 청을 받아 교화시키고 인연을 맺은 지 30년이며, 결사에 들어온 자들이 3백여 명이 되었다.

① 해동 천태종을 창시하였다.
② 『해동고승전』을 편찬하였다.
③ 강진에서 백련사를 결성하였다.
④ 9산 선문의 통합을 주장하였다.

05 밑줄 친 '이 나라'에 대한 설명으로 옳은 것은?

> 이 나라는 삼한의 종족이며, 지금의 고령에 있었다. 국왕 하지(荷知)는 사신을 보내 남제에 공물을 바쳤다. 이에 남제에서는 국왕 하지에게 "보국장군 본국왕"의 벼슬을 제수하였다.

① 신라 법흥왕에 의하여 멸망하였다.
② 박, 석, 김씨가 교대로 왕위를 계승하였다.
③ 시조가 아유타국에 온 공주와 혼인을 하였다.
④ 지산동 고분군을 대표적 문화유산으로 남겼다.

06 (가) 단체의 활동으로 옳은 것은?

> [가]은/는 이에 제1차의 전쟁사를 세상에 공개하노니 …… 한국이 망하고 중국이 동북을 잃어버렸으니 동북을 잃고는 한국의 광복이 더욱 어렵다는 것도 명백히 증명되는 바이다. 그러므로 우리 한국은 한국을 위하여 광복을 꾀하려고 하면 반드시 먼저 중국을 구해야 하고, 중국을 위하여 광복을 꾀함에도 한국은 또한 중국을 구해야 할 것이다. 이것이 바로 내가 우리 한·중 양국 동지가 다 같이 각성하여 전장에 목숨을 함께 바치자는 까닭이다. – 김구, 「도왜실기」

① 경성 부민관 의거를 일으켰다.
② 강우규가 사이토 총독에게 폭탄을 던졌다.
③ 김지섭이 도쿄 궁성 앞 이중교에 폭탄을 던졌다.
④ 윤봉길이 상하이 훙커우 공원에서 폭탄을 던졌다.

07 다음 담화문을 발표한 정부 시기의 경제 상황으로 옳은 것은?

> 우리가 광복 50주년을 맞아 일제의 잔재인 옛 조선 총독부 건물을 철거하기 시작한 것도 역사를 바로 잡아 민족 정기를 확립하기 위한 것입니다. 역사 바로 세우기의 참뜻을 이해하고 전폭적인 지지와 성원을 보내주신 국민 여러분께 깊은 감사드립니다.

① 삼백 산업이 발달하였다.
② 금융 실명제가 실시되었다.
③ 수출 100억 달러를 처음 달성하였다.
④ 칠레와 자유 무역 협정(FTA)을 체결하였다.

08 밑줄 친 '이 기구'에 대한 설명으로 옳은 것은?

> 우부승지 김종직이 아뢰기를 "고려 태조는 여러 고을에 명을 내려 청렴한 선비를 뽑아서 향리들이 불법을 규찰하게 하였으므로 간사한 향리가 저절로 없어져 5백 년간 풍화를 유지할 수 있었습니다. 우리 조정에서는 이시애의 난 이후 이 기구가 혁파되자 간악한 향리들이 불의를 자행하여서 건국한 지 1백 년도 못 되어 풍속이 쇠퇴해졌습니다. …… 청컨대 이 기구를 다시 설립하여 풍속을 규찰하게 하소서."라고 하였다.

① 옥당이라고 불리며 경연을 담당하였다.
② 중앙과 지방의 연락 업무를 담당하였다.
③ 좌수와 별감 등을 임원으로 선출하였다.
④ 전통적 공동 조직에 유교 윤리를 가미하여 만들었다.

09 (가)와 (나)에 들어갈 토지 제도에 대한 설명으로 옳지 않은 것은?

> ○ 문란한 토지 제도를 바로잡고 신진 사대부의 경제 기반을 마련하기 위해 조준, 정도전 등이 (가) 을/를 마련하였다.
> ○ 성종은 지방 관청에서 그 해의 생산량을 조사하여 직접 조를 거두고, 관리에게 나누어 주는 방식인 (나) 을/를 시행하였다.

① (가) – 전·현직 관리에게 토지의 수조권을 지급하였다.
② (나) – 수조권자의 과다한 수취를 막기 위해 시행되었다.
③ (가) – 전국의 토지를 수조 대상지로 선정하여 운영되었다.
④ (나) – 국가의 토지 지배력이 강화되는 결과를 가져왔다.

10 밑줄 친 '왕'의 재위 시기의 사실로 옳은 것은?

> 왕께서 하교하기를, "선조(先朝)께서 내노비와 시노비를 일찍이 혁파하고자 하셨으니, 내가 마땅히 이 뜻을 이어받아 지금부터 일체 혁파하려 한다. ……" 그리고 승지에게 명하여 내사와 각 궁방, 관사의 노비안을 돈화문 밖에서 불태우고 아뢰도록 하였다.

① 장용영이 창설되었다.
② 삼정이정청을 설치하였다.
③ 홍경래의 난이 발생하였다.
④ 『동국문헌비고』가 편찬되었다.

마무리 OX 퀴즈

☑ 모의고사에 출제된 개념을 OX 퀴즈를 통해 한 번 더 점검해보세요.

전근대사

01 청동기 시대에는 반달 돌칼을 사용하여 벼를 수확하였다. ☐ O ☐ X

02 대가야는 신라 법흥왕에 의하여 멸망하였다. ☐ O ☐ X

03 요세는 『해동고승전』을 편찬하였다. ☐ O ☐ X

04 과전법은 전국의 토지를 수조 대상지로 선정하여 운영되었다. ☐ O ☐ X

05 유향소는 전통적 공동 조직에 유교 윤리를 가미하여 만들었다. ☐ O ☐ X

06 순조 재위 시기에 홍경래의 난이 발생하였다. ☐ O ☐ X

07 철종 재위 시기에 삼정이정청을 설치하였다. ☐ O ☐ X

근현대사

08 의열단의 김지섭이 도쿄 궁성 앞 이중교에 폭탄을 던졌다. ☐ O ☐ X

09 한인 애국단의 윤봉길이 상하이 훙커우 공원에서 폭탄을 던졌다. ☐ O ☐ X

10 이승만 정부 시기에 삼백 산업이 발달하였다. ☐ O ☐ X

11 박정희 정부 시기에 수출 100억 달러를 처음 달성하였다. ☐ O ☐ X

12 김영삼 정부 시기에 금융 실명제가 실시되었다. ☐ O ☐ X

정답 | **01** O **02** X **03** X **04** X **05** X **06** O **07** O **08** O **09** O **10** O **11** O **12** O

해설 | **02** 금관가야에 대한 설명이다. **03** 각훈에 대한 설명이다. **04** 과전법은 경기 지역의 토지만 수조 대상지로 선정하여 운영되었다. **05** 향약에 대한 설명이다.

01 대한 제국 시기에 추진된 정책으로 옳지 않은 것은?

① 양잠 전습소와 잠업 시험장을 설립하였다.

② 여권 발급 업무를 담당하는 수민원을 설치하였다.

③ 서북 철도국을 설치하여 경의 철도 부설을 추진하였다.

④ 은화를 본위 화폐로 하는 신식 화폐 발행 장정을 공포하였다.

02 밑줄 친 '적'에 대한 설명으로 옳은 것을 모두 고른 것은?

> 적은 진도로 들어가서 근거지로 삼고 인근 고을들을 노략질하였으므로 왕이 김방경에게 명령하여 토벌케 하였는데, 이듬해 김방경은 흔도 등과 함께 적을 격파하였다. 적은 모두 처자를 버리고 멀리 도망쳤으며 적장 김통정은 패잔병을 거느리고 탐라로 들어갔다.

> ㉠ 도적을 잡기 위해 설치한 야별초에서 시작되었다.
> ㉡ 거란의 침입에 대비하기 위하여 조직되었다.
> ㉢ 일본과의 외교 접촉을 시도하기도 하였다.
> ㉣ 신기군, 신보군, 항마군으로 편제되었다.

① ㉠, ㉡   ② ㉠, ㉢

③ ㉡, ㉣   ④ ㉢, ㉣

03 (가) 국가의 경제 상황으로 옳지 않은 것은?

> 촌락 문서는 [(가)]의 서원경 부근 4개 촌락의 인구 수, 토지 종류와 면적, 소와 말의 수 등을 기록한 문서로 일본 도다이사 쇼소인에서 발견되었다. 촌락 문서에서 사람은 남녀별로 구분하고 나이에 따라 6등급으로 기록하였으며, 가호는 9등급으로 나누어 기록하였다. 또한, 토지는 논, 밭, 마전 등의 총면적을 나누어 기재하였다.

① 울산항이 국제 무역항으로 번성하였다.

② 왕경에 서시전과 남시전을 설치하였다.

③ 건원중보, 은병 등의 화폐를 사용하였다.

④ 어아주, 조하주 등의 비단을 생산하여 당나라에 보냈다.

04 다음 사건을 발생한 순서대로 바르게 나열한 것은?

> ㉠ 원균이 칠천량 전투에서 패배하였다.
> ㉡ 조·명 연합군이 평양성을 탈환하였다.
> ㉢ 신립이 충주 탄금대 전투에서 패배하였다.
> ㉣ 김시민이 왜군에 맞서 진주성을 지켜냈다.

① ㉢ - ㉣ - ㉠ - ㉡

② ㉢ - ㉣ - ㉡ - ㉠

③ ㉣ - ㉢ - ㉠ - ㉡

④ ㉣ - ㉢ - ㉡ - ㉠

05 (가), (나)의 내용을 논의한 회담에 대한 설명으로 옳은 것은?

> (가) 우리 세 나라는 현재 한국 국민이 노예 상태에 놓여 있음을 유의하여 적당한 시기에 한국을 자주 독립시킬 결의를 한다.
> (나) 루스벨트는 신탁 통치의 유일한 경험이 필리핀의 경우였는데, 필리핀인은 자치 준비에 50년이 걸렸지만, 조선은 불과 20~30년 밖에 필요치 않을 것이라고 덧붙였다.

① (가) - 회담의 당사국은 미국, 영국, 소련이었다.

② (나) - 마지막까지 남아 있는 일본에 무조건 항복을 요구하였다.

③ (가) - 독일 항복 이후 전후 처리 문제를 협의하기 위해 개최되었다.

④ (나) - 소련이 일본과의 전쟁에 참전할 것을 결의하였다.

06 밑줄 친 '이곳'에서 전개된 사실로 옳은 것은?

> 3·1 운동 이후 이곳에 대한민국 임시 정부가 수립되었는데, 이곳은 서구 열강의 조계지가 많아 외교 활동을 펴기에 유리한 곳이었기 때문이었다. 하지만 일본의 침략 전쟁이 확대됨에 따라 대한민국 임시 정부는 이곳에 계속 머무르지 못하고 여러 곳으로 옮겨 다니며 활동을 전개하다가 1940년 충칭에 정착하였다.

① 한인 자치 기구인 경학사가 조직되었다.

② 신한민보가 발간되어 항일 의식을 고취시켰다.

③ 여운형, 신규식 등이 신한 청년당을 조직하였다.

④ 유학생들이 중심이 되어 2·8 독립 선언을 발표하였다.

07 밑줄 친 '왕' 재위 시기의 사실로 옳은 것은?

> 백관을 소집하여 금을 섬기는 문제에 대한 가부를 의논하게 하니 모두 불가하다고 하였다. 유독 이자겸과 척준경만이 "금이 날로 강대해지고 있습니다. 또, 우리와 서로 국경이 맞닿아 있어 섬기지 않을 수 없는 상황입니다. 게다가 작은 나라로서 큰 나라를 섬기는 것은 선왕의 도리이니, 사신을 보내 먼저 예를 갖추어 찾아가는 것이 옳습니다."라고 하니 왕이 이 말을 따랐다.

① 사신 저고여가 귀국 길에 피살되었다.

② 의천 등의 건의로 주전도감을 설치하였다.

③ 묘청이 수도를 서경으로 옮길 것을 주장하였다.

④ 양현고를 설치하여 관학을 진흥시키고자 하였다.

08 다음 자료가 기록된 역사서에 대한 설명으로 옳은 것은?

> 곰과 호랑이가 찾아와 사람이 되기를 원하므로 환웅이 그들에게 쑥과 마늘을 주면서 "이것을 먹고 100일 동안 햇빛을 보지 않으면 사람이 될 것이다." 라고 하였다. 곰은 이를 지켜 여자의 몸이 되었으나 호랑이는 사람이 되지 못하였다. 환웅이 사람으로 변신하여 웅녀와 결혼하였다. 아들을 낳으니 단군왕검이라 하였다.

① 『동국이상국집』에 수록되어 전한다.

② 불교 중심의 고대 민간 설화를 수록하였다.

③ 열전에는 김유신을 비롯한 신라인이 편중되었다.

④ 대의명분을 중시하는 성리학적 사관을 반영하였다.

09 (가) 인물에 대한 설명으로 옳은 것은?

> [가]의 호는 단원으로, 어려서부터 그림 그리는 일을 전공하였는데 못하는 것이 없었다. 영조 때 [가]은/는 왕의 초상화를 그리라는 명을 받았고, 또 지금 임금 때에도 명을 받들어 왕의 초상화를 그리니 임금께서 [가]에게 특별히 찰방 벼슬을 내리셨다.

① 안평 대군의 꿈을 바탕으로 몽유도원도를 그렸다.
② 진경 산수화의 대가로 인왕제색도, 금강전도 등을 그렸다.
③ 주로 양반과 부녀자의 생활, 유흥 등을 해학적으로 묘사하였다.
④ 서당, 논갈이 등 서민의 생활을 소탈하고 익살스럽게 표현하였다.

10 밑줄 친 '왕' 재위 시기의 사실로 옳은 것은?

> 이찬 이사부가 왕에게 "국사라는 것은 임금과 신하들의 선악을 기록하여, 좋고 나쁜 것을 만대 후손들에게 보여주는 것입니다. 이를 책으로 편찬해 놓지 않는다면 후손들이 무엇을 보고 알겠습니까?"라고 아뢰었다. 왕이 깊이 동감하고 대아찬 거칠부 등에게 명하여 선비들을 널리 모아 그들로 하여금 역사를 편찬하게 하였다.

① 아시촌에 소경을 설치하였다.
② 첨성대를 세워 천체를 관측하였다.
③ 마운령, 황초령 등에 순수비가 건립되었다.
④ 율령을 반포하고 백관의 공복을 제정하였다.

바로 채점하기　　정답·해설 _약점 보완 해설집 p.5

01	④	02	②	03	③	04	②	05	④
06	③	07	③	08	②	09	④	10	③

맞은 개수: _____개 / 10개

마무리 OX 퀴즈

☑ 모의고사에 출제된 개념을 OX 퀴즈를 통해 한 번 더 점검해보세요.

전근대사

01 진흥왕 때는 율령을 반포하고 백관의 공복을 제정하였다. □ O □ X

02 통일 신라는 왕경에 서시전과 남시전을 설치하였다. □ O □ X

03 고려 인종 때는 묘청이 수도를 서경으로 옮길 것을 주장하였다. □ O □ X

04 삼별초는 신기군, 신보군, 항마군으로 편제되었다. □ O □ X

05 『삼국유사』는 불교 중심의 고대 민간 설화를 수록하였다. □ O □ X

06 김시민이 왜군에 맞서 진주성을 지켜냈다. □ O □ X

07 김홍도는 주로 양반과 부녀자의 생활, 유흥 등을 해학적으로 묘사하였다. □ O □ X

근현대사

08 대한 제국은 서북 철도국을 설치하여 경의 철도 부설을 추진하였다. □ O □ X

09 상하이에서는 여운형, 신규식 등이 신한 청년당을 조직하였다. □ O □ X

10 일본에서는 유학생들이 중심이 되어 2·8 독립 선언을 발표하였다. □ O □ X

11 카이로 회담은 독일 항복 이후 전후 처리 문제를 협의하기 위해 개최되었다. □ O □ X

12 얄타 회담에서는 소련이 일본과의 전쟁에 참전할 것을 결의하였다. □ O □ X

정답 | 01 X 02 O 03 O 04 X 05 O 06 O 07 X 08 O 09 O 10 O 11 X 12 O

해설 | 01 법흥왕 때의 사실이다. 04 별무반에 대한 설명이다. 07 신윤복에 대한 설명이다. 11 포츠담 회담에 대한 설명이다.

01 밑줄 친 '왕'의 재위 시기의 사실로 옳은 것은?

> 의정부의 서사를 나누어 6조에 귀속시켰다. …… 처음에 왕은 의정부의 권한이 막중함을 염려하여 이를 혁파할 생각이 있었지만, 신중하게 여겨 서두르지 않았다가 이때에 이르러 단행하였다. 의정부가 관장한 것은 사대 문서와 중죄수의 심의뿐이었다.

① 직전법을 실시하였다.
② 의흥삼군부를 설치하였다.
③ 주자소에서 갑인자를 주조하였다.
④ 문하부 낭사를 사간원으로 독립시켰다.

02 고려 시대의 지방 제도에 대한 설명으로 옳은 것을 모두 고른 것은?

> ㉠ 전국을 8도로 나누고 그 아래 부·목·군·현을 두었다.
> ㉡ 중앙 고관을 사심관으로 임명하여 지방 세력을 견제하였다.
> ㉢ 북방의 국경 지대에는 양계를 설치하고 안찰사를 파견하였다.
> ㉣ 수령이 파견된 주현보다 수령이 파견되지 않은 속현의 수가 더 많았다.

① ㉠, ㉡
② ㉠, ㉢
③ ㉡, ㉣
④ ㉢, ㉣

03 다음 협정이 체결된 이후의 사실로 옳은 것은?

> 제2조 중국 관헌은 각 현에 통고하여 재류 조선인이 무기를 휴대하고 조선에 침입하는 것을 엄금한다. 이를 어긴 자는 체포하여 일본 관헌에게 인도한다.
> 제5조 일본 관헌이 지명한 불령단 수령은 중국 관헌에서 신속히 체포하여 인도한다.

① 간도 참변이 일어났다.
② 대한 독립 군단이 결성되었다.
③ 상하이에서 국민 대표 회의가 개최되었다.
④ 한국 독립군이 사도하자 전투에서 승리하였다.

04 밑줄 친 '그'에 대한 설명으로 옳은 것은?

> 당 태종에게 그가 요청하기를 "백제는 강하고 교활하여 여러 차례 함부로 침범해 왔습니다. 지난해에는 군사를 크게 일으켜서 쳐들어와 수십 개의 성을 쳐서 함락시켰습니다. …… 만약 폐하께서 군사를 빌려주시어 흉악한 것을 잘라 없애주시지 않으신다면 우리나라의 백성은 모두 포로가 될 것이니, 그렇다면 산 넘고 바다 건너 섬기러 오는 일도 다시는 바랄 수 없을 것입니다." 라고 하였다. 이에 당 태종이 군사의 출정을 허락하였다.

① 독서삼품과를 실시하였다.
② 백성에게 처음으로 정전을 지급하였다.
③ 사정부를 설치하여 관리를 감찰하였다.
④ 품주를 고쳐 집사부와 창부를 설치하였다.

05 다음 결의문에 근거하여 실시된 선거에 대한 설명으로 옳은 것을 모두 고른 것은?

> 소총회는 …… 한국 인민의 대표가 국회를 구성하여 중앙 정부를 수립할 수 있도록 선거를 시행함이 긴요하다고 여기며, 총회의 의결에 따라 국제 연합 한국 임시 위원단이 접근할 수 있는 지역에서 결의문 제2호에 기술된 계획을 시행함이 동 위원단에 부과된 임무임을 결의한다.

> ㄱ 김구, 김규식이 출마하였다.
> ㄴ 우리나라 최초의 민주주의 선거였다.
> ㄷ 임기 4년의 국회의원을 선출하였다.
> ㄹ 만 21세 이상의 모든 국민에게 투표권이 부여되었다.

① ㄱ, ㄴ

② ㄱ, ㄷ

③ ㄴ, ㄹ

④ ㄷ, ㄹ

06 다음 조약에 대한 설명으로 옳은 것은?

> 제4조 조선 상인이 북경에서 규정에 따라 교역하고, 중국 상인이 조선의 양화진과 서울에 들어가 영업소를 개설한 경우를 제외하고 각종 화물을 내지로 운반하여 상점을 차리고 파는 것을 허가하지 않는다.

① 갑신정변의 영향으로 체결되었다.

② 조선의 관세 자주권을 최초로 인정하였다.

③ 조선이 청의 속방이라는 것을 명시하였다.

④ 최혜국 대우를 규정한 조항을 포함하고 있다.

07 밑줄 친 '그'에 대한 설명으로 옳은 것은?

> 신인이 말하기를, "지금 그대의 나라는 여자가 왕이 되어 덕은 있으나 위엄은 없소. 그러므로 이웃 나라가 침략을 꾀하는 것이니, 마땅히 속히 본국으로 돌아가시오."라고 하였다. 그가 묻기를, "귀향하면 장차 무엇이 이익이 되겠습니까?"라고 하였다. 신인이 말하였다. "황룡사의 호법룡이 내 큰아들인데, 범왕(梵王)의 명을 받아 이 절에 와서 호위하고 있으니 본국으로 돌아가 9층 탑을 절 안에 세우면 이웃 나라가 항복하고 9한(九韓)이 와서 조공하여 왕조가 길이길이 편안할 것이오." …… 그는 귀국하여 탑을 세울 일을 왕에게 아뢰었다.

① 당에서 유학하고 돌아와 부석사를 창건하였다.

② 대국통에 임명되어 출가자의 계율을 주관하였다.

③ 김제 금산사를 중심으로 미륵 신앙을 전파하였다.

④ 모든 것이 한마음에서 나온다는 일심 사상을 제시하였다.

08 (가) 정부 시기의 사실로 옳은 것은?

> 10·26 사태 이후 국무총리였던 최규하가 통일 주체 국민 회의를 통해 대통령에 선출되었고, 시민들 사이에는 유신 체제가 끝나고 민주주의가 실현될 것이라는 기대가 높아졌다. 그러나 10·26 사태를 수사하던 (가) 보안 사령관 등은 12월 12일에 쿠데타를 일으켜 정승화 육군 참모총장 겸 계엄 사령관을 체포하고, 군사권을 장악하였다.

① 국민 교육 헌장이 선포되었다.

② 3·1 민주 구국 선언이 발표되었다.

③ 최초로 이산가족 고향 상봉이 성사되었다.

④ 정부에 비판적이던 경향신문이 폐간되었다.

09 다음 격문이 발표된 사건에 대한 설명으로 옳은 것은?

> 조정에서는 관서를 버림이 분토(糞土)와 다름없다. 심지어 권세 있는 집의 노비들도 서토의 사람을 보면 반드시 "평안도 놈"이라 말한다. 어찌 억울하고 원통하지 않은 자 있겠는가. …… 지금 임금이 나이가 어려 권세 있는 간신배가 그 세를 날로 떨치고 김조순, 박종경의 무리가 국가 권력을 오로지 갖고 노니 어진 하늘이 재앙을 내린다.

① 집강소를 설치하고 폐정 개혁을 추진하였다.

② 우병사 백낙신의 수탈에 반발하여 일어났다.

③ 신흥 상공업 세력과 광산 노동자가 대거 참여하였다.

④ 사건을 해결하기 위해 박규수가 안핵사로 파견되었다.

10 (가)에 들어갈 문화유산의 명칭으로 옳은 것은?

> (가) 은/는 송의 영향을 받아 고려 전기에 제작된 대표적인 석탑이다. 또한 (가) 은/는 2단의 기단 위에 탑신부와 상륜부가 세워졌으며, 탑 앞에는 석조 보살 좌상이 있다는 특징이 있다.

① 불국사 3층 석탑

② 쌍봉사 철감선사탑

③ 경천사지 10층 석탑

④ 월정사 8각 9층 석탑

마무리 OX 퀴즈

☑ 모의고사에 출제된 개념을 OX 퀴즈를 통해 한 번 더 점검해보세요.

전근대사

01 자장은 대국통에 임명되어 출가자의 계율을 주관하였다.   □ O □ X

02 진덕 여왕은 품주를 고쳐 집사부와 창부를 설치하였다.   □ O □ X

03 고려 시대에는 전국을 8도로 나누고 그 아래 부·목·군·현을 두었다.   □ O □ X

04 태종 재위 시기에 주자소에서 갑인자를 주조하였다.   □ O □ X

05 홍경래의 난에는 신흥 상공업 세력과 광산 노동자가 대거 참여하였다.   □ O □ X

06 임술 농민 봉기는 우병사 백낙신의 수탈에 반발하여 일어났다.   □ O □ X

근현대사

07 조·미 수호 통상 조약은 조선의 관세 자주권을 최초로 인정하였다.   □ O □ X

08 조·청 상민 수륙 무역 장정은 갑신정변의 영향으로 체결되었다.   □ O □ X

09 5·10 총선거는 만 21세 이상의 모든 국민에게 투표권이 부여되었다.   □ O □ X

10 5·10 총선거에서는 임기 4년의 국회의원을 선출하였다.   □ O □ X

11 박정희 정부 시기에 국민 교육 헌장이 선포되었다.   □ O □ X

12 전두환 정부 시기에 최초로 이산가족 고향 상봉이 성사되었다.   □ O □ X

정답 | 01 O   02 O   03 X   04 X   05 O   06 O   07 O   08 X   09 O   10 X   11 O   12 O

해설 | **03** 조선 시대에 대한 설명이다.   **04** 세종 재위 시기의 사실이다.   **08** 임오군란의 영향으로 체결되었다.   **10** 5·10 총선거는 임기 2년의 국회의원을 선출하였다.

01 밑줄 친 '나'에 대한 설명으로 옳은 것은?

> 내가 이토 히로부미를 죽인 것은 전에 말한 바와 같이 의병 중장의 자격으로 한 것이지 결코 자객으로서 한 것은 아니다. …… 오늘날 사람은 모두 법률 아래에서 생활하고 있다. 살인을 해도 아무런 제재를 가하지 않는다는 것은 말도 되지 않는다. 그러나 나는 결코 개인적으로 한 것이 아니라 의병으로서 한 것이며, 따라서 나는 전쟁에 나갔다가 포로가 되어 이곳에 온 것이라 믿고 있으므로, 생각건대 나를 국제 공법에 의해 처벌해 줄 것을 희망하는 바이다.

① 의열단 소속이었다.
②『동양평화론』을 집필하였다.
③ 헤이그에 고종의 특사로 파견되었다.
④ 명동 성당 앞에서 이완용을 습격하였다.

02 (가) 재위 기간에 있었던 사실로 옳은 것은?

> ⎡(가)⎤ 황제가 다음과 같이 말하였다. "짐은 스스로 결단을 내려 이에 한국의 통치권을 종전부터 친근하게 믿고 의지하던 이웃 나라 대일본 황제 폐하에게 양여하여 밖으로 동양의 평화를 공고히 하고 안으로 8도의 민생을 보전하게 하니 그대들 대소 신민들은 번거롭게 소란을 일으키지 말고 일본 제국의 문명한 새 정치에 복종하여 행복을 함께 받길 바란다."

① 13도 창의군이 서울 진공 작전을 전개하였다.
② 동학 교도인 이필제가 영해에서 난을 일으켰다.
③ 이승훈과 청나라 신부 주문모 등이 처형당하였다.
④ 청과 대등한 위치에서 한·청 통상 조약을 체결하였다.

03 삼국 통일 과정에서 나타난 사건을 순서대로 바르게 나열한 것은?

> ㉠ 당이 평양에 안동 도호부를 설치하였다.
> ㉡ 계백의 저항에도 불구하고 사비성이 함락되었다.
> ㉢ 안승이 보덕국의 왕으로 책봉되었다.
> ㉣ 백제와 왜의 연합군이 백강 전투에서 패배하였다.

① ㉡ - ㉣ - ㉠ - ㉢
② ㉡ - ㉣ - ㉢ - ㉠
③ ㉢ - ㉡ - ㉠ - ㉣
④ ㉢ - ㉡ - ㉣ - ㉠

04 다음 법령에 따라 시행된 사업의 결과로 옳지 않은 것은?

> 제4조 토지 소유자는 조선 총독이 정한 기간 내에 주소, 성명 또는 명칭 및 소유지의 소재, 지목, 자 번호, 사표, 등급, 지적, 결수를 임시 토지 조사 국장에게 신고해야 한다. 단, 국유지는 보관 관청이 임시 토지 조사 국장에게 통지해야 한다.
> 제17조 임시 토지 조사국은 토지 대장 및 지도를 작성하고, 토지의 조사 및 측량에 대한 사정으로 확정한 사항 또는 재결을 거친 사항을 이에 등록한다.

① 조선 총독부의 재정 수입이 증대되었다.
② 기한부 계약에 의한 소작농이 증가하였다.
③ 일본에서 한국으로의 농업 이민이 증가하였다.
④ 농민의 관습적인 경작권, 도지권 등이 인정되었다.

05 다음 자료에 나타난 상황과 관련 있는 사건에 대한 설명으로 옳은 것은?

남한산성을 나와 삼전도에 도착한 왕께서 항복의 예를 행하였다. …… 포로로 사로잡힌 이들이 도성으로 돌아가는 왕을 보고 "우리 임금이시여, 우리 임금이시여, 우리를 버리고 가십니까."라며 울부짖는데, 그 수가 만 명을 헤아렸다.

① 정묘약조가 체결되는 계기가 되었다.
② 김준룡이 광교산 전투에서 승리하였다.
③ 곽재우, 김천일 등이 의병으로 참여하였다.
④ 이여송이 이끄는 명의 지원군이 파견되었다.

06 밑줄 친 '왕'에 대한 설명으로 옳은 것은?

여러 신하들이 아뢰기를 "시조께서 나라를 세우신 이래 나라 이름을 정하지 않아 사라(斯羅)라고도 하고 혹은 사로(斯盧) 또는 신라(新羅)라고도 칭하였습니다. 저희들은 '신(新)'은 '덕업이 날로 새로워진다'는 뜻이고 '라(羅)'는 '사방을 덮는다'는 뜻이므로 '신라'를 나라 이름으로 삼는 것이 마땅하다 생각합니다. 또한 …… 삼가 '신라국왕(新羅國王)'이라는 칭호를 올리옵니다." 왕이 이 말에 따랐다.

① 분황사와 영묘사를 창건하였다.
② 고구려의 승려 혜량을 승통으로 삼았다.
③ 이사부를 파견하여 우산국을 복속시켰다.
④ 처음으로 '건원'이라는 연호를 사용하였다.

07 조선 전기의 과학 기술에 대한 설명으로 옳지 않은 것은?

① 화약 무기의 제작과 사용법을 정리한 『총통등록』이 편찬되었다.
② 측우기는 서운관에만 설치하여 강우량 측정의 통일성을 기하였다.
③ 장영실 등이 물시계인 자격루와 해시계인 앙부일구를 제작하였다.
④ 태조 때 고구려의 천문도를 바탕으로 천상열차분야지도를 돌에 새겼다.

08 다음 정책을 추진한 정부 시기의 사실로 옳은 것은?

○ 가족 관계를 호주를 중심으로 정리하는 제도인 호주제를 폐지하였다.
○ 친일 반민족 행위의 진상을 규명하기 위해 친일 반민족 행위 진상 규명 위원회를 설립하였다.
○ 과거사 정리 사업의 일환으로 진실 화해를 위한 과거사 정리 위원회를 설립하였다.

① 민주화 추진 협의회가 조직되었다.
② 10·4 남북 공동 선언이 발표되었다.
③ 상록수 부대가 동티모르에 파병되었다.
④ 거대 여당인 민주 자유당이 창당되었다.

09 몽골 침입 시기에 있었던 사실로 옳은 것을 모두 고른 것은?

> ㉠ 이자겸의 난이 발생하였다.
> ㉡ 황룡사 9층 목탑이 소실되었다.
> ㉢ 최영이 홍산 전투에서 승리하였다.
> ㉣ 대장도감을 설치하여 팔만대장경을 조판하였다.

① ㉠, ㉡
② ㉠, ㉢
③ ㉡, ㉣
④ ㉢, ㉣

10 다음 글을 작성한 인물에 대한 설명으로 옳은 것은?

> 자기의 본성을 보면 이 성품에는 본래 번뇌가 없다. 번뇌가 없는 지혜의 성품은 본래 스스로 갖추어져 있어서 모든 부처와 털끝만큼도 다르지 않음을 깨닫게 되는 것이다. 이를 돈오라고 한다. …… 비록 본래의 성품이 부처와 다르지 않음을 깨달았지만 오랜 세월의 습기는 갑자기 제거하기 어렵다. 따라서 그 깨달음에 의지해 닦고 점차 익혀 공을 이루고, 오랫동안 성태를 기르면 성(聖)을 이루게 된다. 이를 점수라고 한다.

① 수선사 결사 운동을 전개하였다.
②『신편제종교장총록』을 편찬하였다.
③ 대중 교화를 목적으로 보현십원가를 지었다.
④ 광종 때 중국에 건너갔으며,『천태사교의』를 저술하였다.

마무리 OX 퀴즈

☑ 모의고사에 출제된 개념을 OX 퀴즈를 통해 한 번 더 점검해보세요.

전근대사

01 지증왕은 이사부를 파견하여 우산국을 복속시켰다. □ O □ X

02 백제와 왜의 연합군이 백강 전투에서 패배하였다. □ O □ X

03 지눌은 『신편제종교장총록』을 편찬하였다. □ O □ X

04 몽골 침입 시기에는 황룡사 9층 목탑이 소실되었다. □ O □ X

05 태조 때 고구려의 천문도를 바탕으로 천상열차분야지도를 돌에 새겼다. □ O □ X

06 병자호란은 곽재우, 김천일 등이 의병으로 참여하였다. □ O □ X

근현대사

07 이재명은 명동 성당 앞에서 이완용을 습격하였다. □ O □ X

08 안중근은 『동양평화론』을 집필하였다. □ O □ X

09 순종 재위 시기에는 청과 대등한 위치에서 한·청 통상 조약을 체결하였다. □ O □ X

10 토지 조사 사업의 결과 기한부 계약에 의한 소작농이 증가하였다. □ O □ X

11 김대중 정부 시기에는 상록수 부대가 동티모르에 파병되었다. □ O □ X

12 노무현 정부 시기에는 민주화 추진 협의회가 조직되었다. □ O □ X

정답 | 01 O 02 O 03 X 04 O 05 O 06 X 07 O 08 O 09 X 10 O 11 O 12 X

해설 | 03 의천에 대한 설명이다. 06 임진왜란에 대한 설명이다. 09 고종 재위 시기의 사실이다. 12 전두환 정부 시기의 사실이다.

01 밑줄 친 '이 나라'에 대한 설명으로 옳은 것은?

> 이 나라의 동쪽에 큰 굴이 하나 있는데, 수혈이라 한다. 10월에 온 나라에서 크게 모여 수신을 맞이하여 나라의 동쪽에 모시고 가서 제사를 지내는데, 나무로 만든 수신을 신의 좌석에 모신다.

① 책화라는 풍습이 있었다.
② 여러 가(加)들이 사출도를 다스렸다.
③ 왕 아래 상가, 고추가 등의 대가들이 있었다.
④ 사람이 죽으면 가족 공동 무덤인 목곽에 안치하였다.

02 (가) 인물에 대한 설명으로 옳은 것은?

> 묘청이 조광·유참 등과 함께 서경을 근거지로 삼아 반란을 일으켰다. 왕이 [(가)]을/를 원수(元帥)로 삼아 중군(中軍)을 이끌도록 하고, 김정순·윤언이·이진 등이 보좌하게 하였다.

① 성리학 입문서인 『입학도설』을 편찬하였다.
② 기전체 역사서인 『삼국사기』를 편찬하였다.
③ 신채호가 국풍파와 독립당의 대표라고 평가하였다.
④ 예종과 인종 때 왕실과 혼인 관계를 맺어 정권을 장악하였다.

03 다음의 경제 조치에 대한 설명으로 옳은 것을 모두 고른 것은?

> 질이 나쁜 백동화는 바꿔주지 않는다. 상태가 매우 양호한 갑종 백동화는 개당 2전 5리의 가격으로 새 돈과 교환하여 주고, 상태가 좋지 않은 을종 백동화는 개당 1전의 가격으로 정부에서 매수하며, …… 단, 형질이 조악하여 화폐로 인정하기 어려운 병종 백동화는 매수하지 않는다.

> ㉠ 한·일 신협약을 계기로 추진되었다.
> ㉡ 대한천일은행이 중앙 은행의 역할을 하게 되었다.
> ㉢ 재정 고문으로 파견된 메가타의 주도로 시행되었다.
> ㉣ 일본으로부터 차관이 도입되어 정부의 재정예속화가 심화되었다.

① ㉠, ㉡   ② ㉠, ㉢
③ ㉡, ㉢   ④ ㉢, ㉣

04 밑줄 친 '사건'에 대한 설명으로 옳은 것은?

> 지난 3일에 일어난 고보학생 대 중학생의 충돌 사건에 대하여 신간회 본부에서는 중앙 상무 집행 위원회의 결의로 장성, 송정, 광주 세 지회에 대하여 긴급 조사 보고를 지시하였으며 사건 내용을 조사하고 구금된 학생들의 석방을 교섭하기 위해 중앙 집행 위원장 허헌, 서기장 황상규 등을 광주로 특파하기로 하였다.

① 중국의 5·4 운동 등에 영향을 주었다.
② 민족 유일당 운동이 전개되는 계기가 되었다.
③ 미국 대통령 윌슨의 민족 자결주의에 영향을 받았다.
④ 3·1 운동 이후 최대 규모의 학생 항일 운동이었다.

05 고대의 군사 제도에 대한 설명으로 옳은 것을 모두 고른 것은?

> ㉠ 백제 – 지방관인 방령이 700~1,200명의 군사를 지휘하였다.
> ㉡ 고구려 – 중앙군으로 10위를 두어 왕궁과 수도를 경비하였다.
> ㉢ 발해 – 지방군으로 10정이 있었으며 각 주에 1정씩 배치되었다.
> ㉣ 통일 신라 – 중앙군인 9서당에는 고구려, 백제, 말갈인도 포함되었다.

① ㉠, ㉡   ② ㉠, ㉣

③ ㉡, ㉢   ④ ㉢, ㉣

06 다음 담화문을 발표한 정부 시기의 통일 정책으로 옳은 것은?

> 국민 여러분, 오늘 저는 대한민국 대통령에 취임하게 되었습니다. 정부 수립 50년 만에 처음으로 여야 간 정권 교체를 여러분과 함께 기뻐하면서, 시련을 넘어 진정한 국민의 정부를 탄생시킨 국민 여러분께 찬양과 감사의 말씀을 드리는 바입니다. …… 오늘 이 취임식의 역사적 의미는 참으로 크다고 할 것입니다. 오늘은 이 땅에서 처음으로 민주적 정권 교체가 실현되는 자랑스러운 날입니다.

① 남북 조절 위원회를 설치하였다.

② 4·27 판문점 선언을 발표하였다.

③ 최초로 남북 정상 회담을 개최하였다.

④ 한반도 비핵화 공동 선언을 채택하였다.

07 다음 글을 작성한 인물에 대한 설명으로 옳은 것은?

> 대륙의 원기는 동으로는 바다로 뻗어 백두산으로 솟았고, 북으로는 요동 평야를 열었으며, 남으로는 한반도를 이루었다. …… 저들이 일찍이 우리를 스승으로 섬겨 왔는데, 이제는 우리를 노예로 삼았구나. …… 옛 사람이 이르기를 나라는 멸할 수 있으나 역사는 멸할 수 없다고 하였다. 이제 한국의 형체는 허물어졌으나 정신만을 홀로 보존하는 것이 어찌 불가능하겠는가.

① 조선사 편수회에 참여하였다.

② 『조선사회경제사』를 저술하였다.

③ 『한국독립운동지혈사』를 저술하였다.

④ 대한매일신보에 「독사신론」을 연재하였다.

08 다음 자료에 나타난 시기의 사회 모습으로 옳지 않은 것은?

> 근래 세상의 도리가 점점 썩어가서 돈 있고 힘 있는 백성들이 갖은 방법으로 군역을 회피하고 있다. 간사한 아전과 한통속이 되어 뇌물을 쓰고 호적을 위조하여 유학(幼學)이라 칭하면서 면역하거나 다른 고을로 옮겨 가서 스스로 양반 행세를 하기도 한다. 호적이 밝지 못하고 명분의 문란함이 지금보다 심한 적이 없다.

① 향회가 수령의 자문 기구로 전락하였다.

② 서얼의 청요직 진출이 부분적으로 허용되었다.

③ 문중을 중심으로 서원과 사우가 많이 세워졌다.

④ 양민의 대다수를 차지한 농민을 백정이라고 하였다.

09 (가), (나) 시기 사이에 있었던 사실로 옳은 것은?

> (가) 왕이 생모 윤씨를 폐비하는 의논에 참여한 자와 존호를 올려서는 안 된다고 주장한 자를 모두 중형으로 다스려, 죽은 자는 그 시체를 베고 가산을 몰수하였으며 그 가족이나 친족은 연좌하였다.
>
> (나) 명종의 외척인 윤원형 등의 소윤 세력은 인종의 외척인 윤임 등의 대윤 세력을 역적으로 몰아 대거 숙청하였고, 이에 연루된 사림 세력도 피해를 입었다.

① 이인좌와 일부 소론 등이 난을 일으켰다.

② 송시열이 관작을 삭탈 당하고 유배되었다.

③ 위훈 삭제 등을 주장한 조광조가 제거되었다.

④ 김일손의 「사초」 내용을 계기로 사림이 정계에서 축출되었다.

10 밑줄 친 '왕' 대의 사실로 옳은 것은?

> 동옥저를 정벌하여 그 땅을 취하고 성읍을 만들며 국경을 개척하였는데, 동으로는 창해(동해)에 이르고 남으로는 살수에 이르렀다. …… 왕이 군사를 일으켜 요동 서안평을 습격하여 대방령을 죽이고 낙랑 태수의 처자를 잡아 왔다.

① 태학을 설립하였다.

② 백제의 한성을 점령하였다.

③ 수도를 졸본에서 국내성으로 옮겼다.

④ 계루부 고씨의 왕위 세습권이 확립되었다.

바로 채점하기 정답·해설 _약점 보완 해설집 p.14

| 01 | ③ | 02 | ② | 03 | ④ | 04 | ④ | 05 | ② |
| 06 | ③ | 07 | ③ | 08 | ④ | 09 | ③ | 10 | ④ |

맞은 개수: _____개 / 10개

마무리 OX 퀴즈

☑ 모의고사에 출제된 개념을 OX 퀴즈를 통해 한 번 더 점검해보세요.

전근대사

01 고구려에서는 여러 가(加)들이 사출도를 다스렸다. □ ○ □ X

02 옥저에서는 사람이 죽으면 가족 공동 무덤인 목곽에 안치하였다. □ ○ □ X

03 태조왕 때 태학을 설립하였다. □ ○ □ X

04 통일 신라의 중앙군인 9서당에는 고구려, 백제, 말갈인도 포함되었다. □ ○ □ X

05 김부식은 기전체 역사서인 『삼국사기』를 편찬하였다. □ ○ □ X

06 조선 후기에는 향회가 수령의 자문 기구로 전락하였다. □ ○ □ X

근현대사

07 화폐 정리 사업은 재정 고문으로 파견된 메가타의 주도로 시행되었다. □ ○ □ X

08 광주 학생 항일 운동은 민족 유일당 운동이 전개되는 계기가 되었다. □ ○ □ X

09 박은식은 대한매일신보에 「독사신론」을 연재하였다. □ ○ □ X

10 백남운은 『조선사회경제사』를 저술하였다. □ ○ □ X

11 노태우 정부 시기에 한반도 비핵화 공동 선언을 채택하였다. □ ○ □ X

12 김대중 정부 시기에 최초로 남북 정상 회담을 개최하였다. □ ○ □ X

정답 | 01 X 02 ○ 03 X 04 ○ 05 ○ 06 ○ 07 ○ 08 X 09 X 10 ○ 11 ○ 12 ○

해설 | **01** 부여에 대한 설명이다. **03** 소수림왕 때의 사실이다. **08** 6·10 만세 운동에 대한 설명이다. **09** 신채호에 대한 설명이다.

01 (가) 인물에 대한 설명으로 옳은 것은?

> [（가）]은/는 왕이 자기의 딸을 맞아들이지 않는 것을 원망하며 반란을 일으켰다. 조정에서는 장차 토벌하자니 뜻하지 않을 우환이 있을까 두렵고, 그냥 방치해 두자니 그 죄를 용서할 수 없었으므로 근심하고 염려하였다. …… 염장이 [（가）]의 목을 벤 후 그 무리를 불러 달래니 감히 움직이지 못하였다.

① 당에 유학하여 빈공과에 합격하였다.
② 왕명을 받아 『삼대목』을 편찬하였다.
③ 기훤, 양길의 휘하에서 세력을 키웠다.
④ 산둥 반도의 적산촌에 법화원을 건립하였다.

02 (가) 단체에 대한 설명으로 옳은 것은?

> 일제는 죄명은 치안 유지법이라고 붙이고 [（가）]을/를 국체 변혁을 목적으로 하는 결사라 하고 회원들을 검거하여 혹독한 고문을 시작하였다. 유일한 조선어 사전까지 빼앗었다가 사전을 편찬하는 목적은 어디 있느냐 또는 조선어 사전 편찬은 장래 조선 독립을 목적으로 하는 것이 아니냐 혹은 일본말로 사용하는 시대에 한글을 연구 보급하는 것은 조선 문화의 향상과 민중에 민족 의식을 높여 독립을 꾀하는 것이 아니냐는 제 마음대로의 해석 아래 이를 억지로 시인시키려던 것이었다.

① 기관지로 『진단학보』를 발행하였다.
② 한글 기념일인 가갸날을 제정하였다.
③ 주시경, 지석영 등을 중심으로 조직되었다.
④ 한글 맞춤법 통일안과 표준어를 제정하였다.

03 밑줄 친 '왕'의 재위 시기에 있었던 사실로 옳은 것은?

> 천자께서 저 먼 변방에서 현묘한 도를 듣고자 하는 뜻을 헤아려, 고려에 사신을 파견하면서 도사 2인을 딸려 보내 교법(敎法)에 통달한 자를 골라 가르치도록 하였다. 왕은 신앙이 돈독하여 정화(政和) 연간에 복원관을 처음 세워 도가 높고 참된 도사 10여 명을 받들었다.

① 구휼 사업을 위해 구급도감을 설치하였다.
② 국학에 7재를 설치하여 관학을 진흥하였다.
③ 쌍기의 건의를 수용하여 과거 제도를 실시하였다.
④ 송나라 사신 서긍이 고려를 방문하고 『고려도경』을 지었다.

04 다음 자료에 나타난 토지 제도에 대한 설명으로 옳은 것은?

> 왕 원년 12월에 문무 양반 및 군인들의 전시과를 고쳤다.
> 제1과는 전지 100결, 시지 70결
> 제2과는 전지 95결, 시지 65결
> 제3과는 전지 90결, 시지 60결
> 제4과는 전지 85결, 시지 55결
> ⋮
> 제18과는 전지 20결로 한다.
> 이 범위 안에 들지 못한 자에게는 모두 17결을 지급하고 이를 따라야 할 법식으로 제정하였다.

① 지급 대상 토지를 경기 8현으로 한정하였다.
② 승려와 지리업 종사자에게 별사전을 지급하였다.
③ 인품을 배제하고 관직만을 기준으로 수조권을 지급하였다.
④ 4색 공복을 기준으로 문반, 무반, 잡업 계층으로 구분하여 전시를 지급하였다.

05 (가) 시기에 있었던 사실로 옳은 것은?

> 중국군의 공세에 밀려 서울이 다시 함락되었다.
>
> ↓
>
> (가)
>
> ↓
>
> 유엔군과 북한군, 중국군 사이에
> 정전 협정이 체결되었다.

① 한·미 상호 방위 조약이 체결되었다.
② 이승만 정부가 반공 포로를 석방하였다.
③ 유엔군과 국군이 흥남 철수 작전을 전개하였다.
④ 맥아더의 지휘 아래 인천 상륙 작전을 성공시켰다.

06 밑줄 친 '개혁'의 내용으로 옳은 것을 모두 고른 것은?

> 청·일 전쟁에서 승기를 잡은 일본은 조선의 내정에 적극 간섭하였다. 흥선 대원군을 물러나게 하고, 군국기무처를 폐지한 후 일본에서 귀국한 박영효를 정부에 참여시켰다. 이로써 김홍집·박영효 연립 내각이 구성되어 개혁을 단행하였다.

> ㉠ 의정부를 내각으로, 8아문을 7부로 개편하였다.
> ㉡ 태양력을 사용하고, 우체사를 설치하였다.
> ㉢ 조혼을 금지하고 과부의 재가를 허용하였다.
> ㉣ 재판소를 설치하여 사법권과 행정권을 분리시켰다.

① ㉠, ㉡
② ㉠, ㉣
③ ㉡, ㉢
④ ㉢, ㉣

07 (가), (나) 주장과 관련된 설명으로 옳지 않은 것은?

> (가) 최명길이 말하기를 "신은 아직도 화친하려는 일이 그르다고 생각하지 않습니다. 자기의 힘을 헤아리지 아니하고 경망하게 큰 소리를 쳐서 오랑캐의 노여움을 사고 끝내 백성을 도탄에 빠뜨리며 종묘와 사직에 제사 지내지 못하게 된다면, 그 허물이 이보다 클 수 있겠습니까?"
>
> (나) 윤집이 상소하기를 "화의가 나라를 망친 것은 어제 오늘의 일이 아니고 옛날부터 그러하였으나 오늘날처럼 심한 적은 없었습니다. 명나라는 우리나라에 있어서 부모의 나라이고 노적은 우리나라에 있어서 부모의 원수입니다. 신하 된 자로서 부모의 원수와 형제의 의를 맺고 부모의 은혜를 저버릴 수 있겠습니까?"

① 조선 조정 내에서 (나)의 주장이 우세해지자 청이 침입하였다.
② (가)은/는 현실에 바탕을 둔 실리적인 외교 정책을 표방하였다.
③ (가)와 같은 주장을 한 삼학사는 소현 세자와 함께 심양으로 끌려갔다.
④ (나)은/는 병자호란 이후 청을 정벌해야 한다는 북벌론으로 계승되었다.

08 (가) 왕의 업적으로 옳은 것은?

> 「호전」과 「형전」은 이미 간행되어 있었으나, 나머지 네 가지 법전은 미처 교정을 다 마치지 못하였는데, (가) 께서 갑자기 승하하신 이후에 …… 마침내 금상께서 하시던 일을 마무리하시어 완성된 법전을 나라 안에 반포하셨다.

① 공법을 제정하였다.
② 창덕궁을 창건하였다.
③ 『동국여지승람』을 편찬하였다.
④ 군사 제도를 개혁하여 보법을 실시하였다.

09 다음 중 유네스코에 등재된 우리나라의 세계 기록유산을 모두 고른 것은?

> ㉠ 4·19 혁명 기록물
> ㉡ 『목민심서』
> ㉢ 『승정원일기』
> ㉣ 『징비록』
> ㉤ 동학 농민 혁명 기록물

① ㉠, ㉡, ㉢　　　　② ㉠, ㉢, ㉤

③ ㉡, ㉢, ㉣　　　　④ ㉢, ㉣, ㉤

10 (가)~(라) 시기에 있었던 사실로 옳은 것은?

	(가)	(나)	(다)	(라)	
임오 군란		톈진 조약 체결	아관 파천	포츠머스 조약 체결	한·일 병합 조약 체결

① (가) – 서울과 인천을 연결하는 경인선이 개통되었다.

② (나) – 화폐 주조 기관인 전환국이 설립되었다.

③ (다) – 경복궁 건청궁에 전등이 최초로 설치되었다.

④ (라) – 우리나라 최초의 서양식 극장인 원각사가 건립되었다.

마무리 OX 퀴즈

☑ 모의고사에 출제된 개념을 OX 퀴즈를 통해 한 번 더 점검해보세요.

전근대사

01 장보고는 산둥 반도의 적산촌에 법화원을 건립하였다. □ O □ X

02 궁예는 기훤, 양길의 휘하에서 세력을 키웠다. □ O □ X

03 개정 전시과는 승려와 지리업 종사자에게 별사전을 지급하였다. □ O □ X

04 고려 예종 재위 시기에 구휼 사업을 위해 구급도감을 설치하였다. □ O □ X

05 태종은 창덕궁을 창건하였다. □ O □ X

06 세조는 『동국여지승람』을 편찬하였다. □ O □ X

07 주화론은 현실에 바탕을 둔 실리적인 외교 정책을 표방하였다. □ O □ X

근현대사

08 제1차 갑오개혁 때는 조혼을 금지하고 과부의 재가를 허용하였다. □ O □ X

09 제2차 갑오개혁 때는 재판소를 설치하여 사법권과 행정권을 분리시켰다. □ O □ X

10 국문 연구소는 주시경, 지석영 등을 중심으로 조직되었다. □ O □ X

11 조선어 학회는 한글 기념일인 가갸날을 제정하였다. □ O □ X

12 1953년 6월에 이승만 정부가 반공 포로를 석방하였다. □ O □ X

정답 | 01 ○ 02 ○ 03 X 04 X 05 ○ 06 X 07 ○ 08 ○ 09 ○ 10 ○ 11 X 12 ○

해설 | **03** 경정 전시과에 대한 설명이다. **04** 고려 고종 재위 시기의 사실이다. **06** 성종에 대한 설명이다. **11** 조선어 연구회에 대한 설명이다.

01 조선의 중앙 통치 기구에 대한 설명으로 옳은 것을 모두 고른 것은?

> ㉠ 승문원은 왕의 교지를 작성하거나 「사초」를 작성하였다.
> ㉡ 교서관은 왕의 정책에 대한 자문을 담당하고, 경연을 주관하였다.
> ㉢ 의금부는 대역·모반죄 등 왕권의 안위와 관계된 중죄를 처벌하였다.
> ㉣ 사헌부는 관리의 비리를 감찰하고 정치에 대한 언론 활동을 하였다.

① ㉠, ㉡

② ㉠, ㉣

③ ㉡, ㉢

④ ㉢, ㉣

02 밑줄 친 '왕'의 재위 시기의 사실로 옳은 것은?

> 왕의 이름은 사마(斯摩)이니 모대왕의 둘째 아들이다. 키가 8척이고 눈썹과 눈이 그림과 같았으며 인자하고 관대하여 민심이 그를 따랐다. …… 재위 12년 4월에 양나라에 사신을 보내 조공하였다. …… 양 고조(高祖)가 조서를 보내 왕을 '영동 대장군'으로 책봉하였다.

① 고흥이 「서기」를 편찬하였다.

② 신라 눌지 마립간과 동맹을 맺었다.

③ 지방에 22담로를 두고 왕족을 파견하였다.

④ 일본에 노리사치계를 보내 불경 등을 전하였다.

03 다음 법령이 시행된 시기의 사실로 옳은 것은?

> 제1조 회사의 설립은 조선 총독의 허가를 받아야 한다.
> 제2조 조선 밖에서 설립된 회사가 한국에 본점이나 지점을 둘 때에도 조선 총독의 허가를 받아야 한다.

① 농촌 진흥 운동이 전개되었다.

② 동양 척식 주식회사가 설립되었다.

③ 헌병이 일반 경찰의 업무를 담당하였다.

④ 보통학교의 교육 연한이 4년에서 6년으로 늘었다.

04 밑줄 친 '왕'의 업적으로 옳은 것은?

> 왕은 임금이 신민의 부모와 같다는 군부일체론을 강조하였으며, 당파의 시비를 가리지 않고 어느 당파이든 온건하고 타협적인 인물을 등용하여 왕권에 순종시키는 데에 주력하였다. 또한, 기유처분으로 노·소론 내 온건론자들을 고르게 등용해 초기의 탕평책의 기초를 마련하였다.

① 시헌력을 채택하였다.

② 균역법을 시행하였다.

③ 「탁지지」를 편찬하였다.

④ 대유둔전이라는 국영 농장을 설치하였다.

05 (가) 시기에 있었던 사실로 옳은 것은?

> 윤관이 여진을 정벌하고 동북 9성을 설치하였다.
>
> ↓
>
> (가)
>
> ↓
>
> 김윤후가 처인성 전투에서 살리타를 사살하였다.

① 강감찬이 귀주에서 거란군에게 승리하였다.

② 정지가 관음포 앞바다에서 왜선을 격침시켰다.

③ 삼별초가 진도 용장성에서 몽골군에 대항하였다.

④ 고려군과 몽골군이 연합하여 강동성에서 거란군을 몰아냈다.

06 (가) 단체에 대한 설명으로 옳은 것은?

> [(가)]에서 각 공사관에 다음과 같이 호소하였다. 지금 일본 공사 하기와라가 우리 외부(外部)에 공문을 보내어 산림, 강, 평지, 황무지에 대한 권리를 청구했습니다. 우리나라는 땅이 좁고 척박하여 현재 국가의 토지 대장에 있는 농토는 100 중에 1, 2도 채워져 있지 않습니다. …… 일본인들의 침략과 모욕을 막고, 전국 강토를 보전하여 세계가 공평하고 화목한 우의를 완수할 수 있도록 하십시오.

① 일제가 날조한 105인 사건으로 와해되었다.

② 송수만, 심상진 등이 중심이 되어 조직되었다.

③ 관민 공동회를 개최하고 헌의 6조를 채택하였다.

④ 『월보』를 간행하고 전국 각지에 지회를 설치하였다.

07 밑줄 친 '이 나라'에 대한 설명으로 옳은 것은?

> 나라가 작아 큰 나라와의 사이에서 압박을 받다가 마침내 고구려에 예속되었다. …… 고구려는 대가로 하여금 조세를 책임지도록 하였고, 이 나라의 맥포(貊布)·어염(魚鹽) 및 해중 식물 등을 천리 길을 지어 날랐다.

① 민며느리제의 혼인 풍습이 있었다.

② 철이 많이 생산되어 왜에 수출하였다.

③ 사회 질서 유지를 위해 법금 8조를 만들었다.

④ 매년 10월에 동맹이라는 제천 행사가 있었다.

08 (가)에 대한 설명으로 옳은 것은?

> 16일에는 경성 중앙 방송국을 통하여 준비위원의 자격으로 안재홍 씨가 마이크를 통하여 해방될 우리 민족에게 다음과 같이 말하였다. "지금 3천만 우리 민족에게 고합니다. 오늘날 국제 정세가 급격하게 변동되고 특히 조선을 핵심으로 한 동아시아의 정세가 급박하게 변동되는 이때에 있어 우리들 조선 민족으로서의 대처할 방침도 매우 긴급하므로 [(가)]을/를 결성하고 신생 조선의 재건설 문제에 관하여 가장 구체적 실제적인 준비를 진행하고자 합니다."

① 미군정의 적극적인 지원을 받았다.

② 조선 인민 공화국 수립을 선포하였다.

③ 모스크바 3국 외상 회의의 결정을 반대하였다.

④ 김성수와 송진우 등의 우익 인사들도 참여하였다.

09 다음 사건 이후에 일어난 사실로 옳지 않은 것은?

> 평안 감사가 보고하기를, "대동강에 정박한 이양선이 더욱 방자히 날뛰며 대포와 총을 쏘면서 우리나라 사람을 살해하였습니다. 이에 승리할 방책은 화공(火攻)보다 나은 것이 없었습니다. 일제히 불을 질러 그 배를 불태워버렸습니다."라고 하였다.

① 일본의 운요호가 초지진을 공격하였다.

② 병인박해로 프랑스 선교사들이 처형되었다.

③ 어재연 부대가 광성보에서 미군에게 항전하였다.

④ 오페르트가 남연군의 묘를 도굴하려고 하였다.

10 일제 강점기 종교계의 활동으로 옳지 않은 것은?

① 불교는 한용운 등이 일제의 사찰령 폐지를 주장하였다.

② 원불교는 미신 타파, 금주 등 새생활 운동을 전개하였다.

③ 천도교는 민중 계몽을 위해 『개벽』, 『신여성』 등을 발행하였다.

④ 대종교는 의민단을 조직하여 항일 무장 투쟁을 전개하였다.

마무리 OX 퀴즈

☑ 모의고사에 출제된 개념을 OX 퀴즈를 통해 한 번 더 점검해보세요.

전근대사

01 옥저에서는 민며느리제의 혼인 풍습이 있었다. □ ○ □ X

02 무령왕 때는 지방에 22담로를 두고 왕족을 파견하였다. □ ○ □ X

03 영조는 균역법을 시행하였다. □ ○ □ X

04 정조는 대유둔전이라는 국영 농장을 설치하였다. □ ○ □ X

05 조선 시대의 승문원은 왕의 교지를 작성하거나 「사초」를 작성하였다. □ ○ □ X

06 조선 시대의 교서관은 왕의 정책에 대한 자문을 담당하고, 경연을 주관하였다. □ ○ □ X

근현대사

07 독립 협회는 관민 공동회를 개최하고 헌의 6조를 채택하였다. □ ○ □ X

08 보안회는 『월보』를 간행하고 전국 각지에 지회를 설치하였다. □ ○ □ X

09 신민회는 일제가 날조한 105인 사건으로 와해되었다. □ ○ □ X

10 회사령이 시행되던 시기에는 헌병이 일반 경찰의 업무를 담당하였다. □ ○ □ X

11 대종교는 의민단을 조직하여 항일 무장 투쟁을 전개하였다. □ ○ □ X

12 조선 건국 준비 위원회는 조선 인민 공화국 수립을 선포하였다. □ ○ □ X

정답 | 01 ○ 02 ○ 03 ○ 04 ○ 05 X 06 X 07 ○ 08 X 09 ○ 10 ○ 11 X 12 ○

해설 | 05 예문관에 대한 설명이다. 06 홍문관에 대한 설명이다. 08 대한 자강회에 대한 설명이다. 11 천주교의 활동에 대한 설명이다.

01 밑줄 친 '왕' 재위 시기의 사실로 옳은 것은?

> 왕 12년에 거란이 고려를 침략하였다. ······ 소손녕이 서희에게 말하기를 "그대의 나라는 신라 땅에서 일어났으니, 고구려 땅은 우리의 땅인데 당신들이 침범하였다. 또, 우리와 국경을 마주하면서도 송을 섬겼기에 출병한 것이다." 서희가 대답하기를 "아니다. 우리나라는 고구려를 계승하였기 때문에 나라 이름을 고려라 하였다. 압록강 동쪽의 여진을 내쫓고 우리 옛 땅을 돌려준다면 어찌 서로 왕래하지 않겠는가?"

① 노비안검법을 실시하였다.
② 강조가 김치양 일파를 제거하였다.
③ 양경과 12목에 상평창을 설치하였다.
④ 천수라는 독자적인 연호를 사용하였다.

02 (가) 국가에 대한 설명으로 옳은 것은?

> 조선의 땅은 실로 아시아의 요충에 자리 잡고 있어서 형세가 반드시 싸우는 곳이 되니, 조선이 위태로우면 즉 동아시아의 형세가 날로 급해질 것이다. (가) 이/가 강토를 공략하려 한다면 조선이 첫 번째 대상이 될 것이다. ······ (가) 을/를 막을 수 있는 조선의 책략은 무엇인가? 오직 중국과 친하고 일본과 맺고 미국과 연합함으로써 자강을 도모하는 길뿐이다.

① 운산 금광 채굴권을 차지하였다.
② 경부선 철도의 부설권을 획득하였다.
③ 일본과 시모노세키 조약을 체결하였다.
④ 용암포를 강제 점령하고 조차를 요구하였다.

03 다음 시를 지은 인물에 대한 설명으로 옳은 것은?

> 육지의 재화는 연경과 통하지 않고
> 바다의 상인은 왜의 물건을 실어오지 못하네
> 비유하자면 들판의 우물물과 같아
> 긷지 않으면 저절로 말라 버리네

① 나라를 좀먹는 여섯 가지의 폐단을 지적하였다.
② 서얼 출신으로 정조 때 규장각 검서관에 등용되었다.
③ 여전론을 통해 마을 단위의 공동 경작을 주장하였다.
④ 농업 생산력 증대 방안 등을 제시한 『과농소초』를 저술하였다.

04 (가) 시기에 있었던 사실로 옳은 것은?

	(가)	
브라운 각서 체결		YH 무역 사건

① 민주 헌법 쟁취 국민 운동 본부가 결성되었다.
② 국제 통화 기금(IMF)에 구제 금융 자금을 요청하였다.
③ 장준하를 발행인으로 하는 잡지 『사상계』가 창간되었다.
④ 전태일이 근로 조건 개선 등을 요구하며 분신 자살하였다.

05 다음 글을 작성한 인물에 대한 설명으로 옳은 것을 모두 고른 것은?

> 황소에게 고한다. …… 그러한즉 비록 백 년의 인생 동안 생사는 기약할 수가 없는 것이나, 만사를 마음으로 판단하여 옳고 그른 것은 분별할 줄 알아야 한다. …… 너는 모름지기 진퇴를 참작하고 잘된 일인가 못된 일인가 분별하라. 배반하여 멸망하기보다 귀순하여 영화롭게 됨이 어찌 훨씬 좋지 않겠는가.

> ㉠ 6두품 출신으로 이두를 정리하였다.
> ㉡ 역사서인 『제왕연대력』을 저술하였다.
> ㉢ 성주사 낭혜화상 탑비의 비문을 작성하였다.
> ㉣ 『화랑세기』, 『계림잡전』 등을 저술하였다.

① ㉠, ㉡   ② ㉠, ㉣
③ ㉡, ㉢   ④ ㉢, ㉣

06 밑줄 친 '이곳'에서 있었던 사실로 옳은 것은?

> 라이징 선 석유 회사의 일본인 감독이 조선인 노동자를 구타한 사건이 발생하자, 이에 분노한 이곳의 노동자들은 열악한 노동 조건 개선과 감독의 파면을 요구하며 파업을 전개하였다. 이에 일제는 경찰과 군대 등을 동원하여 노동자들을 탄압하고 노조 간부를 검거하였지만, 노동자들은 이에 굴하지 않고 항쟁을 계속하였다. 투쟁 소식이 알려지자 전국 각지에서 성금과 식량을 보내왔고, 중국, 소련, 프랑스의 노동자가 격려 전문을 보내왔다. 이곳에서 전개된 총파업은 일제 강점기 최대 규모의 노동 쟁의였으며, 일본인 자본가에 맞서 투쟁한 반제국주의 항일 운동이었다.

① 병자호란 때 김상용이 순절하였다.
② 6·25 전쟁의 휴전 회담이 시작되었다.
③ 우리나라 최초의 근대식 사립 학교가 설립되었다.
④ 박재혁이 경찰서에 폭탄을 투척하는 의거를 일으켰다.

07 밑줄 친 '그'가 집권한 시기의 사실로 옳은 것은?

> 고종 12년에 백관(百官)들이 그의 집으로 가서 정부의 문서를 올리자 그는 앉은 채 받았으며, 6품 이하의 관리들은 당(堂) 아래에서 두 번 절한 후 엎드리고서 감히 올려다보지도 못했다. 이때부터 그는 정방을 자기 집에 설치한 후, 문사(文士)를 선발하여 소속시키고 그 관명을 필자적이라 불렀다. 여기서 백관들의 인사를 결정하고 의견을 써서 문서를 올리면 왕은 적임자의 이름 아래 점만 찍어 임명할 따름이었다.

① 전주 관노의 난이 진압되었다.
② 명학소가 충순현으로 승격되었다.
③ 서방을 설치하여 문신들을 숙위하게 하였다.
④ 만적이 노비들을 모아서 반란을 모의하였다.

08 조선 전기의 정치 세력인 훈구와 사림에 대한 설명으로 옳지 않은 것은?

① 훈구는 중앙 집권과 부국강병을 추구하였다.
② 훈구는 주로 막대한 토지를 소유한 대지주층이었다.
③ 사림은 도덕과 의리를 바탕으로 하는 왕도 정치를 강조하였다.
④ 사림은 성리학 이외의 타 사상에 대해 개방적인 태도를 지녔다.

09 (가) 부대에 대한 설명으로 옳은 것은?

> 드디어 3개월간의 제1기생 50명의 OSS 특수 공작 훈련이 끝났다. …… 훈련이 성공적으로 끝나자 (가) 은/는 말할 것 없고 미군도 대만족하여 즉각 국내로 침투시킬 계획을 작성하였다. 국내로 진입한다는 것은 죽음을 각오해야만 되는 것이었기 때문에 자원의 형식을 취하였지만 50명 모두가 굳은 각오로 지원하였다.

① 1940년대에 옌안으로 이동하였다.

② 보천보 일대의 일제 통치 기구를 습격하였다.

③ 미쓰야 협정이 체결되기 직전까지 활약하였다.

④ 조선 의용대의 일부가 합류하여 병력이 증가하였다.

10 개항 이후의 경제 상황을 순서대로 나열한 것은?

> ㉠ 보부상을 총괄하는 기관으로 혜상공국이 설치되었다.
> ㉡ 대한 천일 은행이 고종의 적극적인 지원 하에 설립되었다.
> ㉢ 서울의 시전 상인들이 황국 중앙 총상회를 조직하였다.
> ㉣ 외국인의 부동산 소유 확대를 허용한 토지 가옥 증명 규칙이 발표되었다.

① ㉠ - ㉡ - ㉣ - ㉢

② ㉠ - ㉢ - ㉡ - ㉣

③ ㉡ - ㉠ - ㉣ - ㉢

④ ㉡ - ㉢ - ㉠ - ㉣

바로 채점하기   정답·해설 _약점 보완 해설집 p.23

01	③	02	④	03	②	04	④	05	③
06	③	07	③	08	④	09	④	10	②

맞은 개수: _____개 / 10개

마무리 OX 퀴즈

☑ 모의고사에 출제된 개념을 OX 퀴즈를 통해 한 번 더 점검해보세요.

전근대사

01 설총은 6두품 출신으로 이두를 정리하였다.   ☐ O ☐ X

02 최치원은 『화랑세기』, 『계림잡전』 등을 저술하였다.   ☐ O ☐ X

03 고려 성종 재위 시기에는 노비안검법을 실시하였다.   ☐ O ☐ X

04 최우 집권 시기에는 서방을 설치하여 문신들을 숙위하게 하였다.   ☐ O ☐ X

05 사림은 성리학 이외의 타 사상에 대해 개방적인 태도를 지녔다.   ☐ O ☐ X

06 정약용은 여전론을 통해 마을 단위의 공동 경작을 주장하였다.   ☐ O ☐ X

07 박제가는 농업 생산력 증대 방안 등을 제시한 『과농소초』를 저술하였다.   ☐ O ☐ X

근현대사

08 원산에서는 우리나라 최초의 근대식 사립 학교가 설립되었다.   ☐ O ☐ X

09 러시아는 일본과 시모노세키 조약을 체결하였다.   ☐ O ☐ X

10 1898년에 서울의 시전 상인들이 황국 중앙 총상회를 조직하였다.   ☐ O ☐ X

11 한국광복군은 조선 의용대의 일부가 합류하여 병력이 증가하였다.   ☐ O ☐ X

12 1970년에는 전태일이 근로 조건 개선 등을 요구하며 분신 자살하였다.   ☐ O ☐ X

정답 | **01** O   **02** X   **03** X   **04** O   **05** X   **06** O   **07** X   **08** O   **09** X   **10** O   **11** O   **12** O

해설 | **02** 김대문에 대한 설명이다.   **03** 고려 광종 재위 시기의 사실이다.   **05** 훈구에 대한 설명이다.   **07** 박지원에 대한 설명이다.
09 청나라에 대한 설명이다.

01 (가), (나) 사이 시기에 있었던 사실로 옳은 것은?

> (가) 의금부에서 아뢰었다. "얼마 전 죄인 남종삼은 명백한 근거도 없이 러시아에 변란이 있을 것이고, 프랑스와 조약을 맺을 계책이 있다는 요망한 말로 여러 사람을 현혹하였습니다. …… 베르뇌를 비롯한 서양인 4명을 군영에 넘겨 효수하여 본보기로 삼도록 하였습니다."
>
> (나) 방금 남연군방의 차지중사가 아뢴 바를 들으니, 덕산의 묘지에 서양놈들이 침입하여 무덤을 훼손한 변고가 있었다고 하니 아주 놀랍고 황송한 일이다. 조정에서 임기응변의 계책을 세웠다가 도신의 장계가 올라오기를 기다려 논의하도록 하라.

① 몰락 양반인 최제우가 동학을 창시하였다.
② 미국과 조·미 수호 통상 조약을 체결하였다.
③ 양헌수가 정족산성에서 프랑스군을 격퇴하였다.
④ 흥선 대원군이 전국 각지에 척화비를 건립하였다.

02 (가)에 대한 설명으로 옳지 않은 것은?

> [(가)]은/는 조선 시대에 국가나 왕실에서 거행한 행사의 주요 장면을 그림으로 그리고, 참가자와 비용 등을 상세하게 기록한 서적으로 우수성과 독창성을 인정받아 2007년 유네스코 세계 기록유산으로 등재되었다.

① 왕이 보는 용도와 보관하는 용도로 나누어 제작하였다.
② 현존하는 자료는 임진왜란 이후에 제작된 것만 남아있다.
③ 『사초』·『시정기』·『승정원일기』 등을 바탕으로 제작하였다.
④ 이두와 차자 및 우리의 고유한 한자어 연구에 귀중한 자료이다.

03 밑줄 친 '이 농법'이 확산된 결과로 옳지 않은 것은?

> 이 농법을 귀중하게 여기는 이유는 다음과 같다. 두 땅의 힘으로 하나의 모를 서로 기르는 것이고, …… 옛 흙을 떠나 새 흙으로 가서 고갱이를 씻어 내어 더러운 것을 제거하는 것이다. 무릇 벼를 심는 논에는 물을 끌어들일 수 있는 하천이나 물을 댈 수 있는 저수지가 꼭 필요하다.

① 농촌 내 빈부 격차가 심화되었다.
② 넓은 토지를 경작하는 광작이 성행하였다.
③ 노비나 머슴을 통해 직접 토지를 경영하는 지주가 늘어났다.
④ 쌀의 가치 하락으로 논을 밭으로 바꾸는 현상이 활발해졌다.

04 다음 글에 나타난 사상에 대한 설명으로 옳은 것은?

> 김위제가 도선의 술법을 공부한 후, 남경 천도를 청하며 다음과 같은 글을 올렸다. …… '송악이 쇠락한 뒤에 어느 곳으로 갈 것인가? …… 그러므로 한강의 북쪽에 도읍하면 왕업이 오래 이어질 것이며 온 천하가 조회하러 모여들어 왕족이 크게 번성할 것이니 실로 대명당(大明堂)의 터입니다.'

① 비보사찰이 건립되는 근거가 되었다.
② 『시경』, 『서경』 등을 경전으로 삼았다.
③ 참선을 통한 개인의 깨달음을 중시하였다.
④ 업설을 통해 전제 왕권 강화에 기여하였다.

05 다음 글을 쓴 인물에 대한 설명으로 옳은 것은?

> 역사의 줄기와 가지가 뻗어 나가는 과정에서 거의 없다고 여기고 있던 '얼'이 번쩍이면서 다시 처음처럼 빛을 발하는 것을 보고, 없는 것 같지만 없어지지 않고 내면에 엄연히 존재하고 있었음을 깨닫게 된다. …… 조선의 '얼'이 모습을 드러내고 또 잠깐 모습을 드러낸 그 '얼'을 통하여 천추만대로 이어지는 큰 중추가 또렷하게 모습을 드러내게 되는 것이다.

① 진단 학회를 조직하였다.
②「유교구신론」을 발표하였다.
③ 조선심의 결정체로서 '조선글'을 주장하였다.
④ 광개토 대왕릉비에 대한 새로운 해석 방법을 제시하였다.

06 (가)에 대한 설명으로 옳은 것을 모두 고른 것은?

> 신라 말에 모든 읍(邑)의 토인(土人)들이 그 읍을 다스리고 호령하였다. 고려가 후삼국을 통일한 이후에 토인에게 직호를 내리고 해당 지방의 백성들을 다스리게 하였다. …… 성종 때는 수령에게 이들을 통제하도록 하고, 드디어 강등하여 [(가)] (으)로 만들었다.

> ㉠ 외역전을 지급받았다.
> ㉡ '신량역천'이라고 불리기도 하였다.
> ㉢ 과거를 통해 중앙 관리로 진출할 수 없었다.
> ㉣ 일부 (가)의 자제들은 기인으로 선발되어 개경에 보내졌다.

① ㉠, ㉢　　　　② ㉠, ㉣
③ ㉡, ㉢　　　　④ ㉡, ㉣

07 밑줄 친 '대왕'에 대한 설명으로 옳은 것은?

> 우리 왕후께서는 좌평 사택적덕의 따님으로 …… 기해년 정월 29일에 사리를 받들어 맞이하셨다. 원하오니, 우리 대왕의 수명을 산악과 같이 견고하게 하시고 치세는 천지와 함께 영구하게 하소서.

① 관산성 전투에서 전사하였다.
② 익산에 미륵사를 창건하였다.
③ 북위에 국서를 보내 원병을 요청하였다.
④ 탐라국을 복속하고 중국의 남제와 수교하였다.

08 다음 결의문을 발표한 민주화 운동에 대한 설명으로 옳은 것은?

> 이제 우리 국민은 이 민족의 40년 숙원인 민주화를 달성하기 위해 일어섰다. …… 오늘 고(故) 박종철 군을 고문 살인하고 은폐 조작한 거짓 정권을 규탄하고 국민의 여망을 배신한 4·13 폭거가 무효임을 선언하는 우리 국민들의 행진은 이제 거스를 수 없는 역사의 대세가 되었다.

① 3·15 부정 선거가 원인이 되어 일어났다.
② 5년 단임의 대통령 직선제 개헌을 이끌어냈다.
③ 시위 과정에서 시민군이 자발적으로 조직되었다.
④ 국가 보위 비상 대책 위원회가 설치되는 계기가 되었다.

09 다음 사건들을 시기순으로 바르게 나열한 것은?

> ㉠ 일본이 서울에 조선 총독부를 설치하였다.
> ㉡ 각 부의 차관에 일본인을 임명하여 차관 정치를 시작하였다.
> ㉢ 일본이 한반도의 군사 전략상 필요한 지점을 이용할 수 있게 되었다.
> ㉣ 미국의 필리핀 지배와 일본의 한국 지배를 상호 인정하는 밀약이 체결되었다.

① ㉡ – ㉠ – ㉢ – ㉣
② ㉡ – ㉢ – ㉠ – ㉣
③ ㉢ – ㉡ – ㉣ – ㉠
④ ㉢ – ㉣ – ㉡ – ㉠

10 (가) 인물의 저술로 옳은 것은?

> 풍기 군수 (가) 은/는 삼가 목욕재계하고 백 번 절하며 관찰사 상공합하게 글을 올립니다. …… 이 고을에 백운동 서원이 있는데, 전 군수 주세붕이 창건하였습니다. 송조(宋朝)의 고사에 의거하여 서적을 내려 주시고 편액을 내려 주시며 겸하여 토지와 노비를 지급하여 재력을 넉넉하게 해 주실 것을 청하고자 합니다.

① 『격몽요결』
② 『동몽선습』
③ 『성학십도』
④ 『주자문록』

마무리 OX 퀴즈

☑ 모의고사에 출제된 개념을 OX 퀴즈를 통해 한 번 더 점검해보세요.

전근대사

01 백제 동성왕은 탐라국을 복속하고 중국의 남제와 수교하였다. ☐ ○ ☐ X

02 백제 무왕은 관산성 전투에서 전사하였다. ☐ ○ ☐ X

03 고려 시대의 향리는 과거를 통해 중앙 관리로 진출할 수 없었다. ☐ ○ ☐ X

04 풍수지리 사상은 비보사찰이 건립되는 근거가 되었다. ☐ ○ ☐ X

05 이앙법이 확산된 결과 쌀의 가치 하락으로 논을 밭으로 바꾸는 현상이 활발해졌다. ☐ ○ ☐ X

06 『의궤』는 이두와 차자 및 우리의 고유한 한자어 연구에 귀중한 자료이다. ☐ ○ ☐ X

근현대사

07 박은식은 「유교구신론」을 발표하였다. ☐ ○ ☐ X

08 정인보는 조선심의 결정체로서 '조선글'을 주장하였다. ☐ ○ ☐ X

09 이병도, 이윤재 등은 진단 학회를 조직하였다. ☐ ○ ☐ X

10 4·19 혁명은 3·15 부정 선거가 원인이 되어 일어났다. ☐ ○ ☐ X

11 5·18 민주화 운동은 시위 과정에서 시민군이 자발적으로 조직되었다. ☐ ○ ☐ X

12 6월 민주 항쟁은 5년 단임의 대통령 직선제 개헌을 이끌어냈다. ☐ ○ ☐ X

정답 | 01 ○ 02 X 03 X 04 ○ 05 X 06 ○ 07 ○ 08 X 09 ○ 10 ○ 11 ○ 12 ○

해설 | **02** 백제 성왕에 대한 설명이다. **03** 고려 시대의 향리는 과거를 통해 중앙 관리로 진출할 수 있었다. **05** 이앙법이 확산된 결과 밭을 논으로 바꾸는 현상이 활발해졌다. **08** 문일평에 대한 설명이다.

01 밑줄 친 '왕'에 대한 설명으로 옳은 것은?

> ○ <u>왕</u>이 경사교수도감을 설치하여 7품 이하로 하여금 배워 익히도록 하였다.
> ○ 홍자번이 편민 18사를 조목별로 올리니, <u>왕</u>이 기쁘게 받아들였다.

① 자제위를 설치하였다.
② 찰리변위도감을 설치하였다.
③ 연경에 만권당을 설립하였다.
④ 도병마사를 도평의사사로 개편하였다.

02 (가), (나)가 발표된 사이에 전개된 사실로 옳은 것은?

> (가) 통일 정부를 고대하나 여의치 않게 되었으니 우리는 남방만이라도 임시 정부 혹은 위원회 같은 것을 조직하여 38도선 이북에서 소련이 철퇴하도록 세계 공론에 호소해야 할 것이다.
> (나) 남북 정당, 사회 단체 지도자들은 우리 강토에서 외국 군대가 철퇴한 후에 내전이 발생할 수 없다는 것을 확인하며, 또 그들은 통일에 대한 조선 인민의 지망에 배치하는 여하한 무질서의 발생도 용서하지 않을 것이다.

① 평화선 선언이 발표되었다.
② 조선 건국 동맹이 조직되었다.
③ 제2차 미·소 공동 위원회가 개최되었다.
④ 귀속 재산을 관리하는 신한 공사가 설립되었다.

03 다음과 같이 주장한 붕당에 대한 설명으로 옳은 것은?

> 기해년의 일은 돌이켜 생각할수록 망극합니다. 효종 대왕께서 요순 같은 성군으로서 장수를 누리지 못하고 느닷없이 세상을 떠나시니, 온 나라 백성들이 경황없이 울부짖으며 어쩔 줄을 몰랐습니다. 그때 예를 의논한 신하 송시열 등은 도리어 우리 선왕을 서자(庶子)로 지목하고는 마침내 대왕 대비께서 기년복으로 낮추어 입도록 하자고 청했으니, 지금이라도 잘못된 일은 바로잡아야 하지 않겠습니까?

① 인조반정으로 몰락하였다.
② 노론과 소론으로 분열되었다.
③ 기사환국으로 정권을 장악하였다.
④ 조식 학파를 중심으로 형성되었다.

04 밑줄 친 '이 사건'의 결과로 옳은 것은?

> 이번에 경성에서 발생한 <u>이 사건</u>은 작은 사건이 아니므로, 대일본 대황제는 깊이 생각하고 이에 특별히 전권대사 백작 이노우에 가오루를 파견하여 대조선국에 가서 편리한 대로 처리하게 하며, 대조선국 대군주는 돈독한 우호를 진심으로 염원하여 김홍집에게 전권을 위임하여 토의·처리하도록 임명하고 지난 일을 교훈으로 삼아 뒷날을 조심하도록 하였다. 양국의 대신은 서로 마음을 합해 상의하여 아래의 약관을 만들어 우의가 완전하다는 것을 밝히며, 또한 이로써 장래 사단이 발생하는 것을 방지하도록 한다.

① 군국기무처가 설치되었다.
② 신식 군대인 별기군이 창설되었다.
③ 청과 일본이 톈진 조약을 체결하였다.
④ 묄렌도르프가 조선에 고문으로 파견되었다.

05 (가) 정책의 결과로 옳지 않은 것은?

> 일본 내의 쌀 소비는 연간 약 6,500만 석인데 생산고는 약 5,800만 석을 넘지 못해 해마다 그 부족분을 다른 제국 반도 및 외국의 공급에 의지하는 형편이다. …… 장래 쌀의 공급은 계속 부족해질 것이고, 따라서 지금 (가) 을/를 수립하여 일본 제국의 식량 문제를 해결하는 데 도움을 주는 것은 진실로 국책상 급무라고 믿는다.

① 한국인의 1인당 연간 쌀 소비량이 감소하였다.
② 만주에서 조, 콩 등의 잡곡 수입이 증가하였다.
③ 벼농사 중심의 단작형 농업 구조가 형성되었다.
④ 많은 수의 소작농이 자작농으로 바뀌게 되었다.

06 신석기 시대의 유적과 유물에 대한 설명으로 옳은 것을 모두 고른 것은?

> ㉠ 서울 암사동 유적에서는 갈돌과 갈판이 출토되었다.
> ㉡ 부여 송국리 유적에서는 송국리식 토기가 출토되었다.
> ㉢ 부산 동삼동 유적에서는 빗살무늬 토기가 출토되었다.
> ㉣ 양양 지경리 유적에서는 문자를 적는 붓이 출토되었다.

① ㉠, ㉡   ② ㉠, ㉢
③ ㉡, ㉣   ④ ㉢, ㉣

07 밑줄 친 '왕' 재위 시기의 사실로 옳은 것은?

> 신라가 사신을 보내 왕에게 말하기를, "왜인이 그 국경에 가득 차 성을 부수었으니, 노객은 백성 된 자로서 왕에게 귀의하여 분부를 청한다."고 하였다. …… 왕이 경자년에 보병과 기병 5만을 보내 신라를 구원하게 하였다. …… 관군이 이르자 왜적이 물러가므로, 뒤를 급히 추격하여 임나가라(任那加羅)의 종발성에 이르렀다.

① 모용황의 공격으로 환도성이 함락되었다.
② 후연을 공격하여 요동 지역을 차지하였다.
③ 북연의 왕인 풍홍이 고구려에 망명하였다.
④ 부족적 성격의 5부를 행정적 성격의 5부로 개편하였다.

08 밑줄 친 '그'에 대한 설명으로 옳은 것은?

> 관직을 마치고 물러난 그가 후진들을 불러모아 부지런히 가르치자 배우려는 무리들이 모여들어 거리를 메우게 되었다. 학당을 아홉으로 나누어 낙성재·대중재·성명재·경업재·조도재·솔성재·진덕재·대화재·대빙재라고 하였는데 과거에 응시하는 자제는 반드시 들어와 공부하였다. …… 우리나라에서 학교가 일어난 것은 대체로 그에게서 시작된 것으로, 당시 사람들은 그를 해동공자(海東孔子)라고 불렀다.

① 『역옹패설』을 저술하였다.
② 9경과 3사를 중심으로 교육하였다.
③ 왕에게 섬학전의 설치를 건의하였다.
④ 공민왕 때 성균관 대사성을 역임하였다.

09 (가) 신문에 대한 설명으로 옳은 것은?

> 영국인 베델이 서울에 신문사를 창설하여 [(가)](이)라고 하고, 박은식을 주필로 맞이하였다. …… 각 신문사에서도 의병들을 폭도나 비류(匪類)로 칭하였지만 오직 [(가)]은/는 의병으로 칭하며, 그 논설도 조금도 굴하지 않고 일본인의 악행을 게재하여 들으면 들은 대로 모두 폭로하였다.

① 우리나라 신문 최초로 상업 광고를 게재하였다.
② 관보적 성격을 띠었으며 10일에 한 번씩 간행되었다.
③ 우리나라 최초의 민간 신문으로 띄어쓰기를 도입하였다.
④ 을사늑약의 부당성을 폭로한 고종의 친서를 발표하였다.

10 조선 전기의 대외 관계에 대한 설명으로 옳지 않은 것은?

① 시암, 자와 등 동남 아시아의 여러 나라들과 교류하였다.
② 류큐에 불경, 범종 등을 전해주어 문화 발전에 기여하였다.
③ 명나라에 하정사, 성절사, 동지사 등의 사절단을 파견하였다.
④ 국경 지역인 책문에서 사적으로 이루어지는 후시 무역이 성행하였다.

바로 채점하기   정답·해설 _약점 보완 해설집 p.29

01	④	02	③	03	③	04	③	05	④
06	②	07	②	08	②	09	④	10	④

맞은 개수: _____개 / 10개

마무리 OX 퀴즈

☑ 모의고사에 출제된 개념을 OX 퀴즈를 통해 한 번 더 점검해보세요.

전근대사

01 서울 암사동 유적에서는 갈돌과 갈판이 출토되었다.　□ ○ □ X

02 고국원왕 재위 시기에는 모용황의 공격으로 환도성이 함락되었다.　□ ○ □ X

03 광개토 대왕 재위 시기에는 북연의 왕인 풍홍이 고구려에 망명하였다.　□ ○ □ X

04 최충은 왕에게 섬학전의 설치를 건의하였다.　□ ○ □ X

05 충렬왕은 연경에 만권당을 설립하였다.　□ ○ □ X

06 북인은 인조반정으로 몰락하였다.　□ ○ □ X

07 남인은 기사환국으로 정권을 장악하였다.　□ ○ □ X

근현대사

08 갑신정변의 결과 청과 일본이 톈진 조약을 체결하였다.　□ ○ □ X

09 독립신문은 우리나라 최초의 민간 신문으로 띄어쓰기를 도입하였다.　□ ○ □ X

10 대한매일신보는 우리나라 신문 최초로 상업 광고를 게재하였다.　□ ○ □ X

11 산미 증식 계획의 결과 한국인의 1인당 연간 쌀 소비량이 감소하였다.　□ ○ □ X

12 1947년에 제2차 미·소 공동 위원회가 개최되었다.　□ ○ □ X

정답 ∣ **01** ○　**02** ○　**03** X　**04** X　**05** X　**06** ○　**07** ○　**08** ○　**09** ○　**10** X　**11** ○　**12** ○

해설 ∣ **03** 장수왕 재위 시기의 사실이다.　**04** 안향에 대한 설명이다.　**05** 충선왕에 대한 설명이다.　**10** 한성주보에 대한 설명이다.

01 밑줄 친 '그'가 재위하던 시기의 사실로 옳은 것은?

> 그를 폐위시켜 강화도로 내쫓고 이이첨 등을 처형한 다음 전국에 대사령을 내렸다. …… 그는 영창 대군을 몹시 시기하고 모후를 원수처럼 여겨 그 시기와 의심이 날로 쌓였다. …… 영창 대군을 강화도에 안치하여 죽이는 등 여러 차례 큰 옥사를 일으켜 무고한 사람들을 살육하였다. …… 대비를 서궁에 유폐하고 존호를 삭제하는 등 그 화를 헤아릴 수 없었다.

① 영정법을 제정하였다.
② 훈련도감을 설치하였다.
③ 대마도주와 임신약조를 체결하였다.
④ 강홍립이 이끄는 원병을 명에 파견하였다.

02 다음 법령이 실시되던 시기의 사실로 옳은 것은?

> 제1조 국체를 변혁 또는 사유 재산제를 부인할 목적으로 결사를 조직하거나 또는 사정을 알고 이에 가입하는 자는 10년 이하의 징역 또는 금고에 처함
> 제2조 전조의 제1항의 목적으로 그 목적한 사항의 실행에 관하여 협의한 자는 7년 이하의 징역 또는 금고에 처함

① 서당 규칙이 발표되었다.
② 국가 총동원법이 제정되었다.
③ 토지 조사 사업이 전개되었다.
④ 조선 연초 전매령이 공포되었다.

03 다음과 같은 상황이 나타난 시기의 사실로 옳지 않은 것은?

> 옹주는 지극히 예뻐하던 딸이 공녀로 가게 되자 근심하고 번민하다가 병이 생겼다. 결국 지난 9월에 세상을 떠나니 나이가 55세였다. 우리나라의 자녀들이 서쪽 원나라로 끌려가기를 거른 해가 없다. 비록 왕실의 친족과 같이 귀한 집안이라도 숨기지 못하였으며 어미와 자식이 한번 이별하면 만날 기약이 없다.
>
> – 수령 옹주 묘지명

① 응방이 설치되었다.
② 정동행성이 설치되었다.
③ 삼군도총제부가 설치되었다.
④ 중서문하성과 상서성이 첨의부로 개편되었다.

04 다음 개혁안이 발표된 시기로 옳은 것은?

> 1. 외국인에게 의지하지 말고, 관·민이 힘을 합하여 전제 황권을 견고하게 할 것
> 2. 외국과의 이권에 관한 조약은 각 대신과 중추원 의장이 합동 날인하여 시행할 것
> 3. 국가 재정은 탁지부에서 전관하고, 예산과 결산을 국민에게 공포할 것

	(가)	(나)	(다)	(라)	
강화도 조약 체결		제1차 갑오개혁	대한국 국제 반포	을사늑약 체결	고종 강제 퇴위

① (가)
② (나)
③ (다)
④ (라)

05 (가) 지역에 있었던 사실로 옳은 것은?

> 김윤후가 [가] 산성 방호별감으로 있을 때 몽골이 쳐들어와 [가] 산성을 70여 일 동안 포위하자 비축해 둔 군량이 바닥났다. 이에 김윤후가 군사들에게 '만약 힘을 다해 싸워 준다면 귀천을 불문하고 모두 관작을 줄 것이니 너희들은 나를 믿으라.'고 설득한 뒤 관노 문서를 가져다 불살라 버리고 노획한 우마를 나누어 주었다.

① 망이·망소이가 반란을 일으켰다.
② 견훤이 후백제의 도읍으로 삼았다.
③ 홍건적의 침입 때 공민왕이 피난하였다.
④ 고구려의 남한강 유역 진출을 보여주는 비석이 세워졌다.

06 밑줄 친 '나'에 대한 설명으로 옳은 것은?

> 나는 옛날 공의 문하에 있었고 공은 지금 우리 수선사에 들어왔으니, 공은 불교의 유생이요, 나는 유교의 불자입니다. 서로 손님과 주인이 되고 스승과 제자가 됨은 옛날부터 그러하였고 지금 처음 있는 일은 아닙니다.

① 귀법사의 초대 주지를 역임하였다.
② 수행법으로 돈오점수를 주장하였다.
③ 성리학 수용의 사상적 토대를 마련하였다.
④ 선종의 일파인 임제종을 들여와 전파시켰다.

07 밑줄 친 '이들'에 대한 설명으로 옳은 것은?

> 이들은 본시 모두 사대부였는데 의(醫)에 들어가고, 역(譯)에 들어가 그 역할을 대대로 전하니 사람들이 서울 중촌의 오래된 집안이라고 불렀다. …… 비록 나라의 법전에 금지한 바는 없으나 자연히 명예롭고 좋은 관직으로의 진출은 막히거나 걸려 수백 년 원한이 쌓여 펴지 못한 한이 있고 이를 호소할 기약조차 없으니 이는 무슨 죄악이며 무슨 업보인가.

① 철종 때 청요직 진출이 허용되었다.
② 시사를 조직하여 문예 활동을 하였다.
③ 장례원을 통하여 국가의 관리를 받았다.
④ 대표적인 인물로 유득공, 이덕무 등이 있다.

08 밑줄 친 '왕' 대에 있었던 사실로 옳은 것은?

> 왕 3년, 나라 안의 여러 주와 군에서 납세를 하지 않아 창고가 비고 국가 재정이 어려워지자, 왕이 사신을 파견하여 독촉하였다. 이로 인하여 곳곳에서 도적이 봉기하였다. 이때 원종, 애노 등이 사벌주에 웅거하여 반란을 일으키니 왕이 영기에게 잡도록 명령하였다. 그러나 영기는 적진을 쳐다보고는 두려워하여 나아가지 못하였다.

① 김헌창이 반란을 일으켰다.
② 상원사 동종을 주조하였다.
③ 장보고가 청해진을 설치하였다.
④ 최치원이 시무 10여조를 건의하였다.

09 다음 사건이 일어난 정부 시기의 경제 상황으로 옳은 것은?

> 판문점 공동 경비 구역 안에서 미루나무 벌채 작업을 하고 있던 한국인 노동자와 유엔군에게 북한군은 작업을 중지할 것을 경고하였다. 그러나 벌채 작업이 지속되자 북한군은 유엔군을 공격하였고, 이 과정에서 미군 장교 2명이 사망하고, 한국군 장교 1명과 사병 4명, 미군 사병 4명이 부상을 당하였다.

① 한·미 경제 조정 협정을 체결하였다.
② 저금리, 저유가, 저달러의 3저 호황을 누렸다.
③ 마산과 익산을 수출 자유 무역 지역으로 선정하였다.
④ 최저 임금 결정을 위한 최저 임금 위원회가 설치되었다.

10 ㉠ 국가의 문화재로 옳은 것은?

> 일본이 ㉠ 에 국서를 보냈다. "삼가 고려 국왕에게 문안 인사를 드립니다. …… 보내신 글을 보니 날짜 아래 관품과 이름을 쓰지 않았고 글의 말미에는 천손(天孫)이라는 칭호를 써 놓았습니다."

① 백률사 석당
② 이불 병좌상
③ 금동 연가 7년명 여래 입상
④ 서산 용현리 마애 여래 삼존상

마무리 OX 퀴즈

☑ 모의고사에 출제된 개념을 OX 퀴즈를 통해 한 번 더 점검해보세요.

전근대사

01 진성 여왕 때 최치원이 시무 10여조를 건의하였다. □ O □ X

02 충주에서 망이·망소이가 반란을 일으켰다. □ O □ X

03 지눌은 수행법으로 돈오점수를 주장하였다. □ O □ X

04 혜심은 성리학 수용의 사상적 토대를 마련하였다. □ O □ X

05 원 간섭기에 삼군도총제부가 설치되었다. □ O □ X

06 광해군 재위 시기에 대마도주와 임신약조를 체결하였다. □ O □ X

07 기술직 중인은 시사를 조직하여 문예 활동을 하였다. □ O □ X

근현대사

08 치안 유지법이 실시되던 시기에 국가 총동원법이 제정되었다. □ O □ X

09 이승만 정부 시기에 한·미 경제 조정 협정을 체결하였다. □ O □ X

10 박정희 정부 시기에 마산과 익산을 수출 자유 무역 지역으로 선정하였다. □ O □ X

11 박정희 정부 시기에 최저 임금 결정을 위한 최저 임금 위원회가 설치되었다. □ O □ X

12 전두환 정부 시기에 저금리, 저유가, 저달러의 3저 호황을 누렸다. □ O □ X

정답 | 01 O 02 X 03 O 04 O 05 X 06 X 07 O 08 O 09 O 10 O 11 X 12 O

해설 | 02 공주에서 있었던 사실이다. 05 원이 멸망한 이후인 공양왕 때의 사실이다. 06 중종 재위 시기의 사실이다.
　　　11 전두환 정부 시기의 사실이다.

⏱ 제한 시간 **7분 타이머**를 맞추고 시작하세요.

01 (가) 왕에 대한 설명으로 옳은 것은?

> 발해는 9세기 전반 [가] 때 전성기를 맞이하였다. [가]은/는 말갈족을 대부분 복속시키고 영토를 확장하여 고구려 옛 땅의 대부분을 차지하였다. 이 무렵 당은 발해를 가리켜 '동쪽의 융성한 나라'라는 의미로 해동성국이라고 불렀다.

① 3성 6부제의 중앙 관제를 정비하였다.
② 일본에 사신을 파견하여 국교를 맺었다.
③ '건흥'이라는 독자적인 연호를 사용하였다.
④ 전륜성왕을 자처하고 황상이라는 칭호를 사용하였다.

02 다음과 같이 주장한 인물에 대한 설명으로 옳은 것은?

> 이(理)가 아니면 기(氣)가 근거할 데가 없으며 기가 아니면 이가 의거할 데가 없다. 이미 두 개 물건이 아닌 즉, 또한 하나의 물건도 아니다. 하나의 물건이 아니니 하나이면서도 둘이고, 두 개의 물건이 아니니 둘이면서도 하나이다. 하나의 물건이 아니라는 것은 무엇을 말하는가. …… 이와 기는 서로 떨어지지 않을 수 없으나 묘하게 결합된 가운데 있다. 이는 이고 기는 기이지만 혼돈 상태여서 틈이 없으며 선후가 없으며 떨어졌다, 붙었다 하는 일이 없으니 두 개의 물건이라고 볼 수 없다. 따라서 두 개의 물건이 아니다.

① 기대승과 4단 7정에 대한 논쟁을 벌였다.
②『동호문답』,『기자실기』등을 저술하였다.
③ 서리망국론을 통해 당시 서리의 폐단을 비판하였다.
④ 우주를 무한하고 영원한 기로 보는 태허설을 제기하였다.

03 밑줄 친 '이곳'에 대한 설명으로 옳은 것은?

> ○ 이곳에는 단군이 하늘에 제사를 지냈다고 전해지는 참성단이 있다.
> ○ 조선 후기에 정제두를 비롯한 양명학자들이 이곳을 중심으로 학파를 형성하였다.

① 네덜란드 선원인 하멜이 표류한 곳이다.
② 우리나라 최초의 근대적 조약이 체결된 곳이다.
③ 지주 문재철에 맞서 소작 쟁의가 일어난 곳이다.
④ 신유박해 때 정약전이 유배 생활을 하였던 곳이다.

04 밑줄 친 '이 책'에 대한 설명으로 옳은 것은?

> 신(臣) 이승휴가 이 책을 지어서 바칩니다. 예로부터, 제왕들이 서로 계승하여 주고받으며 흥하고 망한 일은 세상을 경영하는 군자가 밝게 알지 않아서는 안 되는 바입니다. 그러나 고금의 전적은 한없이 많아 끝이 없고, 앞뒤 일들은 서로 뒤섞여 어지럽습니다. …… 그 선하여 본받을 만한 것과 악하여 경계로 삼을 만한 것은 모두 일마다『춘추』의 필법에 따랐습니다.

① 신라의 역사를 상대, 중대, 하대로 구분하였다.
②「왕력」,「기이」,「흥법」,「탑상」,「의해」등으로 구성되었다.
③ 단군 조선부터 고려까지의 역사를 노래 형식으로 정리하였다.
④ 원 간섭기에 중국과 구별되는 우리 역사의 독자성을 강조하였다.

05 밑줄 친 '이 운동'에 대한 설명으로 옳은 것은?

> 동아일보가 여름 직전에 발표한 이 운동은 감격스러운 반응을 받아 이제는 운동에 참여하는 이들이 전 조선 13도 200여 주에 가득 차게 되었다. 강습을 위한 교본도 이미 한글, 산수에 관한 것이 인쇄되어 각지의 대원에게 발송되고 있다. …… 한글 강습회의 강사들이나 운동 대원들이나 이 폭염 속에서 아무런 보수 없이 동포를 위해 수고하는 것은 아무리 감사하더라도 부족한 것이다.

① 제암리 학살 등 일제의 가혹한 탄압을 받았다.

② 백정에 대한 사회적 차별 철폐를 목적으로 하였다.

③ 일제의 탄압에도 불구하고 광복 때까지 지속되었다.

④ '배우자! 가르치자! 다 함께 브나로드' 등의 구호를 내세웠다.

06 고려 시대의 관리 등용 제도에 대한 설명으로 옳은 것을 모두 고른 것은?

> ㉠ 과거 시험에서는 제술업이 명경업보다 더 중시되었다.
> ㉡ 무과는 3년마다 정기적으로 시행되었다.
> ㉢ 승과는 교종선과 선종선으로 나누어 시행되었다.
> ㉣ 음서로 등용된 사람들은 고위 관직에 오르지 못하였다.

① ㉠, ㉢   ② ㉠, ㉣

③ ㉡, ㉢   ④ ㉡, ㉣

07 밑줄 친 '왕' 재위 시기의 사실로 옳은 것은?

> ○ 왕 6년에, 중시를 시중으로 고쳤다.
> ○ 왕 16년에 사벌주를 상주로 고치고 1주 10군 30현을 소속시켰다. …… 한산주를 한주로 고치고 1주 1소경 27군 46현을 소속시켰다.

① 외사정을 처음 파견하였다.

② 달구벌로 천도를 시도하였다.

③ 사치 금지 교서를 반포하였다.

④ 국학의 명칭을 태학감으로 변경하였다.

08 다음 사건이 전개된 시기에 볼 수 있는 모습으로 옳은 것은?

> 중국 북양 대신 이홍장이 보내온 편지에, "귀국의 제주 동북쪽으로 100여 리 떨어진 곳에 섬이 있는데, 바다 가운데 외로이 솟아 있으며 서양 이름으로는 해밀톤 섬이라고 부릅니다. 러시아가 군함을 블라디보스톡에 집결시키므로 영국 사람들은 그들이 남하하여 홍콩을 침략할까봐 섬에 군사와 군함을 주둔시키고 그들이 오는 길을 막고 있습니다."

① 한성순보를 읽는 관리

② 이화 학당에 다니는 학생

③ 경부선 개통식에 참석한 기자

④ 명동 성당에서 기도를 드리는 청년

09 다음 헌법을 제정한 국회에 대한 설명으로 옳은 것을 모두 고른 것은?

> 제51조 대통령은 행정권의 수반(首班)이며 외국에 대하여 국가를 대표한다.
> 제53조 대통령과 부통령은 국회에서 무기명 투표로써 각각 선거한다.
> 제55조 대통령과 부통령의 임기는 4년으로 한다. 단, 재선에 의하여 1차 중임할 수 있다. 부통령은 대통령 재임 중 재임한다.

> ㉠ 민의원과 참의원의 양원제로 운영되었다.
> ㉡ 반민족 행위 처벌법을 제정하였다.
> ㉢ 신국가 보안법을 제정하였다.
> ㉣ 일부 지역의 국회의원이 선출되지 못한 채 출범하였다.

① ㉠, ㉡
② ㉠, ㉢
③ ㉡, ㉣
④ ㉢, ㉣

10 (가) 조직에 대한 설명으로 옳은 것은?

> 왕께서 (가) 을/를 설치하여 군사를 훈련시키라고 명하시고 나를 도제조로 삼으셨다. …… 얼마 안 되어 수천 명을 얻어 조총 쏘는 법과 창, 칼 쓰는 기술을 가르치게 하였다. 또 당번을 정하여 궁중을 숙직하게 하고, 국왕 행차가 있을 때 이들로써 호위하게 하였다.

① 5군영 중에 가장 마지막에 설치되었다.
② 일본인 교관을 초빙하여 군사 훈련을 받았다.
③ 수원 화성에 외영을 두었으며 순조 때 혁파되었다.
④ 장기간 근무를 하고 일정한 급료를 받는 상비군이었다.

마무리 OX 퀴즈

☑ 모의고사에 출제된 개념을 OX 퀴즈를 통해 한 번 더 점검해보세요.

전근대사

01 경덕왕 재위 시기에는 외사정을 처음 파견하였다. ☐ O ☐ X

02 발해 선왕은 '건흥'이라는 독자적인 연호를 사용하였다. ☐ O ☐ X

03 고려 시대에 음서로 등용된 사람들은 고위 관직에 오르지 못하였다. ☐ O ☐ X

04 『제왕운기』는 원 간섭기에 중국과 구별되는 우리 역사의 독자성을 강조하였다. ☐ O ☐ X

05 조식은 서리망국론을 통해 당시 서리의 폐단을 비판하였다. ☐ O ☐ X

06 이이는 기대승과 4단 7정에 대한 논쟁을 벌였다. ☐ O ☐ X

07 훈련도감은 5군영 중에 가장 마지막에 설치되었다. ☐ O ☐ X

근현대사

08 강화도는 우리나라 최초의 근대적 조약이 체결된 곳이다. ☐ O ☐ X

09 신안군 암태도는 지주 문재철에 맞서 소작 쟁의가 일어난 곳이다. ☐ O ☐ X

10 형평 운동은 백정에 대한 사회적 차별 철폐를 목적으로 하였다. ☐ O ☐ X

11 브나로드 운동은 일제의 탄압에도 불구하고 광복 때까지 지속되었다. ☐ O ☐ X

12 제헌 국회는 반민족 행위 처벌법을 제정하였다. ☐ O ☐ X

정답 | **01** X　**02** O　**03** X　**04** O　**05** O　**06** X　**07** X　**08** O　**09** O　**10** O　**11** X　**12** O

해설 | **01** 문무왕 재위 시기의 사실이다.　**03** 고려 시대에 음서로 등용된 사람들은 고위 관직에 오를 수 있었다.　**06** 이황에 대한 설명이다.
07 금위영에 대한 설명이다.　**11** 브나로드 운동은 조선 총독부의 탄압으로 광복(1945) 이전인 1934년에 중단되었다.

01 ㉠에 들어갈 내용으로 옳지 않은 것은?

> 변징원에게 임금이 "그대는 이미 흡곡 현령을 지냈으니 백성을 다스리는 데 무엇을 먼저 하겠는가?"라고 물었다. 그는 "마땅히 칠사(七事)를 먼저 할 것입니다."라고 하였다. 임금이 말하기를 "이른바 칠사라는 것은 무엇인가?"라고 하니 변징원이 "칠사란 ㉠ 입니다."라고 답하였다.

① 농상을 장려하는 것
② 유학을 교육하여 학교를 일으키는 것
③ 호구를 늘리고 부역을 공정하게 징수하는 것
④ 중앙과 지방을 연결하여 유향소를 통제하는 것

02 밑줄 친 '사건'에 대한 설명으로 옳은 것은?

> 〈경성 폭동 사건에 관한 전보〉
> 이달 23일 오후 5시 성난 군중 수백 명이 갑자기 공사관을 습격하여 돌을 던지고 총을 쏘며 방화하였다. 전력으로 방어한지 7시간이 지났지만 정부의 원병이 오지 않았다. 한 쪽을 돌파하여 왕궁으로 가려 해도 성문이 열리지 않았다. …… 성난 군중이 왕궁 및 민태호와 민겸호 집도 습격했다고 들었다. …… 호리모토 중위 외 8명의 생사는 알 수 없다.

① 김옥균 등 급진 개화파 인사들이 주도하였다.
② 구식 군인에 대한 차별 대우가 발단이 되었다.
③ 보국안민, 제폭구민의 구호를 내세워 봉기하였다.
④ 조선과 일본이 한성 조약을 체결하는 계기가 되었다.

03 다음 상황이 일어난 이후의 사실로 옳은 것은?

> 좌·우군도통사가 최영에게 사람을 보내어 빨리 군사를 돌이키게 허락하기를 청하였으나, 최영은 생각도 하지 않았다. 우군도통사가 여러 장수에게 말하기를 "내가 글을 올려 회군하기를 청하였으나 왕이 살피지 못하고, 최영이 또 늙고 어두워 듣지 않으니, 어찌 그대들과 함께 왕을 뵈서 진언하고 왕 옆의 악한 사람을 제거하여 백성들을 편안히 하지 않으랴" 하였다. …… 이에 군사를 돌이켜 압록강을 건너는데, 우군도통사가 백마를 타고 붉은 활과 흰색 새털을 깃으로 단 화살을 메고 강 건너에 서서 군사가 다 건너기를 기다리고 있었다.

① 정동행성 이문소를 폐지하였다.
② 일연이 『삼국유사』를 편찬하였다.
③ 최무선 등이 진포 해전에서 승리하였다.
④ 전제 개혁을 단행하여 과전법을 실시하였다.

04 (가) 부대에 대한 설명으로 옳은 것은?

> (가) 의 총사령 양세봉, 참모장 김학규 등은 병력을 이끌고 중국 의용군과 합세하였다. …… 아군은 승세를 몰아 적들을 30여 리 정도 추격한 끝에 영릉가성을 점령하였다.

① 쌍성보 전투에서 일본군에게 승리하였다.
② 중국 팔로군과 연합하여 항일 투쟁을 하였다.
③ 초기에는 중국 군사 위원회의 지휘와 간섭을 받았다.
④ 조선 혁명당의 산하 부대로 남만주 지역에서 주로 활동하였다.

05 밑줄 친 '이들'의 활동으로 옳은 것은?

> 이들은 남은 백성들을 모아서 궁모성으로부터 패강 남쪽에 이러 당나라 관인 및 승려 법안 등을 죽이고 신라로 향했다. …… 안승을 만나 한성으로 맞아들여 임금으로 모셨다.

① 흑치상지가 임존성에서 당군을 격퇴하였다.
② 고연무가 오골성 등에서 당군에 항전하였다.
③ 왜와 연합하여 나·당 연합군과 전투를 벌였다.
④ 중국의 오월과 후당에 사신을 보내 교류하였다.

06 밑줄 친 '적'이 주장한 내용으로 옳은 것을 모두 고른 것은?

> 대개 적은 천한 노비들로 구성되어 있었으므로 양반들을 가장 미워하였다. 길에서 갓을 쓴 사람을 만나면 갑자기 달려들어 '너도 양반이냐'며 갓을 빼앗아 찢어 버렸다. …… 주인을 협박하여 노비 문서를 불태우고 천민에서 면해 줄 것을 강요하였다. 이들 중 몇몇은 주인을 결박하여 주리를 틀고 곤장을 때리기도 하였다. 이 무렵 노비가 있는 집안에서는 이런 소문을 듣고 노비 문서를 불태워 화를 피하기도 하였다.

> ㉠ 토지는 균등하게 나누어 경작하게 하라
> ㉡ 각 도의 환곡을 영원히 없애라
> ㉢ 관리의 채용에 지벌을 타파하고 인재를 등용하라
> ㉣ 의정부와 6조 이외에 불필요한 관청을 모두 없애라

① ㉠, ㉡   ② ㉠, ㉢
③ ㉡, ㉢   ④ ㉢, ㉣

07 다음 사건을 시기순으로 바르게 나열한 것은?

> ㉠ 진산에서 모친의 신주를 불사른 윤지충을 사형에 처하였다.
> ㉡ 황사영이 베이징에 있는 주교에게 서신을 보내려다 발각되었다.
> ㉢ 우리나라 최초의 신부인 김대건이 포교 도중 체포되어 처형되었다.
> ㉣ 프랑스 신부를 비롯하여 남종삼 등 천주교 신자 수천 명이 순교하였다.

① ㉠ - ㉡ - ㉢ - ㉣
② ㉠ - ㉡ - ㉣ - ㉢
③ ㉡ - ㉣ - ㉠ - ㉢
④ ㉢ - ㉠ - ㉣ - ㉡

08 다음 문서에 대한 설명으로 옳은 것은?

> 쌍방은 다음과 같은 조국 통일 원칙들에 합의를 보았다.
> 첫째, 통일은 외세에 의존하거나 외세의 간섭을 받음이 없이 자주적으로 해결하여야 한다.
> 둘째, 통일은 서로 상대방을 반대하는 무력행사에 의거하지 않고 평화적 방법으로 실현하여야 한다.
> 셋째, 사상과 이념, 제도의 차이를 초월하여 우선 하나의 민족으로서 민족적 대단결을 도모하여야 한다.

① 금강산 관광을 시작하기로 협의하였다.
② 남북 군사 공동 위원회 설치를 명시하였다.
③ 남북 조절 위원회가 설치되는 계기가 되었다.
④ 유엔에 남북한이 동시 가입한 직후 발표되었다.

09 고려 시대의 문학에 대한 설명으로 옳지 않은 것은?

① 이규보는 여러 시화를 모은 『백운소설』을 저술하였다.

② 임춘이 술을 의인화하여 현실을 풍자한 『국순전』을 저술하였다.

③ 김시습이 우리나라 최초의 한문 소설인 『금오신화』를 저술하였다.

④ 이인로는 『파한집』에서 개경, 평양 등의 역사적 유적지를 묘사하였다.

10 ㉠ 시대의 유적지로 옳은 것은?

> 아슐리안형 주먹 도끼는 ㉠ 시대의 대표적인 유물로, 돌의 양쪽 면을 가공해 날을 세우는 방법으로 제작되었다. 이 도구는 사냥과 뼈 가공 등 다양한 방면에서 사용된 다목적 도구였다.

① 창원 다호리 유적

② 양양 오산리 유적

③ 여주 흔암리 유적

④ 종성 동관진 유적

마무리 OX 퀴즈

☑ 모의고사에 출제된 개념을 OX 퀴즈를 통해 한 번 더 점검해보세요.

전근대사

01 고구려 부흥군은 왜와 연합하여 나·당 연합군과 전투를 벌였다.　□ ○ □ X

02 견훤은 중국의 오월과 후당에 사신을 보내 교류하였다.　□ ○ □ X

03 고려 시대에는 김시습이 우리나라 최초의 한문 소설인 『금오신화』를 저술하였다.　□ ○ □ X

04 위화도 회군 이후 전제 개혁을 단행하여 과전법을 실시하였다.　□ ○ □ X

05 정조 때 진산에서 모친의 신주를 불사른 윤지충을 사형에 처하였다.　□ ○ □ X

06 순조 때 황사영이 베이징에 있는 주교에게 서신을 보내려다 발각되었다.　□ ○ □ X

근현대사

07 임오군란은 조선과 일본이 한성 조약을 체결하는 계기가 되었다.　□ ○ □ X

08 동학 농민군은 보국안민, 제폭구민의 구호를 내세워 봉기하였다.　□ ○ □ X

09 조선 혁명군은 쌍성보 전투에서 일본군에게 승리하였다.　□ ○ □ X

10 한국 광복군은 초기에는 중국 군사 위원회의 지휘와 간섭을 받았다.　□ ○ □ X

11 7·4 남북 공동 성명은 남북 조절 위원회가 설치되는 계기가 되었다.　□ ○ □ X

12 남북 기본 합의서는 남북 군사 공동 위원회 설치를 명시하였다.　□ ○ □ X

정답 | 01 X　02 ○　03 X　04 ○　05 ○　06 ○　07 X　08 ○　09 X　10 ○　11 ○　12 ○

해설 | 01 백제 부흥 운동에 대한 설명이다.　03 조선 전기의 사실이다.　07 갑신정변에 대한 설명이다.　09 한국 독립군에 대한 설명이다.

01 (가) 인물에 대한 설명으로 옳은 것은?

> "과인이 요동을 공격하고자 하니 경 등은 마 땅히 힘을 다하라." 하니, [(가)]은/는 "지금 출 정하는 일은 네 가지의 옳지 못한 점이 있습니 다. 작은 나라로서 큰 나라에 거역하는 것이 한 가지 옳지 못함이요, 여름철에 군사를 동원하는 것이 두 가지 옳지 못함이요, 온 나라 군사를 동 원하여 멀리 정벌하면, 왜적이 그 허술한 틈을 탈 것이니 세 가지 옳지 못함이요, 지금 한창 장 마철이므로 활은 아교가 풀어지고, 많은 군사들 은 역병을 앓을 것이니 네 가지 옳지 못함입니 다."라고 아뢰었다.

① 왕에게 화통도감 설치를 건의하였다.
② 『불씨잡변』을 지어 불교를 비판하였다.
③ 황산에서 아지발도가 이끄는 왜구를 격퇴하 였다.
④ 창왕 때 왜구의 소굴인 쓰시마 섬을 정벌하 였다.

02 다음 법령에 대한 설명으로 옳지 않은 것은?

> 제1조 본법은 헌법에 의거하여 농지를 농민에 게 적절히 분배함으로써 농가 경제의 자 립과 농업 생산력의 증진으로 인한 농민 생활의 향상 내지 국민 경제의 균형과 발 전을 기함을 목적으로 한다.
> 제4조 본법 시행에 관한 사무는 농림부 장관이 이를 관장한다.
> 제17조 일체의 농지는 소작, 임대차 또는 위탁 경영 등 행위를 금지한다.

① 한 가구당 3정보를 소유 상한으로 하였다.
② 무상 매수·무상 분배의 방식으로 실시되었다.
③ 북한에서 실시된 토지 개혁에 영향을 받았다.
④ 농지를 매각한 지주에게 지가 증권을 교부하 였다.

03 고려 시대의 중앙 정치 기구에 대한 설명으로 옳지 않은 것은?

① 중추원은 군사 기밀을 관장하고 왕명을 출납 하였다.
② 중서문하성은 고려의 최고 관서로 국정을 총 괄하였다.
③ 삼사는 화폐와 곡식의 출납에 대한 회계를 담 당하였다.
④ 식목도감은 관리의 비리를 감찰하고 풍속을 교정하였다.

04 밑줄 친 '이들'에 대한 설명으로 옳은 것을 모 두 고른 것은?

> 신라 하대에는 전국 각지에서 농민들이 봉 기하여 사회가 더욱 혼란스러워졌고, 이를 틈 타 지방에서는 스스로를 성주, 장군이라 칭하는 이들이 등장하였다. 이들은 중앙에서 밀려난 귀 족, 촌주 혹은 지방에 주둔한 장군 출신 등으로 지방의 행정권과 군사권을 장악하여 실질적인 지배력을 행사하였다.

> ㉠ 중앙의 정치 기구를 모방한 관반제를 실시 하였다.
> ㉡ 대표적인 인물로는 김주원, 김대문 등이 있다.
> ㉢ 참선을 통한 개인의 깨달음을 중시하는 선종 을 후원하였다.
> ㉣ '득난'이라고 불렸으며 아찬까지 승진할 수 있었다.

① ㉠, ㉡   ② ㉠, ㉢
③ ㉡, ㉣   ④ ㉢, ㉣

05 밑줄 친 '왕' 재위 시기의 사실로 옳은 것은?

> 거란 임금이 이끄는 군대가 개경으로 진입해 종묘와 궁궐 및 민가를 모조리 불태워 버렸다. …… 왕의 행차가 노령을 넘어서 나주에 들어 갔다.

① 백관의 공복 제도를 정하였다.
② 흑창을 확대하여 의창을 설치하였다.
③ 5도 양계의 지방 제도를 확립하였다.
④ 금속 활자로 『상정고금예문』을 인쇄하였다.

06 다음 사절단에 대한 설명으로 옳은 것은?

> 조·미 수호 통상 조약을 체결한 이듬해 미국 공사 푸트가 내한하자 이에 대한 답례와 양국 간의 친선을 도모하기 위하여 파견되었다. 미국의 대통령인 아서를 접견하여 국서를 제출하였으며, 병원, 신문사, 우체국 등 각종 근대 시설을 시찰하였다. 이들은 귀국 후에 새로운 모범 농장의 설치를 건의하였으며, 이에 따라 낙농 발달을 위한 시범 농장인 농무 목축 시험장이 설치되었다.

① 암행어사의 형식으로 비밀리에 파견되었다.
② 기기국에서 무기 제조 기술 등을 학습하였다.
③ 전권대신 민영익과 부대신 홍영식 등으로 구성되었다.
④ 재정 부족과 임오군란 발발로 인해 1년 만에 귀국하였다.

07 우리나라의 농서에 대한 설명으로 옳지 않은 것은?

> (가) 『금양잡록』
> (나) 『농사직설』
> (다) 『임원경제지』
> (라) 『감저신보』

① (가) – 강희맹이 경기 지역의 농사 경험을 토대로 저술하였다.
② (나) – 신속이 벼농사 중심의 수전 농법을 소개하였다.
③ (다) – 서유구가 영농 방법 등을 정리한 농촌 생활 백과사전이다.
④ (라) – 김장순이 고구마의 재배 및 이용법 등을 정리하였다.

08 밑줄 친 '그'가 재위한 시기의 사실로 옳은 것은?

> 그는 정축년 정월 강도가 함몰당하자 2월에 소현 세자와 함께 인질로 심양에 갔다. 소현 세자와 같은 관사에 거처하고 있었는데 형제 사이의 정성과 우애가 지극하였으므로 간간이 난처한 일이 있었어도 정성을 다하여 주선하여 기미가 밖으로 드러나는 경우가 없었으며 화기애애하여 사람들이 이간할 수 없었다.

① 정여립 모반 사건이 일어났다.
② 『무예도보통지』가 편찬되었다.
③ 나선 정벌에 조총 부대가 파견되었다.
④ 압슬형, 낙형 등의 가혹한 형벌을 폐지하였다.

09 다음 취지서가 발표된 민족 운동에 대한 설명으로 옳은 것은?

> 교육은 우리들의 진로를 개척함에 있어서 유일한 방편이요, 수단임이 명료하다. 그런데 교육에도 단계와 종류가 있어서 민중의 보편적 지식은 보통 교육으로도 가능하지만 심오한 지식과 학문은 고등 교육이 아니면 불가하며, 사회 최고의 비판을 구하며 유능한 인물을 양성하려면 최고 학부의 존재가 가장 필요하다.

① 고종의 인산일을 계기로 전개되었다.

② 사립 학교령이 공포되는 배경이 되었다.

③ 이학찬 등의 주도로 진주에서 시작되었다.

④ '한민족 1천만이 한 사람이 1원씩'이라는 구호를 내세웠다.

10 다음 정책을 추진한 내각의 개혁 내용으로 옳은 것을 모두 고른 것은?

> 왕명이 내려지자 곡소리가 하늘을 울렸고, 사람들이 분하고 노하여 숨이 끊어질 듯 했다. 형세가 격변하자 왜적들이 군대를 동원하여 대기시켰고, 경무사 허진이 순검들을 이끌고 칼을 가지고 길을 막으며 만나는 사람마다 머리를 깎았다.

> ㉠ '건양'이라는 연호를 제정하였다.
> ㉡ 지방 제도를 8도에서 23부로 개편하였다.
> ㉢ 종두법이 실시되고 소학교가 설치되었다.
> ㉣ 경무청을 설치하여 경찰 제도를 실시하였다.

① ㉠, ㉢

② ㉠, ㉣

③ ㉡, ㉢

④ ㉡, ㉣

마무리 OX 퀴즈

☑ 모의고사에 출제된 개념을 OX 퀴즈를 통해 한 번 더 점검해보세요.

(전근대사)

01 호족은 참선을 통한 개인의 깨달음을 중시하는 선종을 후원하였다.　□ O □ X

02 6두품은 '득난'이라고 불렸으며 아찬까지 승진할 수 있었다.　□ O □ X

03 고려 현종 재위 시기에는 5도 양계의 지방 제도를 확립하였다.　□ O □ X

04 식목도감은 관리의 비리를 감찰하고 풍속을 교정하였다.　□ O □ X

05 최무선은 왕에게 화통도감 설치를 건의하였다.　□ O □ X

06 이성계는 황산에서 아지발도가 이끄는 왜구를 격퇴하였다.　□ O □ X

07 효종 재위 시기에는 『무예도보통지』가 편찬되었다.　□ O □ X

(근현대사)

08 조사 시찰단은 암행어사의 형식으로 비밀리에 파견되었다.　□ O □ X

09 보빙사는 기기국에서 무기 제조 기술 등을 학습하였다.　□ O □ X

10 을미개혁 때는 경무청을 설치하여 경찰 제도를 실시하였다.　□ O □ X

11 민립 대학 설립 운동은 '한민족 1천만이 한 사람이 1원씩'이라는 구호를 내세웠다.　□ O □ X

12 농지 개혁법은 북한에서 실시된 토지 개혁에 영향을 받았다.　□ O □ X

정답 | **01** O　**02** O　**03** O　**04** X　**05** O　**06** O　**07** X　**08** O　**09** X　**10** X　**11** O　**12** O

해설 | **04** 어사대에 대한 설명이다.　**07** 정조 재위 시기의 사실이다.　**09** 영선사에 대한 설명이다.　**10** 제1차 갑오개혁 때의 사실이다.

01 다음 사건이 일어난 이후의 사실로 옳지 않은 것은?

> 만주 길림성 장춘현 만보산 지역에서 한국인 농민과 중국인 농민 사이에 토지 개발과 수로 공사 문제를 둘러싸고 갈등이 발생하자 장춘의 일본 영사관과 경찰은 한국인 농민들을 보호한다는 명분으로 개입하였다. …… 중국인들이 한국인 농민에게 피해를 입혔다는 오보가 확산되어 중국인 배척 사건이 곳곳에서 일어났다.

① 중·일 전쟁이 발발하였다.
② 한인 애국단이 결성되었다.
③ 북만주에서 신민부가 조직되었다.
④ 조선 혁명군이 흥경성 전투에서 승리하였다.

02 밑줄 친 '과인'에 대한 설명으로 옳은 것은?

> 과인이 위로는 하늘과 땅의 도움을 받고 아래로는 조상의 신령스러운 돌보심 덕분에 흠돌 등의 악이 쌓이고 죄가 가득 차서 그 음모가 탄로 나고 말았다. …… 이 때문에 병사들을 끌어모아 흉악하고 무도한 자들을 제거하고자 하였더니, 산골짜기로 도망쳐 숨고 혹은 대궐 뜰에 와서 항복하였다. 그러나 잔당들을 찾아내어 죽여 없애고 3~4일 동안에 죄인의 우두머리들이 소탕되었다.

① 처음으로 병부를 설치하였다.
②『백관잠』을 지어 관리들에게 제시하였다.
③ 9주 5소경의 지방 행정 제도를 완비하였다.
④ 당의 세력을 몰아내고 삼국 통일을 완수하였다.

03 밑줄 친 '이곳'에 대한 설명으로 옳은 것은?

> 이곳에는 외국인으로 성품이 선량하고 재간 있으며 총명한 사람 3명을 초빙하여 '교사'라고 부를 것이며 가르치는 일을 전적으로 맡도록 한다. …… 좌원과 우원을 설립하고 각각 학생을 채워서 매일 공부한다.

① 근대식 사관 양성을 목적으로 하였다.
② 우리나라 최초의 근대식 관립 학교이다.
③ 관민이 함께 기금을 조성하여 설립하였다.
④ 선교사 스크랜튼이 설립한 여성 교육 기관이다.

04 밑줄 친 '왕'의 재위 시기의 사실로 옳은 것은?

> 신 서거정 등이 삼국 시대부터 지금에 이르기까지 사(辭), 부(賦), 시(詩), 문(文) 등 여러 문체를 수집하여 이 중 문장과 이치가 바르거나 교화에 도움이 되는 것을 취하고 분류하여 130권으로 정리하여 올리자, 왕께서는 『동문선』이라고 이름을 내리셨습니다.

① 사섬서를 설치하였다.
②『정간보』를 창안하였다.
③ 임꺽정의 난이 일어났다.
④『국조오례의』를 편찬하였다.

05 다음 선언문이 발표된 민주화 운동에 대한 설명으로 옳은 것은?

> 민주주의와 민중의 공복이며 중립적 권력체인 관료와 경찰은 민주를 위장한 가부장적 전제 권력의 하수인으로 발 벗었다. 민주주의 이념에서 가장 기본적인 공리인 선거권마저 권력의 마수 앞에 농단되었다. …… 나이 어린 학생 김주열의 참혹한 시신을 보라! 그것은 가식 없는 전제주의 전횡의 발가벗은 나상(裸像)밖에 아무것도 아니다. 보라! 우리는 기쁨에 넘쳐 자유의 햇불을 올린다.

① 계엄령 철폐와 신군부의 퇴진을 요구하였다.

② 여당 대표의 6·29 민주화 선언을 이끌어냈다.

③ 개헌 논의를 금지하는 긴급 조치 선포에 항의하였다.

④ 허정을 수반으로 하는 과도 정부가 수립되는 계기가 되었다.

06 (가) 지역에 있었던 사실로 옳은 것은?

> (가)은/는 본래 고려의 용만현인데, 화의라고도 불렀다. 처음에는 거란이 압록강 동쪽 기슭에 성을 두고 보주라고 일컬었고, 문종 때에 거란이 또 궁구문을 설치하고 포주라고 일컬었다. …… 선조 25년에는 왜란을 피하여 여기서 임금이 어가를 세워 머물렀으며, 이후 환도하여 이곳을 부윤으로 승격하였다.

① 조위총이 반란을 일으킨 지역이다.

② 조선 후기에 송상이 근거지로 삼아 활동하였다.

③ 강주룡이 을밀대 지붕에서 고공 농성을 전개하였다.

④ 고려 시대에 거란과 물품 거래를 위한 각장이 설치되었다.

07 밑줄 친 '이 탑'의 명칭으로 옳은 것은?

> 우리 황제께서는 기울어진 새집에서 위태로운 새알을 건져 주시듯이 남겨진 백성을 불쌍히 여기고 저 흉악한 무리를 분히 여기시어, 친히 토벌하지 않고 먼저 장군들에게 명하셨다. …… 소정방은 증성에서 멀리 보루를 쌓고 위수에서 긴 물결을 일으켰으며, 뛰어난 계획은 무장에서 맞추었고 빼어난 기개는 문창에 나타냈으니, 이 탑에 특별한 공을 기록한다.

① 익산 미륵사지 석탑

② 화엄사 4사자 3층 석탑

③ 부여 정림사지 5층 석탑

④ 경주 감은사지 3층 석탑

08 다음 조약이 체결된 시기로 옳은 것은?

> 1. 한국의 사법 및 감옥 사무가 완비되었다고 인정할 때까지 감옥 사무를 일본 정부에게 위탁한다.
> 2. 일본 정부는 일정한 자격을 가진 일본국 및 한국인을 재한국 일본 재판소 및 감옥의 관리로 임용한다.

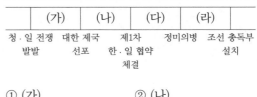

	(가)	(나)	(다)	(라)	
청·일 전쟁 발발	대한 제국 선포	제1차 한·일 협약 체결	정미의병	조선 총독부 설치	

① (가)　　　　② (나)

③ (다)　　　　④ (라)

09 고려 시대의 군사 제도에 대한 설명으로 옳지 않은 것은?

① 북방의 양계 지역에는 주진군이 편성되었다.

② 응양군의 상장군이 중방의 의장 역할을 담당하였다.

③ 왜구의 침입에 대비하기 위해 연호군이 설치되었다.

④ 2군 6위의 중앙군은 세습 가능한 구분전을 지급받았다.

10 (가), (나) 사이에 있었던 사실로 옳은 것은?

> (가) 왕이 승하하자 이조 판서 송시열, 좌참찬 송준길 등이 상례를 주관하였는데, 대왕대비에게 왕을 위하여 기년복을 입게 하였다.
>
> (나) 원자(元子)의 정호를 종묘와 사직에 고하고, 장씨를 희빈으로 삼았다. …… 왕이 하교하기를 "내 비로소 한 아들을 보았는데, …… 그러나 송시열의 상소에는 불만의 뜻이 나타나 있으니 잡아다 엄중히 국문하라."

① 허준이 『동의보감』을 편찬하였다.

② 윤휴와 허적 등의 남인들이 축출되었다.

③ 논공행상에 불만을 품은 이괄이 난을 일으켰다.

④ 윤지가 나주 객사에 나라를 비방하는 괘서를 붙였다.

바로 채점하기 정답·해설 _약점 보완 해설집 p.44

01	③	02	③	03	②	04	④	05	④
06	④	07	③	08	④	09	④	10	②

맞은 개수: _____개 / 10개

마무리 OX 퀴즈

☑ 모의고사에 출제된 개념을 OX 퀴즈를 통해 한 번 더 점검해보세요.

전근대사

01 법흥왕은 처음으로 병부를 설치하였다.　□ O □ X

02 신문왕은 9주 5소경의 지방 행정 제도를 완비하였다.　□ O □ X

03 고려 시대에 2군 6위의 중앙군은 세습 가능한 구분전을 지급받았다.　□ O □ X

04 의주는 조위총이 반란을 일으킨 지역이다.　□ O □ X

05 세종 때 「정간보」를 창안하였다.　□ O □ X

06 성종 때 임꺽정의 난이 일어났다.　□ O □ X

근현대사

07 원산 학사는 관민이 함께 기금을 조성하여 설립하였다.　□ O □ X

08 육영 공원은 우리나라 최초의 근대식 관립 학교이다.　□ O □ X

09 만보산 사건 이후에 한인 애국단이 결성되었다.　□ O □ X

10 4·19 혁명은 개헌 논의를 금지하는 긴급 조치 선포에 항의하였다.　□ O □ X

11 5·18 민주화 운동은 계엄령 철폐와 신군부의 퇴진을 요구하였다.　□ O □ X

12 6월 민주 항쟁은 여당 대표의 6·29 민주화 선언을 이끌어냈다.　□ O □ X

정답 | **01** O　**02** O　**03** X　**04** X　**05** O　**06** X　**07** O　**08** O　**09** O　**10** X　**11** O　**12** O

해설 | **03** 2군 6위의 중앙군은 군인전을 지급받았다.　**04** 평양(서경)에 대한 설명이다.　**06** 명종 때의 사실이다.
　　　10 긴급 조치 선포에 항의한 것은 유신 헌법 시행(1972~1980) 시기로, 4·19 혁명과 관련이 없다.

01 밑줄 친 '그'에 대한 설명으로 옳은 것은?

그는 양덕 사람이다. 이후 갑산(甲山)으로 이주하여 사냥꾼이 되었다. 체구가 장대하고 기개가 높았으며, 글을 배우지는 않았지만 타고난 성품은 의협심이 강하였다. 1907년에 그는 차도선, 송상봉 등과 함께 북청(北靑) 후치령(厚峙嶺)에서 의병을 일으켜 적의 장교 미야베가 이끄는 중대를 섬멸하였다. …… 1937년에는 소련의 스탈린이 한인 강제 이주 정책을 시행하면서 중앙아시아의 카자흐스탄으로 강제 이주당하였다.

① 조선 독립 동맹의 위원장을 역임하였다.
② 하바로프스크에서 한인 사회당을 결성하였다.
③ 북로 군정서군을 이끌었으며 신민부를 조직하였다.
④ 봉오동 전투에서 일본군을 상대로 승리를 거두었다.

02 밑줄 친 '이 나라'의 통치 체제로 옳은 것은?

이 나라는 좌평부터 장덕까지는 자색 띠, 시덕은 검은 띠, 고덕은 적색 띠, 계덕은 푸른 띠, 대덕 이하는 모두 황색 띠, 문독부터 극우까지는 모두 흰 띠를 사용하였다. 모자에 대한 제도는 모두 같은데 다만 나솔 이상은 은꽃으로 장식하였다.

① 형 계열과 사자 계열로 관등을 구분하였다.
② 위화부, 예부 등의 여러 관서를 설치하였다.
③ 정사암 회의에서 국가 중대사를 논의하였다.
④ 정당성의 장관인 대내상이 국정을 총괄하였다.

03 ㉠에 대한 설명으로 옳지 않은 것은?

제1조 울릉도를 울도라 개칭하여 강원도에 부속하고, 도감을 군수로 개정하여 관제 중에 편입하고, 군의 등급은 5등으로 한다.
제2조 군청 위치는 태하동으로 정하고, 구역은 울릉전도와 죽도, ┃ ㉠ ┃을/를 관할한다.

① 러·일 전쟁 중에 일본이 불법적으로 자국의 영토로 편입하였다.
② 『세종실록』「지리지」에는 강원도 울진현 소속으로 구분하였다.
③ 일본인이 제작한 삼국접양지도에는 조선의 영토라고 표기되었다.
④ 일본이 남만주의 철도 부설권 등을 얻는 대가로 청나라에 귀속시켰다.

04 다음 상황 이후에 전개된 사실로 옳은 것은?

원봉 3년에 니계상 참이 사람을 시켜 조선왕 우거를 죽이고 항복해 왔지만, 왕험성은 함락되지 않았다. 죽은 우거왕의 대신 성기가 반란을 일으키고 다시 군리(軍吏)를 공격하였다. 좌장군은 우거왕의 아들 장항과 조선상 노인의 아들 최(最)로 하여금 그 백성을 달래고 성기를 주살하도록 하니, 이로써 마침내 조선을 평정하고 4군을 세웠다.

① 한(漢)의 창해군이 설치되었다.
② 법 조항이 60여 조로 증가하였다.
③ 요동 동부도위 섭하가 살해되었다.
④ 연나라 장수 진개의 침입을 받았다.

05 밑줄 친 '개헌안'에 대한 설명으로 옳은 것은?

> 개헌안에 대한 국회 표결 결과, 재적 의원 203명, 재석 의원 202명, 찬성 135표, 반대 60표, 기권 7표가 나왔다. 개헌을 위해서는 재적 의원 203명의 3분의 2 이상, 즉 135.333명 이상의 찬성표가 필요했기 때문에 사회자였던 국회부의장 최순주는 개헌안의 부결을 선포하였다. 다음날 자유당과 정부는 소수점 이하의 숫자는 1인이 될 수 없으므로 반이 안 되는 소수점 이하는 삭제해야 한다고 주장하였다. …… 그 다음 날에 국회를 시작하자마자 국회부의장 최순주는 "지난 회의에서 부결이라고 선포한 것은 계산 착오이므로 취소하고 가결되었다."고 선포하였다.

① 임시 수도인 부산에서 공포되었다.
② 대통령 선거인단에 의한 간선제를 규정하였다.
③ 개헌 당시의 대통령에 한하여 중임 제한을 철폐하였다.
④ 대통령이 국회의원 3분의 1을 추천하는 조항을 명시하였다.

06 1880년대에 추진된 정부의 개화 정책으로 옳은 것을 모두 고른 것은?

> ㉠ 김기수를 수신사로 일본에 파견하였다.
> ㉡ 근대식 무기를 제작하는 공장인 기기창을 설립하였다.
> ㉢ 교육의 중요성을 강조한 교육 입국 조서를 반포하였다.
> ㉣ 국내외의 군국기무를 총괄하는 통리기무아문을 설치하였다.

① ㉠, ㉡
② ㉠, ㉢
③ ㉡, ㉣
④ ㉢, ㉣

07 밑줄 친 '왕' 대의 사실로 옳은 것은?

> 윤관이 아뢰기를 "신이 적의 기세를 보건대 예측하기 어려울 정도로 굳세니, 마땅히 군사를 쉬게 하고 군관을 길러서 후일을 기다려야 할 것입니다. 또 신이 싸움에서 진 것은 적은 기병인데 우리는 보병이라 대적할 수가 없었기 때문입니다."라 하였다. 이에 왕에게 건의하여 새로운 군대를 편성하였다.

① 구제도감을 설치하였다.
② 국자감에 서적포를 설치하였다.
③ 15개조의 유신령을 반포하였다.
④ 불교를 장려하여 흥왕사를 건립하였다.

08 다음 취지문을 발표한 단체에 대한 설명으로 옳은 것은?

> 과거의 조선 여성 운동은 분산되어 있었다. 그것에는 통일된 조직이 없었고 통일된 지도 정신도 없었고 통일된 항쟁이 없었다. …… 우리 조선 자매 전체의 역량을 공고히 단결하여 운동을 전반적으로 전개하지 아니하면 아니된다. 일어나라! 오너라! 단결하자! 분투하자! 조선 자매들아! 미래는 우리의 것이다.

① 여권통문을 발표하였다.
② 배재 학당을 설립하였다.
③ 기관지로 『근우』를 발간하였다.
④ 우리나라 최초의 사회주의 여성 단체이다.

09 다음 상황이 나타난 시기의 경제 상황으로 옳은 것을 모두 고른 것은?

> 평안도에서는 설점한 이후에 간사한 백성들이 때를 틈타 이익을 다투어 사사로이 잠채하고 있다. 설점한 고을이 아니더라도 잠채하지 않는 곳이 없다. 묘지나 논밭을 가리지 않고 굴을 뚫고 땅을 파헤쳐서, 마을이 소란스러워짐이 말로 다할 수 없다. 쌀값이 크게 오르고 도둑질이 끊이지 않으며, 농사를 짓던 농민들도 생업을 팽개치고 이익을 좇는다.

> ㉠ 일부 지방에서 도조법으로 지대를 납부하였다.
> ㉡ 밭농사에서 조, 보리, 콩의 2년 3작이 시작되었다.
> ㉢ 논을 밭으로 바꾸는 현상이 심화되었다.
> ㉣ 상품 화폐 경제가 발달하여 독립 수공업자들이 나타났다.

① ㉠, ㉡ 　　　② ㉠, ㉣
③ ㉡, ㉢ 　　　④ ㉢, ㉣

10 (가) 서적에 대한 설명으로 옳은 것은?

> 옛 성인은 모든 풀과 나무의 맛을 보고 각 지역의 환경에 따라 병을 고쳤다. 우리나라 역시 동방에 한 지역으로 자리 잡아 산과 바다에는 여러 가지 보화가 있고, 풀과 나무와 약재가 자란다. 무릇 백성들의 생명을 기르고 병자를 치료할 만한 조건을 갖추지 못한 것이 아니다. …… 직제학 유효통·전의 노중례 등이 향약방에 대하여 여러 책에서 빠짐없이 찾아내고 종류를 나누고 더 보태어 (가) 을/를 완성하였다.

① 『향약구급방』
② 『향약집성방』
③ 『동의수세보원』
④ 『향약제생집성방』

바로 채점하기　　정답·해설 _약점 보완 해설집 p.47

01	④	02	③	03	④	04	②	05	③
06	③	07	②	08	③	09	②	10	②

맞은 개수: _____개 / 10개

마무리 OX 퀴즈

☑ 모의고사에 출제된 개념을 OX 퀴즈를 통해 한 번 더 점검해보세요.

전근대사

01 고조선 멸망 이후에 한(漢)의 창해군이 설치되었다.　□ O □ X

02 백제는 정사암 회의에서 국가 중대사를 논의하였다.　□ O □ X

03 발해는 정당성의 장관인 대내상이 국정을 총괄하였다.　□ O □ X

04 고려 문종 대에는 불교를 장려하여 흥왕사를 건립하였다.　□ O □ X

05 고려 숙종 대에는 15개조의 유신령을 반포하였다.　□ O □ X

06 조선 후기에는 일부 지방에서 도조법으로 지대를 납부하였다.　□ O □ X

근현대사

07 독도는 일본이 남만주의 철도 부설권 등을 얻는 대가로 청나라에 귀속시켰다.　□ O □ X

08 홍범도는 북로 군정서군을 이끌었으며 신민부를 조직하였다.　□ O □ X

09 이동휘는 하바로프스크에서 한인 사회당을 결성하였다.　□ O □ X

10 근우회는 우리나라 최초의 사회주의 여성 단체이다.　□ O □ X

11 발췌 개헌안은 임시 수도인 부산에서 공포되었다.　□ O □ X

12 사사오입 개헌안은 개헌 당시의 대통령에 한하여 중임 제한을 철폐하였다.　□ O □ X

정답 | **01** X　**02** O　**03** O　**04** O　**05** X　**06** O　**07** X　**08** X　**09** O　**10** X　**11** O　**12** O

해설 | **01** 한(漢)의 창해군은 고조선 멸망(기원전 108) 이전에 설치(기원전 128)되었다.　**05** 고려 인종 대의 사실이다.
07 간도에 대한 설명이다.　**08** 김좌진에 대한 설명이다.　**10** 조선 여성 동우회에 대한 설명이다.

01 다음 민족 운동에 대한 설명으로 옳은 것은?

> 돈화문에서 홍릉까지 수많은 인파가 길가에 늘어선 가운데 순종의 장례 행렬이 단성사 앞에 이르렀다. 이때 중앙고보생 30~40명이 이선호의 선창으로 조선 독립 만세를 외치며 격문 1,000여 매를 살포하였다. 수백 명의 학생이 태극기를 흔들며 만세를 부르자 모여 있던 군중들도 이에 동조하였다. 서울 시내 여덟 곳에서 일어난 이 날의 만세 시위로 210여 명의 학생이 검거되었다.

① 대한민국 임시 정부 수립에 영향을 주었다.
② 조선 청년 총동맹이 결성되는 계기가 되었다.
③ 광주 지역의 독서회가 중심이 되어 전개되었다.
④ 사회주의 세력, 천도교, 학생 단체 등이 계획하였다.

02 밑줄 친 (가)~(다)에 대한 설명으로 옳은 것은?

> 고려는 기본 지방 행정 단위로 군현 제도를 운영하였는데, 군현으로 편제할 수 없는 곳은 특수 행정 구역으로 편제하였다. (가) 향(鄉)과 (나) 부곡(部曲)은 이미 신라 때부터 있었으며, (다) 소(所)는 고려 시대에 처음 생겨났다.

① (가)의 주민들은 자유로운 거주 이전이 가능하였다.
② (나)와 (다)는 주민이 공을 세우면 현으로 승격될 수 있었다.
③ (다)의 주민들은 주로 농업에 종사하여 국공유지를 경작하였다.
④ (가), (나), (다)의 주민들은 과거에 응시하여 관리가 될 수 있었다.

03 밑줄 친 '나'에 대한 설명으로 옳은 것은?

> 경전에 실린 말들의 근본은 하나이나 그 실마리를 찾는 길은 수 천, 수 만 갈래이다. 즉 "한 가지 이치에서 백 가지 생각이 나오고, 결론은 같으면서도 그곳에 이르는 방법은 다르다"는 것이다. …… 그러므로 여러 사람의 장점과 생각들을 널리 모아야 비로소 완전하게 되는 것이다. 이에 나는 좁은 소견으로 터득한 것을 모아 책을 만들어 『사변록』이라 이름하였다.

① 노론의 영수로 기사환국 때 사사되었다.
② 백과사전식의 『지봉유설』을 저술하였다.
③ 우리나라에서 처음으로 지전설을 주장하였다.
④ 『색경』을 저술하여 농업 기술 발전에 이바지하였다.

04 밑줄 친 '그'에 대한 설명으로 옳은 것은?

> 수나라 군대는 방형으로 진을 갖추고 행군하였는데, 그가 군사를 내어 사면(四面)에서 이들을 습격하여 쳐부수었다. …… 수나라 군대가 살수에 이르러 강을 반쯤 건너자, 그는 군사를 내보내 수나라 군대의 후군(後軍)을 공격하였다. 이에 수나라의 여러 군사가 모두 무너져 막을 수 없었다.

① 당으로 건너가 군사 동맹을 맺었다.
② 도사를 맞아들이고 도교를 육성하였다.
③ 적장 우중문에게 보낸 5언시가 전해진다.
④ 스스로 대막리지에 올라 권력을 장악하였다.

05 시대별 교육 기관에 대한 설명으로 옳은 것을 모두 고른 것은?

> ㉠ 고구려의 경당에서는 청소년에게 한학과 무술 등을 가르쳤다.
> ㉡ 통일 신라의 국학에는 박사와 조교를 두고 유교 경전을 가르쳤다.
> ㉢ 고려는 주자감을 설치하여 귀족 자제에게 유학을 가르쳤다.
> ㉣ 조선은 지방에 4부 학당을 두어 유생들을 교육하였다.

① ㉠, ㉡
② ㉠, ㉢
③ ㉡, ㉣
④ ㉢, ㉣

06 다음 사건을 시기순으로 바르게 나열한 것은?

> ㉠ 민정 조직과 군정 조직을 갖춘 참의부가 조직되었다.
> ㉡ 민족 유일당 운동의 일환으로 혁신 의회와 국민부가 결성되었다.
> ㉢ 정우회가 민족주의 세력과의 연대를 주장하는 선언문을 발표하였다.
> ㉣ 비타협적 민족주의 세력과 사회주의 세력이 연합하여 신간회가 창립되었다.

① ㉠ - ㉡ - ㉢ - ㉣
② ㉠ - ㉢ - ㉣ - ㉡
③ ㉢ - ㉣ - ㉠ - ㉡
④ ㉢ - ㉣ - ㉡ - ㉠

07 (가), (나) 사이 시기에 있었던 사실로 옳은 것은?

> (가) 왕이 태자와 함께 정예군 3만 명을 거느리고 고구려에 침입하여 평양성을 공격하였다. 고구려 왕 사유가 필사적으로 항전하다가 날아오는 화살에 맞아 죽었다.
> (나) 고구려 왕 거련이 병사 3만 명을 거느리고 와서 한성을 포위하였다. …… 임금은 상황이 어렵게 되자 어찌할 바를 모르다가 기병 수십 명을 거느리고 성문을 나가 서쪽으로 달아났는데, 고구려 병사가 추격하여 임금을 살해하였다.

① 백제가 수도를 사비로 옮겼다.
② 고구려에서 진대법을 처음 실시하였다.
③ 고구려가 요동 지역의 서안평을 점령하였다.
④ 백제가 승려 마라난타를 통해 불교를 수용하였다.

08 밑줄 친 '조약'의 내용으로 옳은 것은?

> 조병식이 아뢰길 "재난을 거듭 당하고 온갖 모함이 일어나 거듭 걸려든 이 일은 바로 함경도의 방곡령 배상금 문제입니다. …… 지난 기축년에 함경도에 기근이 들었는데 곡물의 소출 상황이 더욱 심각하여 조약에 준해서 외서(外署)에 문의했습니다. 그러자 외서에서는 원산항 감리에게 공문을 보내 10월 초부터 기한을 정하고 조약대로 방출을 금지토록 하였습니다. 그런데 몇 달이 되지 않아서 돌연 다시 방곡 금지령을 늦췄습니다."

① 일본 상선에 대한 무항세 조항이 포함되었다.
② 일본의 자유로운 조선 연해 측량을 허용하였다.
③ 개항장에서 일본 화폐가 유통되는 근거가 되었다.
④ 일본 관리와 백성에 대한 최혜국 대우를 인정하였다.

09 다음 선언을 발표한 정부의 통일 정책으로 옳은 것은?

> 나는 오늘 온 겨레의 염원인 조국의 평화적 통일을 실현해 나가기 위한 새 공화국의 정책을 밝히려 합니다. …… 민족 자존과 통일 번영의 새 시대를 열어나갈 것임을 약속하면서 다음과 같은 정책을 추진할 것을 선언합니다.
> 셋째, 남북 간 교육의 문호를 개방하고 남북 간 교역을 민족 내부 교역으로 간주한다.
> 여섯째 …… 북한이 미국, 일본 등 우리 우방과의 관계를 개선하는 데 협조할 용의가 있으며 또한 우리는 소련, 중국을 비롯한 사회주의 국가들과의 관계 개선을 추구한다.

① 6·15 남북 공동 선언을 채택하였다.
② 한반도 에너지 개발 기구를 설립하였다.
③ 한민족 공동체 통일 방안을 발표하였다.
④ 민족 화합 민주 통일 방안을 발표하였다.

10 (가)에 대한 설명으로 옳은 것을 모두 고른 것은?

> [가]은/는 조선 시대 국가 통치 체제의 확립을 위하여 국가 조직·재정·의례·군사 제도 등 통치 전반에 걸친 법령을 종합하여 만든 법전으로, 세조 때 편찬에 착수하여 성종 때 이르러 완성되었다.

> ㄱ 육전 상정소를 설치하여 편찬하였다.
> ㄴ 조선 최초의 공식적인 성문 법전이다.
> ㄷ 법령을 모아 원, 속, 증으로 표시하였다.
> ㄹ 이·호·예·병·형·공전의 6전으로 구성되었다.

① ㄱ, ㄴ   ② ㄱ, ㄹ
③ ㄴ, ㄷ   ④ ㄷ, ㄹ

바로 채점하기 정답·해설 _약점 보완 해설집 p.50

01	④	02	②	03	④	04	③	05	①
06	②	07	④	08	④	09	③	10	②

맞은 개수: ____개 / 10개

마무리 OX 퀴즈

☑ 모의고사에 출제된 개념을 OX 퀴즈를 통해 한 번 더 점검해보세요.

전근대사

01 을지문덕이 적장 우중문에게 보낸 5언시가 전해진다. □ ○ □ X

02 향(鄕)의 주민들은 자유로운 거주 이전이 가능하였다. □ ○ □ X

03 고려는 주자감을 설치하여 귀족 자제에게 유학을 가르쳤다. □ ○ □ X

04 『경국대전』은 조선 최초의 공식적인 성문 법전이다. □ ○ □ X

05 박세당은 『색경』을 저술하여 농업 기술 발전에 이바지하였다. □ ○ □ X

06 김석문은 우리나라에서 처음으로 지전설을 주장하였다. □ ○ □ X

근현대사

07 조·일 수호 조규 부록은 개항장에서 일본 화폐가 유통되는 근거가 되었다. □ ○ □ X

08 조·일 통상 장정 개정에는 일본 상선에 대한 무항세 조항이 포함되었다. □ ○ □ X

09 3·1 운동은 대한민국 임시 정부 수립에 영향을 주었다. □ ○ □ X

10 6·10 만세 운동은 사회주의 세력, 천도교, 학생 단체 등이 계획하였다. □ ○ □ X

11 노태우 정부 시기에 한민족 공동체 통일 방안을 발표하였다. □ ○ □ X

12 김대중 정부 시기에 6·15 남북 공동 선언을 채택하였다. □ ○ □ X

정답 | **01** ○ **02** X **03** X **04** X **05** ○ **06** ○ **07** ○ **08** X **09** ○ **10** ○ **11** ○ **12** ○

해설 | **02** 향(鄕)의 주민들은 거주 이전이 불가능하였다. **03** 발해에 대한 설명이다. **04** 『경제육전』에 대한 설명이다.
08 조·일 무역 규칙에 대한 설명이다.

01 다음 외교 문서에 대한 설명으로 옳은 것은?

> 제4조 제3국의 침해나 혹은 내란으로 인하여 대한 제국 황실의 안녕과 영토의 보전에 위험이 있을 경우 대일본 제국 정부는 신속하게 상황에 따라 필요한 조치를 취할 수 있다. …… 대일본 제국 정부는 전항의 목적을 성취하기 위하여 군사 전략상 필요한 지점을 상황에 따라 차지하여 이용할 수 있다.
> 제5조 대한 제국 정부와 대일본 제국 정부는 서로 승인을 거치지 않고 훗날 본 협정의 취지에 반하는 협약을 제3국과 체결할 수 없다.

① 민영환, 조병세 등이 자결로써 항거하였다.
② 메가타가 재정 고문으로 부임하는 계기가 되었다.
③ 러·일 전쟁 수행을 위해 일본이 체결을 강요하였다.
④ 고종이 러시아 공사관으로 거처를 옮기는 배경이 되었다.

02 밑줄 친 '그'에 대한 설명으로 옳은 것은?

> 그는 15세 때 화랑이 되었는데, 당시 사람들은 기꺼이 그를 따르며 '용화향도'라고 불렀다. …… 비담과 염종이 '여왕이 정치를 잘하지 못한다.'하여 병사를 일으켜 폐위하려 하자 그는 모든 장졸들을 독려하며 그들을 공격하였다. 비담 등이 패하여 달아나므로 쫓아가 목을 베고 구족(九族)을 멸하였다.

① 천리장성의 축조를 감독하였다.
② 당에 견당매물사를 파견하였다.
③ 황산벌에서 백제군을 물리쳤다.
④ 진골 출신으로서 처음 왕위에 올랐다.

03 다음 법령이 제정된 정부 시기의 사실로 옳은 것은?

> 제2조 본 법에서 귀속 재산이라 함은 …… 대한민국 정부에 이양된 일체의 재산을 지칭한다.
> 제3조 귀속 재산은 본 법과 본 법의 규정에 의하여 발하는 명령이 정하는 바에 의하여 국유 또는 공유 재산, 국영 또는 공영 기업체로 지정되는 것을 제외하고는 대한민국의 국민 또는 법인에게 매각한다.

① 프로 야구가 6개 구단으로 출범하였다.
② 미국의 푸에블로호가 북한에 납치되었다.
③ 국민학교라는 명칭을 초등학교로 변경하였다.
④ 진보당의 정당 등록이 취소되고 조봉암이 사형당하였다.

04 다음 제시된 탐구 주제와 선정된 인물이 바르게 연결되지 않은 것은?

> 〈탐구 활동 보고서〉
> ○학년 ○반 이름: △△△
>
> 1. 목표: 일제 강점기에 전개된 의거 활동을 통해서 우리나라의 역사를 이해한다.
> 2. 탐구 절차: 탐구 주제 설정 → 대상 인물 선정 → 관련 자료 수집 → 보고서 작성 및 발표

	탐구 주제	인물
①	밀양 경찰서에 폭탄을 투척하다!	최수봉
②	대만 타이중에서 일왕 장인의 암살을 시도하다!	조명하
③	조선식산은행과 동양 척식 주식회사에 폭탄을 투척하다!	나석주
④	식민 통치 기구인 조선 총독부에 폭탄을 투척하다!	김상옥

05 밑줄 친 '대장경'에 대한 설명으로 옳은 것은?

> 심하도다, 달단(達旦)이 환란을 일으킴이여! 그 잔인하고 흉포한 성품은 이미 말로 다할 수 없고, 심지어 어리석음은 또한 짐승보다 심하니, 어찌 천하에서 공경하는 바를 알겠으며, 이른바 불법(佛法)이란 것이 있겠습니까? 이런 까닭에 그들이 지나간 곳에는 불상과 불경을 마구 불태워 버렸습니다. 이에 부인사에 소장된 대장경 판본도 또한 남김없이 태워 버렸습니다.

① 재조대장경이라고도 불린다.
② 경판의 총 매수는 8만 장이 넘었다.
③ 거란의 침입을 물리치기 위해 제작되었다.
④ 흥왕사에 교장도감을 설치하여 간행하였다.

06 조선 후기의 지도에 대한 설명으로 옳지 않은 것은?

① 동국지도 – 정상기가 우리나라 최초로 100리 척을 사용하였다.
② 청구도 – 김정호가 전국에 동일한 축척을 적용하여 제작한 지도이다.
③ 요계관방지도 – 숙종 때 제작하였으며 중국 동북 지방의 군사 요새지가 그려져 있다.
④ 대동여지도 – 나라의 기밀을 누설시킬 우려가 있어 제작된 판목은 압수되어 소각되었다.

07 (가) 나라의 경제 상황으로 옳지 않은 것은?

> 신(臣) 아무개가 아룁니다. 본국 숙위원의 보고를 접하니, (가) 의 하정사인 왕자 대봉예가 호소문을 올려 그들이 우리보다 위에 있도록 허락해 주기를 청했다고 합니다. 삼가 칙지를 받들건대, "나라 이름의 선후는 본래 강약을 따져서 칭하는 것이 아니다. 그 동안의 관례대로 함이 당연하니, 따르도록 하라." 라는 내용이었습니다.

① 상경 용천부 등의 도시에서 상업이 발달하였다.
② 거란도, 영주도 등을 통해 주변국과 교역하였다.
③ 시장을 감독하는 관청으로 동시전을 설치하였다.
④ 밭농사가 중심이었고 일부 지역에서는 벼농사도 지었다.

08 (가) 인물에 대한 설명으로 옳은 것은?

> 정암 (가) 이/가 아뢰기를 "정국공신은 이미 10년이 지난 오래된 일이지만 허위가 많았습니다. …… 사람은 다 부귀를 꾀하는 마음이 있는데 이익의 근원이 크게 열렸으니, 이때에 그 근원을 분명히 끊지 않으면 누구인들 부귀를 꾀하려는 마음을 갖지 않겠습니까? 지금 신속히 고치지 않으면 뒤에는 개정할 수 있는 날이 없을 것입니다."라고 하였다.

① 예안 향약을 만들었다.
② 『조선경국전』을 저술하였다.
③ 현량과의 실시를 주장하였다.
④ '구도장원공'이라고도 불렸다.

09 다음 자료에 나타난 민족 운동으로 옳은 것은?

> 정오가 되자 태화관의 정자 동쪽 처마에 태극기가 걸렸다. 민족 대표들은 근엄한 자세로 태극기를 향하여 경례하고, '독립 만세'를 외쳤다. 한편, 탑골 공원에 모인 학생들의 대한 독립 만세 소리는 천지를 진동하였다. 공원에 모였던 수천 명의 학생들은 길거리로 쏟아져 나갔다.

① 조선 학생 과학 연구회가 주도하였다.
② 신간회에서 진상 조사단이 파견되었다.
③ '내 살림 내 것으로' 등의 구호를 내세웠다.
④ 일제가 문화 통치를 실시하는 계기가 되었다.

10 조선 시대에 편찬된 서적에 대한 설명으로 옳은 것을 모두 고른 것은?

> ㉠ 『동국통감』 – 단군부터 삼한까지는 외기(外紀)로 분류하였다.
> ㉡ 『고려사절요』 – 김종서 등이 고려 시대의 역사를 기전체로 서술하였다.
> ㉢ 『금석과안록』 – 북한산 비가 진흥왕 순수비임을 밝혔다.
> ㉣ 『청장관전서』 – 천지, 인사, 만물, 경사, 시문 등 5개 부문으로 구성되었다.

① ㉠, ㉡
② ㉠, ㉢
③ ㉡, ㉣
④ ㉢, ㉣

바로 채점하기   정답·해설 _약점 보완 해설집 p.53

01	③	02	③	03	④	04	④	05	③
06	④	07	③	08	③	09	④	10	②

맞은 개수: _____개 / 10개

마무리 OX 퀴즈

☑ 모의고사에 출제된 개념을 OX 퀴즈를 통해 한 번 더 점검해보세요.

전근대사

01 연개소문은 천리장성의 축조를 감독하였다. □ ○ □ X

02 김유신은 당에 견당매물사를 파견하였다. □ ○ □ X

03 초조대장경은 거란의 침입을 물리치기 위해 제작되었다. □ ○ □ X

04 정도전은 『조선경국전』을 저술하였다. □ ○ □ X

05 『고려사절요』는 김종서 등이 고려 시대의 역사를 기전체로 서술하였다. □ ○ □ X

06 조광조는 예안 향약을 만들었다. □ ○ □ X

07 요계관방지도는 숙종 때 제작하였으며 중국 동북 지방의 군사 요새지가 그려져 있다. □ ○ □ X

근현대사

08 한·일 의정서는 메가타가 재정 고문으로 부임하는 계기가 되었다. □ ○ □ X

09 을사늑약이 체결되자 민영환, 조병세 등이 자결로써 항거하였다. □ ○ □ X

10 3·1 운동은 일제가 문화 통치를 실시하는 계기가 되었다. □ ○ □ X

11 전두환 정부 시기에는 미국의 푸에블로호가 북한에 납치되었다. □ ○ □ X

12 김영삼 정부 시기에는 국민학교라는 명칭을 초등학교로 변경하였다. □ ○ □ X

정답 | **01** ○ **02** X **03** ○ **04** ○ **05** X **06** X **07** ○ **08** X **09** ○ **10** ○ **11** X **12** ○

해설 | **02** 장보고에 대한 설명이다. **05** 『고려사』에 대한 설명이다. **06** 이황에 대한 설명이다. **08** 제1차 한·일 협약에 대한 설명이다.
11 박정희 정부 시기의 사실이다.

01 (가) 단체에 대한 설명으로 옳은 것은?

> 피고 유동열은 윤치호, 안창호 등과 함께 [(가)] 을/를 조직하고 그 단체가 뽑은 조선 13도의 대표가 되었다. 피고는 [(가)] 에 속한 주요 인물과 모의하여 총독이 압록강 철교 개통식에 참석할 때 그를 암살하기로 계획했다. 피고는 이 사실을 극구 부인하고 있지만, 우리는 그가 유죄라고 생각한다.

① 입헌 군주제 수립을 목표로 하였다.
② 대성 학교와 오산 학교를 설립하였다.
③ 상하이에서 임시 의정원을 구성하였다.
④ 러시아의 절영도 조차 요구를 저지하였다.

02 밑줄 친 '왕' 대의 사실로 옳은 것은?

> 왕 24년, 통신사 황윤길 등이 일본에서 돌아왔는데 왜국의 사신과 함께 왔다. 황윤길이 그간의 실정과 형세를 서면으로 보고하면서 "필시 전쟁의 피해가 있을 것이다."라고 하였다. 이후 왕이 불러 하문하니, 황윤길은 전일의 보고 내용과 같은 의견을 아뢰었는데 김성일이 아뢰기를, "그러한 정상은 발견하지 못하였는데 황윤길이 장황하게 아뢰어 인심이 동요되게 하니 일의 마땅함에 매우 어긋납니다."라고 하였다.

① 어영청을 창설하였다.
② 비변사를 처음 설치하였다.
③ 양재역 벽서 사건이 일어났다.
④ 정여립 모반 사건이 일어났다.

03 밑줄 친 '그'에 대한 설명으로 옳은 것은?

> 그는 젊을 때부터 세속에 구속받지 않고 스스로를 백운거사라고 불렀다. …… 그의 시·전(傳) 등을 모은 시문집의 이름을 『동국이상국집』이라 하였다.

① 시무 28조의 개혁안을 왕에게 올렸다.
② '동방이학의 조(祖)'라는 칭호로 불렸다.
③ 성리학적 유교 사관에 입각한 『사략』을 저술하였다.
④ 고구려 건국 설화를 5언시체로 재구성한 『동명왕편』을 지었다.

04 (가)에 대한 설명으로 옳은 것은?

> 삼국 통일 이후 왕권이 강화되고 귀족 세력의 힘이 약해졌다. 그 결과 신문왕 때 [(가)] 을/를 폐지하여 관리들은 현물로 녹봉을 받거나 관료전을 지급받게 되었다. 그러나 [(가)] 은/는 경덕왕 때 부활되었는데 이후 고려 초까지 존속되다가, 고려가 후삼국을 통일한 이후 다시 폐지되었다.

① 토지의 비옥도에 따라 6등급으로 구분하였다.
② 왕토 사상을 근거로 일반 백성들에게도 지급하였다.
③ 조세를 수취하고 노동력을 징발할 권리가 주어졌다.
④ 전쟁에서 큰 공을 세운 사람에게 공로의 대가로 지급하였다.

05 밑줄 친 '이 나라'에 대한 설명으로 옳은 것은?

이 나라에서는 해마다 5월이면 씨뿌리기를 마치고 귀신에게 제사를 지낸다. 떼를 지어 모여서 노래와 춤을 즐긴다. 술 마시고 노는데 밤낮을 가리지 않는다. …… 10월에 농사일을 마치고 나서도 이렇게 한다.

① 서옥제라는 혼인 풍습이 있었다.
② 도둑질하면 12배를 배상하게 하였다.
③ 제사장인 천군과 신성 지역인 소도가 있었다.
④ 바닥이 철(凸)자형, 여(呂)자형인 가옥에서 생활하였다.

06 다음 사건을 시기순으로 바르게 나열한 것은?

(가) 좌·우 합작 7원칙이 발표되었다.
(나) 탁치 반대 국민 총동원 위원회가 조직되었다.
(다) 평양에서 남북 제정당 사회 단체 연석 회의가 개최되었다.
(라) 미군정이 안재홍을 민정 장관으로 임명하고 남조선 과도 정부를 수립하였다.

① (가) – (나) – (다) – (라)
② (나) – (가) – (라) – (다)
③ (나) – (다) – (가) – (라)
④ (라) – (나) – (가) – (다)

07 (가), (나) 시기 사이에 있었던 사실로 옳은 것은?

(가) 왕과 세자는 궁녀들이 타는 가마를 타고 몰래 궁을 떠났다. 일주일 전부터 궁녀들은 몇 채의 가마를 타고 궐문을 드나들어서 경비병들이 궁녀들의 잦은 왕래에 익숙해지도록 하였다. 그래서 이른 아침에 두 채의 궁녀 가마를 들고 나갈 때도 경비병들은 특별히 신경 쓰지 않았다. 왕과 세자는 긴장하며 러시아 공사관에 도착했다.
(나) 왕이 포과익선관에 포원령포를 입고 보련을 타고 러시아 공사관 앞문을 나왔다. 태의원 도제조가 앞으로 나와 아뢰기를, "해를 넘기도록 이차하셨다가 오늘 환궁하시게 되니, 온 나라 신하와 백성들이 환호하며 경축드리는 마음을 우러러 아뢸 방법이 없습니다." 하였다.

① 교정청이 설치되었다.
② 원수부가 설치되었다.
③ 독립 협회가 창설되었다.
④ 춘생문 사건이 일어났다.

08 양명학에 대한 설명으로 옳은 것을 모두 고른 것은?

㉠ 지행합일의 실천성을 강조하였다.
㉡ 이황에 의해 이단으로 비판 받았다.
㉢ 원 간섭기에 안향에 의해 국내에 소개되었다.
㉣ 주자가 집대성하였으며 이기론과 심성론 등을 연구하였다.

① ㉠, ㉡   ② ㉠, ㉢
③ ㉡, ㉣   ④ ㉢, ㉣

09 다음 헌법이 시행된 시기의 사실로 옳은 것은?

> 제47조 대통령의 임기는 6년으로 한다.
> 제53조 대통령은 필요하다고 인정할 때에는 이 헌법에 규정되어 있는 국민의 자유와 권리를 잠정적으로 정지하는 긴급 조치를 할 수 있고, 정부나 법원의 권한에 관하여 긴급 조치를 할 수 있다.

① 6·3 시위가 일어났다.
② 향토 예비군이 창설되었다.
③ 부·마 민주 항쟁이 전개되었다.
④ 전국 민주 노동 총연맹이 결성되었다.

10 1920년대의 문화에 대한 설명으로 옳지 않은 것은?

① 도쿄 유학생들이 토월회를 결성하였다.
② 영화 아리랑이 종로 단성사에서 개봉하였다.
③ 신경향파 문인들이 카프(KAPF)를 결성하였다.
④ 이육사가 잡지 『문장』을 통해 절정을 발표하였다.

바로 채점하기 정답·해설 _약점 보완 해설집 p.56

01	②	02	④	03	④	04	③	05	③
06	②	07	③	08	①	09	③	10	④

맞은 개수: _____개 / 10개

마무리 OX 퀴즈

☑ 모의고사에 출제된 개념을 OX 퀴즈를 통해 한 번 더 점검해보세요.

전근대사

01 삼한은 서옥제라는 혼인 풍습이 있었다.   □ o □ x

02 녹읍은 조세를 수취하고 노동력을 징발할 권리가 주어졌다.   □ o □ x

03 이규보는 고구려 건국 설화를 5언시체로 재구성한 『동명왕편』을 지었다.   □ o □ x

04 중종 때 비변사를 처음 설치하였다.   □ o □ x

05 선조 때 어영청을 창설하였다.   □ o □ x

06 양명학은 지행합일의 실천성을 강조하였다.   □ o □ x

근현대사

07 독립 협회는 러시아의 절영도 조차 요구를 저지하였다.   □ o □ x

08 신민회는 대성 학교와 오산 학교를 설립하였다.   □ o □ x

09 대한민국 임시 정부는 상하이에서 임시 의정원을 구성하였다.   □ o □ x

10 1920년대에 이육사가 잡지 『문장』을 통해 절정을 발표하였다.   □ o □ x

11 1947년에 미군정이 안재홍을 민정 장관으로 임명하고 남조선 과도 정부를 수립하였다.   □ o □ x

12 유신 헌법 시행 시기에 6·3 시위가 일어났다.   □ o □ x

정답 | 01 X   02 ○   03 ○   04 ○   05 X   06 ○   07 ○   08 ○   09 ○   10 X   11 ○   12 X

해설 | 01 고구려에 대한 설명이다.   05 인조 때의 사실이다.   10 1940년대의 사실이다.   12 6·3 시위가 일어난 것은 유신 헌법 시행 시기 (1972~1980) 이전인 1964년이다.

01 다음 개혁안을 발표한 정치 세력에 대한 설명으로 옳은 것은?

> 1. 대원군을 돌아오게 하며 청에 대한 조공 허례를 폐지한다.
> 2. 문벌은 폐지하고, 인민 평등의 권리를 세워 능력에 따라 관리를 임명한다.
> 3. 지조법을 개혁하여 관리의 부정을 막고 백성을 보호하며 재정을 넉넉히 한다.

① 동도 서기론을 주장하였다.
② 공화정체의 국가 수립을 추구하였다.
③ 대표적인 인물로 이항로, 기정진 등이 있다.
④ 보부상 단체인 혜상공국의 혁파를 주장하였다.

02 시기별 대외 교역에 대한 설명으로 옳지 않은 것은?

① 고조선 – 위만 정권은 중국의 한나라와 진국 사이의 교역을 중계하였다.
② 발해 – 당에 서적, 비단 등을 수출하고 담비 가죽, 인삼 등을 수입하였다.
③ 고려 – 대식국인이라 불리는 아라비아 상인과도 교역하였다.
④ 조선 – 국경 지역인 경성과 경원에 무역소를 두어 여진과 교역하였다.

03 (가) 인물에 대한 설명으로 옳은 것은?

> 왕의 총애를 받는 이들이 곁에 있으면서 정권을 훔쳐 제 마음대로 하니 기강이 문란해졌다. 게다가 기근까지 겹치자 백성이 떠돌아다니고 도적이 곳곳에서 봉기하였다. 이에 (가) 은/는 몰래 왕위를 넘겨다보는 마음을 갖고, 무리를 불러 모아 왕경의 서남쪽 주현을 돌아다니며 공격하였다. 이르는 곳마다 메아리처럼 호응하여 한 달 만에 무리가 5,000명에 달하니, 드디어 무진주를 습격하였다.

① 경주의 사심관으로 임명되었다.
② 무태, 성책 등의 연호를 사용하였다.
③ 금산사를 탈출하여 고려에 귀순하였다.
④ 광평성을 비롯한 여러 관서를 설치하였다.

04 다음 사건을 시기순으로 바르게 나열한 것은?

> (가) 천리장성을 쌓아 거란의 침입에 대비하였다.
> (나) 서희의 담판으로 소손녕이 이끄는 거란군이 물러갔다.
> (다) 강감찬이 귀주에서 소배압이 이끄는 거란군을 물리쳤다.
> (라) 양규의 활약으로 흥화진 전투에서 거란군에게 승리하였다.

① (가) – (나) – (라) – (다)
② (가) – (라) – (나) – (다)
③ (나) – (다) – (라) – (가)
④ (나) – (라) – (다) – (가)

05 (가) 제도에 대한 설명으로 옳은 것은?

> 대사헌 양지가 상소하였다. "과전은 사대부를 기르는 것입니다. 장차 (가) 을/를 두려고 한다는데, 벼슬에서 물러난 신하와 무릇 공경대부의 자손들은 1결의 토지도 가질 수 없게 되니 이는 대대로 국록을 주는 뜻에 어긋납니다."

① 현직 관리에게만 토지의 소유권을 지급하였다.
② 국가에서 직접 세금을 거두어 관리에게 지급하였다.
③ 관리에게 지급할 토지가 부족해지자 세조 때 실시되었다.
④ 이 제도가 폐지되면서 지주 전호제의 관행이 줄어들었다.

06 다음과 같이 주장한 단체에 대한 설명으로 옳지 않은 것은?

> 창립 당시는 소위 민족적 단일한 정치 투쟁 단체로 이 회가 필요했지만 그 후 본회의 통일적 운동의 발자취를 돌아보면 너무나 막연하여 종잡을 수 없음을 통감하지 않을 수 없다. 따라서 최근 본회의 근본 정신인 비타협주의를 무시하고 합법 운동으로 방향을 전환하려는 민족적 개량주의자가 발호해 온 것이 심히 유감된 일이며, 이는 본회의 근본적 모순으로부터 온 당연한 귀결이라고 할 수 있지 않겠는가. 그렇다면 우리들은 이 같은 불순한 도정을 따라온 회의 존립을 그대로 용인할 수 없으므로 첨예한 계급 단체를 조직하고 본회를 해소하는 것은 당연하다고 생각한다.

① 노동 운동과 연계하여 최저 임금제를 요구하였다.
② 신안군 암태도에서 전개된 소작 쟁의를 지원하였다.
③ 갑산 화전민 학살 사건의 진상 규명 운동을 전개하였다.
④ 서울에 본부를 두고 전국에 140여개의 지회를 설치하였다.

07 다음 협약이 체결된 시기로 옳은 것은?

> 제1조 한국 정부는 시정 개선에 관하여 통감의 지도를 받는다.
> 제2조 한국의 법령 제정 및 중요한 행정상의 처분은 미리 통감의 승인을 거친다.
> 제5조 한국 정부는 통감이 추천하는 일본인을 한국 관리에 임명한다.

	(가)		(나)		(다)		(라)	
갑신 정변		군국기무처 설치		관민 공동회 개최		서울 진공 작전 전개		한·일 병합 조약 체결

① (가)
② (나)
③ (다)
④ (라)

08 다음 자료가 유행한 시기의 문화 동향에 대한 설명으로 옳은 것을 모두 고른 것은?

> 말뚝이: 양반들 나오신다아! 양반이라거니 노론, 소론, 이조, 호조, 옥당 다 지내고, 삼정승, 육판서를 다 지내고, 퇴로 재상으로 계신 양반인 줄 알지 마시오. 개잘양이라는 '양'자에 개다리소반이라는 '반'자 쓰는 양반들이 나오신단 말이오.
> 양반들: 야, 이놈 뭐야!

> ㉠ 법주사 팔상전, 금산사 미륵전 등의 건축물이 건립되었다.
> ㉡ 정읍사, 처용가 등이 수록된 『악학궤범』이 편찬되었다.
> ㉢ 선비의 유유자적한 모습을 담은 고사관수도가 그려졌다.
> ㉣ 김정희가 고금의 필법을 연구하여 추사체를 창안하였다.

① ㉠, ㉢
② ㉠, ㉣
③ ㉡, ㉢
④ ㉡, ㉣

09 밑줄 친 '이 조약'에 대한 설명으로 옳은 것은?

> 우리 교수 일동은 장차 심히 우려할 사태가 전개될 것이 예견되므로 이에 이 조약에 반대를 선언한다.
> 첫째, 이 조약은 과거 일본 제국주의 침략을 합법화시켰을 뿐 아니라 우리 주권의 약화 및 제반 협정의 불평등과 국가적 손실을 초래한 굴욕적인 전제를 설정해 놓았다.
> 둘째, 청구권은 당당히 요구할 수 있는 재산상의 피해를 보상하는 것이 못 되고, 무상 제공 또는 경제 협력이라는 미명 아래 경제적 시혜를 가장하였으며 일본 자본의 경제적 지배를 위한 소지를 마련해 주었다.

① 위안부 문제가 주요한 의제로 논의되었다.
② 독도 영유권 문제에 대한 내용이 포함되었다.
③ 한국군의 현대화와 AID 차관 제공에 합의하였다.
④ 재일 교포의 법적 지위 및 대우에 관한 협정도 함께 체결되었다.

10 고대의 고분에 대한 설명으로 옳지 않은 것은?

① 무령왕릉은 중국 남조의 영향을 받은 벽돌무덤이다.
② 발해의 정혜 공주 묘는 모줄임 천장 구조를 하고 있다.
③ 황남대총, 천마총은 대표적인 돌무지덧널무덤이다.
④ 강서대묘는 사신도가 그려져 있으며 돌무지무덤으로 축조되었다.

마무리 OX 퀴즈

☑ 모의고사에 출제된 개념을 OX 퀴즈를 통해 한 번 더 점검해보세요.

전근대사

01 황남대총, 천마총은 대표적인 돌무지덧널무덤이다. □ ○ □ X

02 발해의 정혜 공주 묘는 모줄임 천장 구조를 하고 있다. □ ○ □ X

03 견훤은 광평성을 비롯한 여러 관서를 설치하였다. □ ○ □ X

04 거란의 2차 침입 때 양규의 활약으로 흥화진 전투에서 거란군에게 승리하였다. □ ○ □ X

05 직전법은 관리에게 지급할 토지가 부족해지자 세조 때 실시되었다. □ ○ □ X

06 조선 시대에는 국경 지역인 경성과 경원에 무역소를 두어 여진과 교역하였다. □ ○ □ X

07 조선 후기에는 선비의 유유자적한 모습을 담은 고사관수도가 그려졌다. □ ○ □ X

근현대사

08 온건 개화파는 동도서기론을 주장하였다. □ ○ □ X

09 급진 개화파는 공화정체의 국가 수립을 추구하였다. □ ○ □ X

10 신간회는 노동 운동과 연계하여 최저 임금제를 요구하였다. □ ○ □ X

11 한·일 기본 조약에서 위안부 문제가 주요한 의제로 논의되었다. □ ○ □ X

12 브라운 각서에서 한국군의 현대화와 AID 차관 제공에 합의하였다. □ ○ □ X

정답 | 01 ○ 02 ○ 03 X 04 ○ 05 ○ 06 ○ 07 X 08 ○ 09 X 10 ○ 11 X 12 ○

해설 | 03 궁예에 대한 설명이다. 07 조선 전기의 사실이다. 09 급진 개화파는 입헌 군주제에 입각한 내각제 정부를 수립하고자 하였다.
11 한·일 기본 조약은 위안부 문제가 주요한 의제로 논의되지 않았다.

01 밑줄 친 '왕'에 대한 설명으로 옳은 것은?

> 옛 기록에 이르기를, "백제는 나라를 연 이래 문자로 일을 기록한 적이 없는데 이 <u>왕</u> 때에 이르러 박사 고흥을 얻어 비로소 『서기』를 갖추게 되었다."고 하였다.

① 남당을 설치하였다.
② 고구려의 평양성을 공격하였다.
③ 신라를 공격하여 대야성을 함락시켰다.
④ 목지국을 병합하여 한강 유역을 장악하였다.

02 (가), (나) 상소문을 작성한 인물에 대한 설명으로 옳은 것은?

> (가) 저들이 비록 왜인이라고 하나 실은 양적입니다. 강화가 한번 이루어지면 사학(邪學)의 서책과 천주의 초상이 교역하는 속에 뒤섞여 들어오게 되고, 조금 지나면 선교사가 전수하여 사학이 온 나라에 퍼지게 될 것입니다.
> (나) 신들은 모두 영남의 멀리 떨어져 있는 자들로 유신(維新)의 정치를 도운 적이 없습니다. 그러나 곧 수신사 김홍집이 가지고 온 황준헌의 『사의조선책략』 1책이 유포된 것을 보고, 저도 모르게 머리카락이 곤두서고 가슴이 떨리며 이어 통곡하면서 눈물을 흘렸습니다.

① (가) – 대동강으로 침입한 제너럴셔먼호를 불태웠다.
② (나) – 『화서아언』에서 프랑스와의 통상을 반대하였다.
③ (가) – 을사의병에 참여하였으며 대마도에서 순국하였다.
④ (나) – 민족 의식을 고취하는 '시일야방성대곡'을 발표하였다.

03 다음 자료가 발표된 민족 운동에 대한 설명으로 옳은 것은?

> 첫째, 의복은 남자는 두루마기, 여자는 치마를 조선인 생산품 또는 가공품을 염색하여 착용할 것
> 둘째, 음식물에 대해서는 소금·설탕·과일 등을 제외하고는 전부 조선인이 생산한 물품을 사용할 것
> 셋째, 일용품은 조선인 제품으로 대용할 수 있는 것은 이를 사용할 것

① 황국 중앙 총상회를 중심으로 전개되었다.
② 평양에서 시작되어 전국적으로 확산되었다.
③ 조선 총독부가 회사령을 폐지하는 계기가 되었다.
④ 사회주의 세력의 적극적인 지지를 받아 전개되었다.

04 (가) ~ (라) 시기에 있었던 사실로 옳은 것은?

	(가)	(나)	(다)	(라)	
무신 정변		조위총의 난	이의민 집권	교정도감 설치	개경 환도

① (가) – 김사미와 효심이 운문과 초전에서 난을 일으켰다.
② (나) – 이비와 패좌가 신라 부흥을 목표로 난을 일으켰다.
③ (다) – 김보당이 의종 복위를 내세우며 난을 일으켰다.
④ (라) – 담양에서 이연년 형제가 난을 일으켰다.

05 (가), (나) 사이 시기에 있었던 사실로 옳은 것은?

> (가) 대마도 도주에게는 해마다 쌀과 콩을 합하여 200석을 주기로 하였다. 세견선은 50척으로 하였다.
>
> (나) 대마도주의 요청으로 일본과 교류를 재개하여 세견선 20척, 세사미두 100석의 범위 내에서의 제한된 교섭을 허용하였다.

① 대보단이 건립되었다.

② 삼포왜란이 일어났다.

③ 『수성윤음』이 반포되었다.

④ 이종무가 쓰시마 섬을 정벌하였다.

06 밑줄 친 '그들'에 해당하는 신분층에 대한 설명으로 옳은 것은?

> 그들의 집에는 녹(祿)이 끊이지 않았다. 나이 어린 종이 3천명이며, 비슷한 수의 갑병(甲兵)이 있다. 소, 말, 돼지는 바다 가운데 섬에서 기르다가 필요할 때 활로 쏘아 잡아먹는다. 곡식을 남에게 빌려 주어 늘리는데, 기간 안에 갚지 못하면 노비로 삼아 부린다.

① 도당 유학생의 대부분을 차지하였다.

② 관등과 상관없이 특정 색깔의 관복을 입었다.

③ 죄를 지으면 본관지로 귀향시키는 형벌이 적용되었다.

④ 중앙 관부와 지방 행정 조직의 장관직에 오를 수 있었다.

07 다음 법령이 시행된 시기에 있었던 사실로 옳지 않은 것은?

> 제2조 국어를 상용하는 자의 보통 교육은 소학교령, 중학교령 및 고등여학교령에 의함.
>
> 제3조 국어를 상용치 아니하는 자에 보통 교육을 하는 학교는 보통학교, 고등보통학교 및 여자고등보통학교로 함.
>
> 제5조 보통학교의 수업 연한은 6년으로 함. 보통학교에 입학할 수 있는 자는 연령 6세 이상으로 함.

① 신은행령이 제정되었다.

② 조선 농지령이 제정되었다.

③ 학도 지원병제가 실시되었다.

④ 황국 신민 서사가 발표되었다.

08 근대에 발행된 신문에 대한 설명으로 옳은 것을 모두 고른 것은?

> ㉠ 황성신문은 국채 보상 운동을 적극적으로 지원하였다.
>
> ㉡ 한성순보는 순한글판으로 발간되어 부녀자들에게 인기가 있었다.
>
> ㉢ 제국신문은 국한문 혼용체로 발행되어 유학자층의 계몽에 앞장섰다.
>
> ㉣ 만세보는 천도교의 기관지로 일진회 등의 매국 행위를 주로 비판하였다.

① ㉠, ㉡

② ㉠, ㉣

③ ㉡, ㉢

④ ㉢, ㉣

09 밑줄 친 '위원회'에 대한 설명으로 옳은 것은?

> 우리는 좌익이 제시한 5가지 조건에 대한 우익 대표의 답변을 기다리고 있다. 이와 동시에 우리는 우익이 바라는 조건을 알고 싶으며, 만약 우익이 그러한 조건을 제시하여 우리가 연구할 수 있는 시간을 준다면 고맙게 생각할 것이다. 우리가 우익이 제시하는 조건을 연구할 수 있는 시간을 갖기 위해서는 본 <u>위원회</u>의 공식 회의 일정을 연기하는 것이 좋겠다고 생각한다.

① 김구, 김규식 등이 주도하여 조직하였다.
② 미·소 공동 위원회의 속개를 요청하였다.
③ 삼균주의를 바탕으로 한 건국 강령을 발표하였다.
④ 치안을 담당하기 위해 각지에 치안대를 조직하였다.

10 다음 주장을 한 인물에 대한 설명으로 옳은 것은?

> 하늘에 가득한 별들이 각기 계(界) 아닌 것이 없다. 성계(星界)로부터 본다면, 지구 역시 하나의 별에 불과할 것이다. 헤아릴 수 없이 수많은 계(界)들이 공중에 흩어져 있는데, 오직 이 지구만이 공교롭게 중앙에 위치해 있다는 것은 이럴 이치가 없다. 이렇기 때문에 계 아닌 것이 없고 자전하지 않는 것이 없다고 하는 것이다. 다른 계에서 보는 것도 역시 지구에서 보는 것과 같을 것이니, 다른 계에서 각기 저마다 중앙이라 한다면 각 성계(星界)가 모두 중계(中界)일 것이다.

① 『천학문답』을 저술하여 서학의 교리를 비판하였다.
② 『북학의』에서 적극적인 청 문물의 수용을 강조하였다.
③ 『임하경륜』에서 양반도 생산 활동에 종사할 것을 역설하였다.
④ 『경세유표』에서 정치 제도와 토지 제도의 개혁을 주장하였다.

마무리 OX 퀴즈

☑ 모의고사에 출제된 개념을 OX 퀴즈를 통해 한 번 더 점검해보세요.

전근대사

01 고이왕은 목지국을 병합하여 한강 유역을 장악하였다.　□ O □ X

02 근초고왕은 고구려의 평양성을 공격하였다.　□ O □ X

03 진골 귀족은 중앙 관부와 지방 행정 조직의 장관직에 오를 수 있었다.　□ O □ X

04 박제가는 『북학의』에서 적극적인 청 문물의 수용을 강조하였다.　□ O □ X

05 홍대용은 『경세유표』에서 정치 제도와 토지 제도의 개혁을 주장하였다.　□ O □ X

근현대사

06 이만손은 『화서아언』에서 프랑스와의 통상을 반대하였다.　□ O □ X

07 최익현은 을사의병에 참여하였으며 대마도에서 순국하였다.　□ O □ X

08 만세보는 천도교의 기관지로 일진회 등의 매국 행위를 주로 비판하였다.　□ O □ X

09 물산 장려 운동은 사회주의 세력의 적극적인 지지를 받아 전개되었다.　□ O □ X

10 제2차 조선 교육령 시행 시기에 학도 지원병제가 실시되었다.　□ O □ X

11 조선 건국 준비 위원회는 치안을 담당하기 위해 각지에 치안대를 조직하였다.　□ O □ X

12 좌·우 합작 위원회는 미·소 공동 위원회의 속개를 요청하였다.　□ O □ X

정답 | 01 O　02 O　03 O　04 O　05 X　06 X　07 O　08 O　09 X　10 X　11 O　12 O

해설 | 05 정약용에 대한 설명이다.　06 이항로에 대한 설명이다.　09 물산 장려 운동은 사회주의 세력에 의해 자본가 계급만을 위한 운동이라고 비판받았다.　10 학도 지원병제가 실시(1943)된 것은 제4차 조선 교육령 시행 시기이다.

01 밑줄 친 '왕'의 재위 시기의 사실로 옳은 것은?

> 왕이 대신과 비변사의 여러 신하를 만나서, 비로소 돈을 사용하는 일을 논의하여 결정하였다. …… 왕이 그대로 따르고, 호조·상평청·진휼청·어영청·사복시·훈련도감에 명하여 상평통보를 주조하여 돈 400문을 은 1냥의 값으로 정하여 시중에 유통시켰다.

① 신해통공으로 금난전권을 폐지하였다.
② 두 차례에 걸친 예송 논쟁이 전개되었다.
③ 준천사를 설치하여 청계천을 정비하였다.
④ 백두산 정계비를 세워 국경을 확정하였다.

02 다음 상황이 일어난 시기를 연표에서 옳게 고른 것은?

> 고구려에 대항하기 위하여 백제의 왕 모대가 사신을 보내 혼인을 청하자, 왕은 이벌찬 비지의 딸을 보냈다.

	(가)	(나)	(다)	(라)
낙랑군 축출	고구려의 평양 천도	백제의 웅진 천도	관산성 전투	황산벌 전투

① (가) ② (나)
③ (다) ④ (라)

03 (가), (나)에 들어갈 기구를 바르게 연결한 것은?

> ○ (가) 은/는 태종 때 문하부를 혁파하고 의정부를 설치하면서 문하부의 낭사가 독립한 것이다. 『경국대전』에 의하면 이 기관의 역할은 다음과 같다. "왕에게 간쟁하고, 정사의 잘못을 논박하는 직무를 관장한다."
> ○ (나) 은/는 궁궐 내의 경적을 관리하고, 문서를 처리하며 국왕의 자문에 대비하는 기구로, 옥당·옥서·영각 등으로도 불린다.

	(가)	(나)
①	사간원	교서관
②	사헌부	홍문관
③	사간원	홍문관
④	사헌부	교서관

04 (가)에 대한 설명으로 옳은 것은?

> (가) 은/는 대부분 지방의 향리나 하급 관리의 자제들로, 공민왕이 개혁을 추진하는 과정에서 중앙에 진출하여 점차 독자적인 세력을 형성하였다. 이후 (가) 은/는 고려 말의 현실 인식과 개혁의 방향을 둘러싸고 정도전·조준 등의 급진파와 이색·정몽주 등의 온건파로 분화하였다.

① 왕실과의 혼인을 통해 관직을 세습하였다.
② 성리학을 통해 불교의 폐단을 비판하였다.
③ 권력을 앞세워 대규모 농장을 소유하였다.
④ 친원적 성향으로 도평의사사를 장악하였다.

05 (가) 인물에 대한 설명으로 옳은 것은?

> 왕이 전교하기를, "군국기무처 회의 총재는 영의정인 (가) 이/가 맡고, 내무 독판 박정양, 강화 유수 김윤식, 외무 참의 유길준, 공조 참의 이응익 등은 모두 회의원으로 임명하니 크고 작은 사무를 협의하여 시행하도록 하라."고 하였다.

① 신민회를 조직하였다.
② 갑신정변을 주도하였다.
③ 『서유견문』을 저술하였다.
④ 제2차 수신사로 파견되었다.

06 밑줄 친 '이 부대'에 대한 설명으로 옳은 것은?

> 중국에 있는 우리 혁명 동지들은 항일 전쟁에 직접 참가하고, 나아가 중국 항전 중에 조국의 독립을 쟁취해야 할 것이다. 이를 위해 우리는 조선 민족 전선 연맹 기치하에 일치 단결하고, 항일의 위대한 최고 지도자인 장제스 위원장의 통솔 하에 중국 혁명 제27주년 기념일인 쌍십절을 기하여 이 부대를 조직한 것이다.

① 자유시 참변으로 피해를 입었다.
② 한·중 연합 작전으로 동경성에서 승리하였다.
③ 중국 관내에서 조직된 최초의 한인 군사 조직이었다.
④ 미국 전략 정보처와 함께 국내 진공 작전을 계획하였다.

07 ㉠에 대한 설명으로 옳은 것은?

> ㉠ 은/는 예부에 속하였는데, …… 무릇 학생은 관등이 대사 이하에서 관등이 없는 자로, 15세에서 30세까지인 사람을 들였다. 9년을 기한으로 하되 만약 우둔하여 깨닫지 못하는 자는 퇴학시켰으며, 만약 재주와 기량이 성취할 만하나 미숙한 자는 비록 9년이 넘어도 재학을 허락하였다.

① 진골 귀족만이 입학할 수 있었다.
② 유학부와 기술학부로 나누어 교육하였다.
③ 유학 교육을 위하여 신문왕 때 설치되었다.
④ 왕으로부터 편액과 함께 서적 등을 받기도 하였다.

08 다음은 대한민국 헌법 개정의 주요 내용이다. 순서대로 바르게 나열한 것은?

> (가) 대통령은 대통령 선거인단에서 선출하고, 임기는 7년으로 한다.
> (나) 대통령은 통일 주체 국민 회의에서 토론 없이 무기명 투표로 선출한다.
> (다) 대통령의 3선 연임을 허용하며, 국회의원의 국무총리 및 국무위원의 겸직을 허용한다.
> (라) 대통령은 양원 합동 회의에서 선거하고 재적 국회의원의 3분의 2 이상의 투표를 얻어 당선된다.

① (다) - (가) - (라) - (나)
② (다) - (라) - (가) - (나)
③ (라) - (나) - (다) - (가)
④ (라) - (다) - (나) - (가)

09 밑줄 친 '그'에 대한 설명으로 옳은 것은?

> 태조의 4대손인 그는 선종 2년 을축 4월에 불법을 구하기 위해 배를 타고 가서 백파(百派)를 도입하니, 대소(大小)·시종(始終)·원돈(圓頓) 등 5교가 각각 그 자리를 얻어 다시 제자리로 돌아갔다. 그런데 주나라에서 근원이 흘러 한 나라에서 갈라졌으며, 진·위에서 넓어지고 수·당 대에 넘쳐흘렀고, 송에서 물결쳐 해동에 깊이 고인 것이다.

① 정혜결사를 주도하였다.
② 교관겸수를 주장하였다.
③ 초조대장경을 편찬하였다.
④ 성상융회 사상을 주장하였다.

10 (가), (나) 제도에 대한 설명으로 옳은 것은?

> (가) 경종 원년, 직관(職官)·산관(散官)의 각 품(品)의 전시과를 제정하였다.
>
> (나) 문종 30년, 양반 전시과를 다시 고쳤다. 제1과는 중서령, 상서령, 문하시중으로 전지 100결과 시지 50결을 주며, …… 제18과는 한인(閑人), 잡류(雜類)로 전지 17결을 주었다.

① (가) – 개국 공신에게 인품, 행실, 공로를 기준으로 토지를 분급하였다.
② (나) – 신진 사대부의 경제적 기반을 마련하기 위해 실시되었다.
③ (가) – 모든 관리를 과 내로 포함시키면서 한외과가 소멸되었다.
④ (나) – 이전에 비해 무반과 일반 군인에 대한 대우가 전반적으로 향상되었다.

마무리 OX 퀴즈

☑ 모의고사에 출제된 개념을 OX 퀴즈를 통해 한 번 더 점검해보세요.

전근대사

01 신라의 국학은 진골 귀족만이 입학할 수 있었다. □ O □ X

02 시정 전시과에서는 모든 관리를 과 내로 포함시키면서 한외과가 소멸되었다. □ O □ X

03 균여는 성상융회 사상을 주장하였다. □ O □ X

04 의천은 정혜결사를 주도하였다. □ O □ X

05 신진 사대부는 성리학을 통해 불교의 폐단을 비판하였다. □ O □ X

06 숙종 때 두 차례에 걸친 예송 논쟁이 전개되었다. □ O □ X

07 정조 때 신해통공으로 금난전권을 폐지하였다. □ O □ X

근현대사

08 김홍집은 갑신정변을 주도하였다. □ O □ X

09 유길준은 『서유견문』을 저술하였다. □ O □ X

10 한국 독립군은 한·중 연합 작전으로 동경성에서 승리하였다. □ O □ X

11 조선 의용대는 중국 관내에서 조직된 최초의 한인 군사 조직이었다. □ O □ X

12 한국 광복군은 미국 전략 정보처와 함께 국내 진공 작전을 계획하였다. □ O □ X

정답 | 01 X 02 X 03 O 04 X 05 O 06 X 07 O 08 X 09 O 10 O 11 O 12 O

해설 | 01 국학에는 6두품 등도 입학할 수 있었다. 02 경정 전시과에 대한 설명이다. 04 지눌에 대한 설명이다. 06 현종 때의 사실이다.
08 김옥균, 박영효 등의 급진 개화파에 대한 설명이다.

01 다음 사건에 대한 설명으로 옳은 것은?

> 진무사 정기원의 장계에, "초지와 덕진을 잃어버리고 불태운 것만 해도 이미 저의 불찰인데, 광성보에서 군사와 장수를 잃었으니 더욱 죄를 받아야 하므로 처분을 기다립니다." 라고 하니, 이에 전교하기를, "병가에 있어서 승패는 원래 예사로운 일이다. 저 흉악한 놈들이 지금은 약간 퇴각하였지만 목전의 방어에 대해서는 더구나 소홀히 할 수 없다." 라고 하였다.

① 강화도 조약이 체결되는 계기가 되었다.
② 한성근의 부대가 문수산성에서 항전하였다.
③ 미국이 제너럴셔먼호 사건을 빌미로 일으켰다.
④ 외규장각에 보관 중인 왕실 서적이 약탈되었다.

02 고려 시대 화폐의 유통에 대한 설명으로 옳은 것을 모두 고른 것은?

> ㉠ 우리나라 최초의 화폐인 삼한통보가 주조되었다.
> ㉡ 화폐의 유통이 원활하지 않아 전황 현상이 일어났다.
> ㉢ 원 간섭기에는 원의 지폐가 들어와 유통되기도 하였다.
> ㉣ 다점, 주점 등의 관영 상점에서 제한적으로 사용되었다.

① ㉠, ㉡   ② ㉠, ㉣
③ ㉡, ㉢   ④ ㉢, ㉣

03 (가) ~ (라)를 시기순으로 바르게 나열한 것은?

> (가) 임시 정부 산하의 한국광복군이 창설되었다.
> (나) 사회주의 단체인 조선 독립 동맹이 결성되었다.
> (다) 민족 연합 전선인 민족 혁명당이 결성되었다.
> (라) 동북 항일 연군 내 한인들이 조국 광복회를 조직하였다.

① (가) – (나) – (다) – (라)
② (가) – (다) – (나) – (라)
③ (다) – (가) – (라) – (나)
④ (다) – (라) – (가) – (나)

04 다음 글을 쓴 인물에 대한 설명으로 옳은 것은?

> 천하에 두려워할 대상은 오직 백성뿐이다. 백성은 홍수나 화재 또는 호랑이나 표범보다도 더 두려워해야 한다. …… 그냥 순순하게 법을 받들면서 윗사람에게 부림을 당하는 사람들은 항민(恒民)이다. 이러한 항민은 두려워할 것이 없다. …… 자신의 자취를 푸줏간 속에 숨기고 몰래 딴마음을 품고서, 세상을 흘겨보다가 혹시 그때에 어떤 큰 일이라도 일어나면, 자기의 소원을 실행해 보려는 사람들은 호민(豪民)이다. 이 호민은 몹시 두려워해야 할 존재이다.

① 「양반전」을 지어 양반의 허례와 무능을 풍자하였다.
② 「유재론」에서 능력에 따른 인재 등용을 주장하였다.
③ 『우서』에서 사농공상의 평등과 전문화를 주장하였다.
④ 『아방강역고』를 지어 역사 지리에 대한 이해를 심화시켰다.

05 우리나라의 시기별 교육 정책으로 옳은 것은?

① 1960년대 – 학교마다 학교 운영 위원회를 설치하였다.

② 1970년대 – 고교 평준화 정책을 실시하였다.

③ 1980년대 – 대학 수학 능력 시험이 처음 시행되었다.

④ 1990년대 – 과외 금지와 대학 졸업 정원제가 시행되었다.

06 밑줄 친 ㉠에 해당하는 사건이 일어난 시기를 연표에서 옳게 고른 것은?

> 처음에 임금께서 대마도를 정벌하였을 때 항복한 왜인이 제포, 염포, 부산포 등지에 살게 해달라고 청하였는데, ㉠ 임금께서 그들을 가상히 여겨 허락하셨다. …… 허조가 간언하기를, "왜노(倭奴)는 매우 교활하고 위선적이어서 금방 신하가 되었다가 금방 배반하는 등 그 마음을 헤아릴 수 없습니다. …… 훗날 필시 국가의 걱정거리가 될 것입니다."라고 하였다.

(가)	(나)	(다)	(라)

제2차   계해약조   계유정난   이시애의 난   중종 반정
왕자의 난   체결

① (가) ② (나)

③ (다) ④ (라)

07 (가)에 대한 설명으로 옳은 것은?

> 모스크바 삼상 회의에서 결정한 사항에 따라 구성된 (가) 이/가 1946년 덕수궁 석조전에서 개최되었다. 조선의 진로를 좌우하는 중대한 관건을 쥐고 있는 만큼 조선의 민중들에게 큰 주목을 받고 있다.

① 여운형과 김규식 등을 중심으로 결성되었다.

② 조선 건국 준비 위원회를 조직하는 성과를 냈다.

③ 유엔 감시 하 남북한 총선거를 통한 정부 수립을 결정하였다.

④ 임시 정부 수립을 위한 협의 대상을 선정하는 문제로 논쟁하였다.

08 (가) 시기의 사실로 옳은 것은?

최우가 왕을 협박하여 강화로 천도하였다.

↓

(가)

↓

왕이 옛 수도인 개경으로 돌아와 사판궁에 거처를 정하였다.

① 흥왕사의 변이 일어났다.

② 금의 사대 요구를 수용하였다.

③ 귀주에서 박서가 몽골군에 항전하였다.

④ 충주 다인철소 주민들이 몽골군을 격퇴하였다.

09 밑줄 친 '임금'에 대한 설명으로 옳은 것은?

> 임금이 비단에 오언시인 태평송을 써서, 춘추의 아들 법민을 보내 당 황제에게 바쳤다. 그 글은 다음과 같다. "위대한 당나라 왕업을 여니, 높고도 높은 황제의 길 창창히 빛나네. 전쟁을 그쳐 천하를 평정하고, 문물을 닦아 백대를 이어가리. ……"

① 황룡사를 창건하였다.
② 당 황제에게 만불산을 헌상하였다.
③ 장보고의 도움을 받아 왕으로 즉위하였다.
④ 중국식 의관을 착용하고 아홀을 갖게하였다.

10 다음 주장을 한 인물의 저술로 옳지 않은 것은?

> 열면 헬 수 없고 가없는 뜻이 대종(大宗)이 되고, 합하면 이문(二門) 일심(一心)의 법이 그 요체가 되어 있다. 그 이문 속에 만 가지 뜻이 다 포용되어 조금도 혼란됨이 없으며, 가없는 뜻이 일심과 하나가 되어 혼용된다. …… 펼친다고 번거로운 것이 아니고 합친다고 좁아지는 것도 아니다. 그리하여 수립하되 얻음이 없고 타파하되 잃음이 없다.

① 『화엄경소』
② 『십문화쟁론』
③ 『목우자수심결』
④ 『금강삼매경론』

마무리 OX 퀴즈

☑ 모의고사에 출제된 개념을 OX 퀴즈를 통해 한 번 더 점검해보세요.

전근대사

01 진흥왕은 황룡사를 창건하였다. □ ○ □ X

02 진덕 여왕은 당 황제에게 만불산을 헌상하였다. □ ○ □ X

03 강화 천도 시기에 충주 다인철소 주민들이 몽골군을 격퇴하였다. □ ○ □ X

04 고려 시대에는 우리나라 최초의 화폐인 삼한통보가 주조되었다. □ ○ □ X

05 조선 후기에는 화폐의 유통이 원활하지 않아 전황 현상이 일어났다. □ ○ □ X

06 허균은 「양반전」을 지어 양반의 허례와 무능을 풍자하였다. □ ○ □ X

근현대사

07 신미양요는 미국이 제너럴셔먼호 사건을 빌미로 일으켰다. □ ○ □ X

08 운요호 사건은 강화도 조약이 체결되는 계기가 되었다. □ ○ □ X

09 제1차 미·소 공동 위원회는 임시 정부 수립을 위한 협의 대상을 선정하는 문제로 논쟁하였다. □ ○ □ X

10 좌·우 합작 위원회는 여운형과 김규식 등을 중심으로 결성되었다. □ ○ □ X

11 1970년대에 고교 평준화 정책을 실시하였다. □ ○ □ X

12 1980년대에 대학 수학 능력 시험이 처음 시행되었다. □ ○ □ X

정답 │ 01 ○ 02 X 03 ○ 04 X 05 ○ 06 X 07 ○ 08 ○ 09 ○ 10 ○ 11 ○ 12 X

해설 │ **02** 경덕왕에 대한 설명이다. **04** 우리나라 최초의 화폐는 건원중보이다. **06** 박지원에 대한 설명이다.
12 대학 수학 능력 시험은 1993년에 처음 시행되었다.

01 다음 조약에 대한 설명으로 옳은 것은?

> 제5관 미국 상인과 상선이 조선에 와서 무역을 할 때 입출항 하는 화물은 모두 세금을 바쳐야 하며, 세금을 거두는 권한은 조선이 자주적으로 행사한다.
>
> 제14관 타국의 이익을 우대하는 문제에서, 이것과 전적으로 관련된 조항으로 상호 보답을 규정할 경우, 미국 관민에게도 반드시 상호 체결한 보답하는 해당 조항을 일체 준수해야 비로소 우대하는 이익을 동일하게 누리는 것을 승인한다.

① 보빙사를 파견하여 체결하였다.

② 거중조정에 대한 원칙이 명시되었다.

③ 조선과 프랑스의 통상 조약 체결 이후 맺어졌다.

④ 개항장에서 외국 화폐의 통용을 처음 허용하였다.

02 밑줄 친 '임금' 재위 시기의 사실로 옳은 것은?

> 대간이 아뢰기를, "자제나 혼인 관계로 공신이 된 자가 30여 명, 유자광에게 뇌물을 바쳐서 공신이 된 자가 5~6명, 환관으로서 공신이 된 자가 7~8명, 재상의 위세로 공신이 된 자가 10여 명이나 됩니다. 이들을 모두 공신록에서 삭제해야 합니다." 라고 하니 …… 임금이 영의정 정광필·우의정 안당 등을 불러들였다.

① 승과 제도가 부활하였다.

② 이몽학이 난을 일으켰다.

③ 『이륜행실도』가 간행되었다.

④ 원각사지 10층 석탑을 건립하였다.

03 (가)에 대한 설명으로 옳은 것은?

> [가]에서 사신을 파견하여 낙타 50필을 보냈다. 왕은 [가]이/가 일찍이 발해와 화목하다가 갑자기 의심하여 맹약을 어기고 멸망시켰으니, 매우 무도하여 친선 관계를 맺어 이웃으로 삼을 수 없다고 생각하였다. 드디어 교빙을 끊고 사신 30인을 섬으로 유배 보냈으며, 낙타는 만부교 아래에 매어두니 모두 굶어 죽었다.

① 고려에 철령위 설치를 통보하였다.

② 강조의 정변을 구실로 고려를 침략하였다.

③ 고려에 동북 9성을 돌려달라고 요청하였다.

④ 다루가치를 파견하여 고려의 내정을 간섭하였다.

04 다음과 같이 주장한 인물에 대한 설명으로 옳은 것은?

> 근일에 사용하는 조선학은 …… 넓은 의미로는 종교, 철학, 예술, 민속 할 것 없이 조선 연구의 학적 대상이 될 만한 것은 모두 포함된 것이나, 좁은 의미로는 조선어, 조선사를 비롯하여 순 조선 문학 같은 것을 주로 지칭하여야 한다. …… 다시 말하면 조선인의 특수성을 표시하는 언어를 비롯하여 조선인의 과거상을 비추어 나타내는 그 역사이며, 또 조선인의 실생활을 조선말로 써 놓은 조선 문학 같은 것이 조선학의 중심 골자가 되어야 한다.

① 『조선상고사감』을 저술하였다.

② 『대미 관계 50년사』를 저술하였다.

③ 유물 사관에 입각하여 역사를 연구하였다.

④ 「5천 년간 조선의 얼」이라는 글을 연재하였다.

05 (가)에 대한 설명으로 옳은 것은?

> 1. 본사는 [(가)](이)라 칭함
> 1. 주주는 본국인만으로 허용할 것
> 1. 주가는 1주에 50원으로 정하고, 5년간에 걸쳐 5원씩 총 10회에 나누어 낼 것
> 1. 본사는 토지 개간·관개 사무와 산림·천택·식양·벌채 등의 사무 외에 금·은·동·철·연·매·운모·석유 등 각종 광물 채굴 등의 사무에 담당 종사할 것.

① 종로의 백목전 상인들이 만든 직조 회사였다.
② 역둔토 등을 약탈하기 위해 일본이 세운 국책 회사였다.
③ 황무지 개간권 요구에 대응하여 설립된 특허 회사였다.
④ 상권 수호 운동 전개를 위하여 시전 상인들이 만든 회사였다.

06 밑줄 친 '그'에 대한 설명으로 옳은 것은?

> 왕이 수나라에 군사를 청하는 글을 요청하자, 그는 "자기가 살기 위해 남을 멸망시키는 것은 승려가 할 일이 아니나, 제가 대왕의 땅에 살면서 물과 풀을 먹고 있으니 명령을 따르겠습니다."라고 하였다.

① 『해심밀경소』, 『인왕경소』를 저술하였다.
② 왕의 요청으로 향가인 '안민가'를 지었다.
③ 화랑이 지켜야 할 세속오계를 제시하였다.
④ 현세에서 고난을 구제받고자 하는 관음 신앙을 전파하였다.

07 밑줄 친 '이 정부' 시기의 사실로 옳지 않은 것은?

> 북위 38도 이남의 조선에는 오직 한 정부가 있을 뿐이다. 이 정부는 맥아더 원수의 포고와 하지 중장의 명령과 아놀드 소장의 행정령에 의하여 정당히 수립된 것이다. 아놀드 군정 장관과 군정관들이 엄선하고 감독하는 조선인으로 조직된 정부로서 행정 각 방면에 있어서 절대의 지배력과 권위를 가지었다.

① 6-3-3제의 학제를 마련하였다.
② 중앙 토지 행정처를 발족하였다.
③ 소작료를 총 수확량의 3분의 1로 제한하였다.
④ 화폐 개혁을 실시하여 '환'을 '원'으로 변경하였다.

08 (가) 기구에 대한 설명으로 옳은 것은?

> **[(가)]의 연혁**
> 원종 10년에 설치하였는데, 관원으로 사(使)와 부사(副使)가 있었다. 충렬왕 14년에 다시 설치하였다가, 충렬왕 27년에 또 다시 설치하였다. 공민왕 원년에도 설치하였으며, 우왕 7년에 설치하였다가, 우왕 14년에 다시 설치하였다.
> – 『고려사』

① 원 간섭기에 밀직사로 격하되었다.
② 시전의 물가를 감독하는 업무를 하였다.
③ 소속 관원이 낭사와 함께 대간으로 불렸다.
④ 불법적으로 점유된 토지와 노비를 조사하였다.

09 다음 자료가 발표된 이후의 사실로 옳은 것은?

> 한국 인민과 정부를 대표하여 삼가 중·영·미·소·캐나다 기타 제국의 대일 선전이 일본을 패배하게 하고 동아를 재건하는 가장 유효한 수단이 됨을 축하하여 이에 특히 다음과 같이 성명한다.
> 1. 한국 전 인민은 현재 이미 반침략 전선에 참가하였으니 한 개의 전투 단위로서 추축국에 선전한다.

① 부전강에 수력 발전소가 준공되었다.
② 조선 민립 대학 기성회가 창립되었다.
③ 일제가 조선 식량 관리령을 제정하였다.
④ 이광수가 소설 「무정」을 매일신보에 연재하였다.

10 밑줄 친 '이 정책'에 대한 설명으로 옳은 것을 모두 고른 것은?

> 2필 양역의 폐단이 나라를 망치는 근저가 된 지 오래되었습니다. …… 급기야 임금께서 재차 궁궐 문에 임하시어 민정을 널리 물으셨지만, 호전·결포의 주장을 모두 행할 수 없게 되자 마침내 개연히 눈물을 흘리시며 "2필의 양역을 비록 다 혁파할 수는 없지만 1필로 줄이는 이 정책을 행하지 않을 수 없다."라고 하교하시기에 이르렀습니다.

> ㉠ 어용 상인인 공인이 등장하는 배경이 되었다.
> ㉡ 어세·염세·선박세 등의 잡세 수입을 국고로 전환하였다.
> ㉢ 지주에게 토지 1결당 2두의 결작미를 징수하였다.
> ㉣ 군포를 호 단위로 부과하여 양반도 군역을 부담하게 되었다.

① ㉠, ㉡   ② ㉠, ㉣
③ ㉡, ㉢   ④ ㉢, ㉣

바로 채점하기   정답·해설 _약점 보완 해설집 p.71

01	②	02	③	03	②	04	②	05	③
06	③	07	④	08	④	09	③	10	③

맞은 개수: _____ 개 / 10개

마무리 OX 퀴즈

☑ 모의고사에 출제된 개념을 OX 퀴즈를 통해 한 번 더 점검해보세요.

전근대사

01 원광은 화랑이 지켜야 할 세속오계를 제시하였다. □ O □ X

02 전민변정도감은 불법적으로 점유된 토지와 노비를 조사하였다. □ O □ X

03 거란은 강조의 정변을 구실로 고려를 침략하였다. □ O □ X

04 세조 때 원각사지 10층 석탑을 건립하였다. □ O □ X

05 중종 때 이몽학이 난을 일으켰다. □ O □ X

06 균역법은 어용 상인인 공인이 등장하는 배경이 되었다. □ O □ X

근현대사

07 조·미 수호 통상 조약은 거중조정에 대한 원칙이 명시되었다. □ O □ X

08 농광 회사는 상권 수호 운동 전개를 위하여 시전 상인들이 만든 회사였다. □ O □ X

09 동양 척식 주식회사는 역둔토 등을 약탈하기 위해 일본이 세운 국책 회사였다. □ O □ X

10 백남운은 유물 사관에 입각하여 역사를 연구하였다. □ O □ X

11 문일평은 「5천 년간 조선의 얼」이라는 글을 연재하였다. □ O □ X

12 미군정 시기에 6-3-3제의 학제를 마련하였다. □ O □ X

정답 | 01 ○ 02 ○ 03 ○ 04 ○ 05 X 06 X 07 ○ 08 X 09 ○ 10 ○ 11 X 12 ○

해설 | **05** 선조 때의 사실이다. **06** 대동법에 대한 설명이다. **08** 황국 중앙 총상회에 대한 설명이다. **11** 정인보에 대한 설명이다.

해커스공무원학원 · 공무원인강
gosi.Hackers.com

해커스공무원
매일 하프모의고사 한국사 2

실전 모의고사

제1회~제3회

잠깐! 시험 전 체크리스트

시험장에서 문제를 풀 때처럼 아래와 같이 준비하여
매 회 모의고사를 실전처럼 풀어보세요.

- ☐ OMR 답안지를 미리 준비합니다.
  OMR 답안지는 교재 p.121에 있습니다.
- ☐ 연필과 지우개, 컴퓨터용 사인펜을 준비합니다.
- ☐ 휴대전화는 비행기모드로 바꾸고, 타이머를 준비합니다.
- ☐ 목표 시간에 모든 문제를 정확하게 풀어봅니다.

01 밑줄 친 '이 시대'에 대한 설명으로 옳은 것은?

> 이 시대에는 농경과 목축이 시작되었으며, 돌을 갈아 만든 간석기와 흙을 빚어 구운 토기를 사용하였다. 또한, 강가나 바닷가에 움집을 짓고, 부족을 중심으로 마을을 이루어 정착 생활을 하였다.

① 고인돌이나 돌널무덤을 제작하였다.
② 반량전, 오수전 등의 중국 화폐를 사용하였다.
③ 가락바퀴와 뼈바늘을 이용하여 옷을 만들었다.
④ 대표적인 유적지로 연천 전곡리 유적 등이 있다.

02 밑줄 친 '왕' 재위 시기의 사실로 옳은 것은?

> 왕이 관산성을 공격하였다. 각간 우덕과 이찬 탐지 등이 맞서 싸웠으나 전세가 불리하였다. 신주의 김무력이 주의 군사를 이끌고 나가서 교전하였는데, 비장인 삼년산군의 고간 도도가 급히 쳐서 왕을 죽였다.

① 도읍을 금강 유역의 웅진으로 옮겼다.
② 단양이와 고안무를 일본에 파견하였다.
③ 국호를 남부여로 고치고 중흥을 꾀하였다.
④ 북위에 사신을 보내 군사 지원을 요청하였다.

03 (가) 인물에 대한 설명으로 옳은 것은?

> (가) 은/는 왕에게 다음과 같은 봉사를 올렸다. "적신 이의민은 잔인한 성품으로 윗사람을 함부로 대하고 아랫사람을 업신여겼으며 …… 이에 신들이 폐하의 신령스런 위엄을 빌어 적신들을 단번에 쓸어 없애버렸습니다. 폐하께서는 낡은 제도를 혁파하고 중흥의 길을 환히 여시길 바랍니다." 이에 삼가 열 가지 사항을 조목별로 아뢰나이다.

① 척준경과 함께 난을 일으켰다.
② 사병 집단인 도방을 처음 조직하였다.
③ 교정도감을 설치하고 국정을 총괄하였다.
④ 강화 천도의 공으로 진양후로 책봉되었다.

04 밑줄 친 '이 법'에 대한 설명으로 옳은 것을 모두 고른 것은?

> 이 법은 역을 고르게 하여 백성을 편안케 하기 위한 것이니, 시대를 구할 수 있는 좋은 계책입니다. 비록 여러 도에 널리 행하지는 못하더라도 경기도와 강원도에 이미 시행하여 힘을 얻었으니, 호남과 호서 지방에서 시행한다면 백성을 편안케 하고 나라에 도움이 되는 방도로 이것보다 더 큰 것이 없습니다.

> ㄱ 전국적으로 실시되는 데 100여 년의 시간이 걸렸다.
> ㄴ 이 법을 시행하면서 관할 관청으로 선혜청을 설치하였다.
> ㄷ 현물 징수가 완전히 없어지는 계기가 되었다.
> ㄹ 풍흉에 관계없이 1결당 4~6두를 거두었다.

① ㄱ, ㄴ   ② ㄱ, ㄷ
③ ㄴ, ㄹ   ④ ㄷ, ㄹ

05 (가), (나)에 대한 설명으로 옳은 것은?

> (가) 우리 해동(海東) 삼국도 역사가 길고 오래 되어 마땅히 그 사실이 책으로 기록되어야 하므로 폐하께서 이 늙은 신하에게 명하시어 편집하도록 하신 것인데, 스스로 돌아보건대 부족함이 많아 어찌할 바를 모르겠습니다.
>
> (나) 부여씨가 망하고 고씨가 망함에 이르러 김씨가 그 남쪽을 차지하고, 대씨(大氏)가 그 북쪽을 차지하고 발해라 했으니, 이를 남북국이라 한다. …… 군고·신고·지리고· 직관고·의장고·물산고·국어고·국서고· 속국고 등 아홉 가지를 만들었다.

① (가) – 단군의 건국 이야기가 수록되어 있다.

② (나) – 한치윤이 중국 및 일본의 자료를 참고하여 저술하였다.

③ (가) – 우리나라에 현존하는 가장 오래된 역사서이다.

④ (나) – 고조선부터 고려에 이르는 역사를 체계적으로 정리하였다.

06 다음 자료의 모습이 나타난 시기에 일제가 시행한 정책으로 옳은 것은?

> "야, 너 일본 가야겠다." 면장의 한 마디에 열 아홉 살의 나는 일본인 모집원을 따라 논산 군청으로 갔다. 거기에 있던 55명과 함께 부산항에서 시모노세키까지 가는 배를 탔다. 도착한 곳은 규슈 지방 후쿠오카현의 가미야마다 탄광, 일본 최대 재벌인 미쓰비시가 운영하는 작업장이었다. …… 탄광에서 필사적으로 빠져 나와 한 타이어 회사 공장에 들어가게 되었지만 이후 징병 대상자로 지목되어 목총을 들고 군사 훈련을 받았다.

① 호남선 철도를 개통하였다.

② 경성 제국 대학을 설립하였다.

③ 경찰범 처벌 규칙을 발표하였다.

④ 매일 아침마다 궁성요배를 강요하였다.

07 (가) 시기에 있었던 사실로 옳지 않은 것은?

	(가)	
대한민국 정부 수립		4·19 혁명

① 애치슨 선언이 발표되었다.

② 조봉암이 진보당을 창당하였다.

③ 제주에서 4·3 사건이 발생하였다.

④ 반민족 행위 특별 조사 위원회가 설치되었다.

08 (가)에 들어갈 기구로 옳은 것은?

> ○ 『경국대전』에 따르면 [(가)]에는 도승지·좌승지·우승지·좌부승지·우부승지·동부승지 각 1인씩 모두 6인의 승지가 있었다.
>
> ○ [(가)]은/는 후원(喉院)·은대(銀臺)·대언사(代言司)라고도 불리었으며 왕명의 출납을 맡아보았다.

① 의금부   ② 승정원

③ 교서관   ④ 춘추관

09 밑줄 친 '그'가 추진한 정책으로 옳지 않은 것은?

> 군역에 뽑힌 장정에게 군포를 거두었는데, 폐단이 많아서 백성들이 뼈를 깎는 원한을 가졌다. 그런데 사족들은 한평생 한가하게 놀며 신역(身役)이 없었다. …… 그러나 세속의 관행에 끌려 결국 이행되지 못하였으나 갑자년 초에 그가 강력히 나서서 귀천을 막론하고 장정 한 사람마다 세납전 2꾸러미를 바치게 하니, 이를 동포전이라고 하였다.

① 통상 수교 거부 정책을 추진하였다.

② 만동묘와 폐단이 큰 서원을 철폐하였다.

③ 임진왜란 때 소실된 경복궁을 중건하였다.

④ 『대전통편』을 편찬하여 통치 체제를 정비하였다.

10 고려 시대 문화유산에 대한 설명으로 옳지 않은 것은?

① 영주 부석사 무량수전은 다포 양식으로 지어졌다.

② 경천사지 10층 석탑은 원 간섭기에 대리석으로 제작되었다.

③ 여주 고달사지 승탑은 통일 신라의 팔각원당형 양식을 계승하였다.

④ 논산 관촉사 석조 미륵보살 입상은 지역 특색을 반영한 대형 불상이다.

11 다음 전투 이후에 일어난 사실로 옳은 것은?

> 이근행이 군사 20만 명의 대군을 이끌고 매소성에 머물렀다. 우리 군사가 공격하여 달아나게 하고 전마 30,380필을 얻었는데, 남겨놓은 병장기도 그 정도 되었다.

① 당나라가 웅진 도독부를 설치하였다.

② 신라가 기벌포 전투에서 승리하였다.

③ 고구려 대신 연정토가 신라에 항복하였다.

④ 부여융과 문무왕이 취리산에서 회맹을 맺었다.

12 (가) 지역에서 있었던 사실로 옳은 것은?

> 답사 계획서
> ■ 주제: [(가)]의 유적과 유물을 찾아서
> ■ 기간: ○○○○년 ○○월 ○○일~○○일
> ■ 일정 및 답사 코스
>   - 1일차: 만월대 → 왕건릉 → 공민왕릉
>   - 2일차: 명릉 → 숭양 서원 → 선죽교

① 조선 형평사 창립 대회가 개최되었다.

② 조선 후기에 만상이 근거지로 삼아 활동하였다.

③ 최광수가 고구려 부흥을 표방하며 난을 일으켰다.

④ 남북 경제 협력 사업의 일환으로 공단이 건설되었다.

13 (가) 단체에 대한 설명으로 옳지 않은 것은?

> 내가 맡게 된 임무는 자금 조달이었으며, 상해 출발에서부터 국내 잠입, 상해 귀환의 모든 경로 및 절차는 [(가)]의 지시에 따르도록 되어 있었다. …… 나는 3월 초순에 상해를 출발했다. 국내 잠입 경로는 연통제를 따랐다.

① 국외 거주 동포에게 독립 공채를 발행하였다.

② 구미 위원부를 설치하여 외교 활동을 전개하였다.

③ 사료 편찬소를 두고 『한·일 관계 사료집』을 간행하였다.

④ 독립군을 양성하기 위해 신흥 무관 학교를 설립하였다.

14 (가) 부대에 대한 설명으로 옳은 것은?

> 부친 민효후가 동계 병마판관이 되어 적에 맞서 싸우다 사망하자, 민영은 이를 한스럽게 여겨 복수를 하고자 하였다. 때마침 왕이 오랑캐를 정벌하려 하자 민영은 자청하여 [(가)]의 신기군에 편성되었다.

① 고려 정종 때 설치되었다.

② 귀주 대첩에서 큰 활약을 하였다.

③ 여진족에 대처하기 위해 조직되었다.

④ 진도와 제주도로 근거지로 옮겨 활동하였다.

15 밑줄 친 '왕'에 대한 설명으로 옳은 것은?

> 왕이 『자휼전칙』을 중외에 반포하고 윤음을 내려, "흉년이 들어 굶주리는 해가 되면 가장 불쌍하고 가엾은 사람은 어린 아이들이다. …… 형제와 자매가 없는 자에 베푸는 법에 있어서는 모름지기 세세하고 미미한 데까지 미치도록 거행하여 혜택이 있게 되도록 해야 한다."라고 하였다.

① 금위영을 설치하였다.

② 기유약조를 체결하였다.

③ 『동문휘고』를 편찬하였다.

④ 성균관 입구에 탕평비를 건립하였다.

16 밑줄 친 '이 나라'에 대한 설명으로 옳은 것은?

> 이 나라는 영주에서 동쪽으로 2천 리 밖에 위치하며 …… 동쪽은 멀리 바다에 닿았고, 서쪽으로는 거란이 있었다. …… 귀하게 여기는 것에는 태백산의 토끼, 남해부의 곤포(다시마), 책성부의 된장, 솔빈부의 말, 위성의 철, 미타호의 붕어 등이 있다.

① 개국, 태창이라는 연호를 사용하였다.
② 중정대를 두어 관리들의 비리를 감찰하였다.
③ 제가 회의에서 국가의 중대사를 결정하였다.
④ 왕족인 부여씨와 8성의 귀족이 지배층을 이루었다.

17 다음 기구에서 추진한 개혁 내용으로 옳은 것을 모두 고른 것은?

> 1894년에 설치된 정책 결정 기구로 총재 1명, 부총재 1명, 그리고 16명에서 20명 사이의 회의원으로 구성되었다. 이밖에 2명 정도의 서기관이 있어서 활동을 도왔고, 또 회의원 중 3명이 기초 위원으로 선정되어 의안의 작성을 책임졌다.

> ㉠ 종래의 6조를 8아문으로 개편하였다.
> ㉡ 양전 사업을 실시하여 지계를 발급하였다.
> ㉢ 중앙에 친위대, 지방에 진위대를 설치하였다.
> ㉣ 궁내부를 신설하여 왕실 사무와 국정 사무를 분리하였다.

① ㉠, ㉢
② ㉠, ㉣
③ ㉡, ㉢
④ ㉡, ㉣

18 밑줄 친 '이곳'에서 있었던 사실로 옳은 것은?

> 이곳은 두만강을 사이에 두고 국내와 가까워서 19세기부터 많은 한국인들이 이주하여 살았다. 이후 한인 집단 거주지인 신한촌이 만들어졌고, 자치 단체인 권업회가 조직되어 한인들의 권익 신장에 힘썼다.

① 동제사가 조직되었다.
② 숭무 학교가 설립되었다.
③ 대조선 국민 군단이 창설되었다.
④ 대한 광복군 정부가 수립되었다.

19 (가) 단체에 대한 설명으로 옳은 것은?

> [가]은/는 독립문을 건립하고 모화관을 독립관으로 개조하여 애국심을 고취시켰다. …… [가]은/는 열강의 이권 침탈을 비판하면서 재정, 군사, 인사권을 자주적으로 행사하여 자주 독립을 지켜야 한다는 '구국 운동 상소문'을 올리기도 하였다.

① 자기 회사와 태극 회사 등을 설립하였다.
② 회보를 발간하고 만민 공동회 등을 개최하였다.
③ 고종의 강제 퇴위 반대 운동을 전개하다가 해산되었다.
④ 보부상 중심의 단체로 부국강병을 행동지침으로 삼았다.

20 밑줄 친 '이 제도'를 실시한 정부 시기의 사실로 옳은 것은?

> 이 시간 이후 모든 금융 거래는 실명으로만 이루어집니다. 이 제도가 실시되지 않고는 이 땅의 부정부패를 원천적으로 봉쇄할 수가 없습니다. 정치와 경제의 검은 유착을 근원적으로 단절할 수가 없습니다.

① 서울 올림픽이 개최되었다.
② 광주 대단지 사건이 일어났다.
③ 상록수 부대가 동티모르에 파견되었다.
④ 경제 협력 개발 기구(OECD)에 가입하였다.

정답·해설 _약점 보완 해설집 p.74

01 다음 자료에 나타난 시기의 가족 제도에 대한 설명으로 옳은 것은?

> 돌아가신 장인 대부경 진공의 영전에 제사를 올립니다. …… 지금은 부인과 결혼하면 남자가 여자의 집으로 가 모든 것을 부인의 집에 의지합니다. 아! 장인이시여, 저를 돈독하게 대우하시고 필요한 것을 마련해 주셨는데 저를 두고 돌아가시니 앞으로 누구에게 의지하겠습니까.

① 재산 상속에서 큰아들이 우대받았다.
② 아들이 없는 경우 양자를 들이는 것이 일반적이었다.
③ 재가한 여성의 자식은 과거 응시에 큰 제한을 받았다.
④ 태어난 차례대로 족보에 기재하여 남녀 차별을 하지 않았다.

02 다음 원칙이 발표된 이후에 있었던 사실로 옳은 것을 모두 고른 것은?

> ○ 토지 개혁에 있어서 몰수, 유조건 몰수, 체감매상 등으로 토지를 농민에게 무상으로 나누어 주며, …… 민주주의 건국 과업 완수에 매진할 것
> ○ 입법 기구에 있어서는 일체 그 권능과 구성 방법 운영에 관한 대안을 본 합작 위원회에서 작성하여 적극적으로 실행을 기도할 것

> ㉠ 국민 방위군 사건이 일어났다.
> ㉡ 남조선 국방 경비대가 창설되었다.
> ㉢ 여수·순천 10·19 사건이 발생하였다.
> ㉣ 조선 인민 공화국 수립이 선포되었다.

① ㉠, ㉢
② ㉠, ㉣
③ ㉡, ㉢
④ ㉡, ㉣

03 밑줄 친 '이 단체'에 대한 설명으로 옳은 것은?

> 피고 박상진, 김한종 등은 구한국의 국권 회복을 명분으로 이 단체를 조직하여 국권 회복을 위한 자금 조달을 위해 조선 각 도의 자산가에게 공갈로 돈을 받아내기도 하고 …… 경상북도 칠곡군의 부호인 장승원의 집에 침입하여 자금을 탈취하고 살해하도록 한 죄가 인정되므로 사형을 판결한다.

① 중·일 전쟁 발발 이후에 결성되었다.
② 공화 정체의 국가 건설을 지향하였다.
③ 고종의 비밀 지령을 받아 조직되었다.
④ 국내와의 연락을 위해 교통국을 설치하였다.

04 (가), (나) 국가에 대한 설명으로 옳은 것은?

> (가) 구릉과 넓은 못이 많아 동이 지역 중에서 가장 넓고 평탄한 곳이다. 사람들 체격이 매우 크고, 성품이 강직하고 용맹하며, 근엄하고 후덕하여 다른 나라를 노략질하지 않았다.
> (나) 해마다 10월이면 하늘에 제사를 지내는데, 밤낮으로 술을 마시고 노래 부르며 춤을 추니 이를 무천이라 한다.

① (가) - 정치적 지배자로 신지, 읍차 등이 있었다.
② (나) - 민며느리제라는 혼인 풍습이 있었다.
③ (가) - 집집마다 부경이라는 창고를 두었다.
④ (나) - 단궁, 과하마, 반어피 등의 특산물이 생산되었다.

05 밑줄 친 '그'에 대한 설명으로 옳은 것은?

> 그는 영휘 초년에 본국으로 돌아가는 당나라 사신의 배가 있어서 그 배를 타고 중국으로 갔다. 얼마 후에 종남사 지상사에 가서 지엄을 뵈었다. …… 그는 부석사를 창건하고 대승(大乘)의 교법을 펼쳤는데 영험이 많이 나타났다.

① 무애가를 지어 불교 대중화에 노력하였다.
② 유식학을 기반으로 서명학파를 개창하였다.
③ 『화엄일승법계도』를 지어 화엄 사상을 정립하였다.
④ 인도와 중앙아시아를 여행하고 『왕오천축국전』을 저술하였다.

06 밑줄 친 '왕' 재위 기간의 사실로 옳은 것은?

> 왕이 승려 혜거를 국사로 삼고, 탄문을 왕사로 삼았다. …… 참소를 믿고 사람을 많이 죽인 후 양심의 가책을 받고는 죄를 씻어보려고 불교 행사를 크게 열었다.

① 노비환천법을 실시하였다.
② 기인 제도를 처음 실시하였다.
③ 현화사 7층 석탑을 건립하였다.
④ 광덕, 준풍 등의 연호를 사용하였다.

07 (가) 사건에 대한 설명으로 옳은 것은?

> 김종직은 당시 유학자들의 으뜸으로 추앙받았는데, 후학 중에 김굉필과 정여창 같은 이는 도학으로 명성이 있었고, 김일손 등은 문장으로 이름을 알렸다. 연산군 때 [(가)]이/가 일어날 당시 이미 그는 세상을 떠났지만 화가 미치어 부관참시를 당하였다.

① 윤임 일파가 제거되는 결과를 가져왔다.
② 도학 정치를 주장하던 조광조 등이 제거되었다.
③ 폐비 윤씨 사사 사건과 관련된 사림들이 피해를 입었다.
④ 세조의 왕위 찬탈을 비판한 「조의제문」이 발단이 되어 일어났다.

08 (가) 기구에 대한 설명으로 옳지 않은 것은?

> 의정부와 별도로 [(가)]을/를 설치하여 재신들 중 군무를 아는 자로 당상을 삼아 …… 변방의 일에 대응하도록 하였다. …… 조정의 명령이 부득불 모두 [(가)](으)로 돌아가지 않을 수 없게 되어 의정부의 찬성, 참찬은 신병 치료나 하는 자리가 되고 말았다.

① 을묘왜변을 계기로 상설 기구화되었다.
② 흥선 대원군에 의해 기능이 강화되었다.
③ 비국(備局)·묘당(廟堂)·주사(籌司)라고도 불렸다.
④ 세도 정치 시기에 외척 세력의 권력 기반이 되었다.

09 밑줄 친 '이 신문'에 해당하는 것은?

> 아관 파천 이후 서재필 등은 정부의 지원을 받아 이 신문을 창간하였다. 이 신문은 우리나라 최초의 순 한글 신문으로 민권 의식 향상에 힘썼으며, 영문판으로도 간행되어 국내의 사정을 외국인에게 전하였다.

① 독립신문　　　② 제국신문
③ 한성순보　　　④ 황성신문

10 다음 글을 작성한 인물에 대한 설명으로 옳은 것은?

> 묘청의 천도 운동에 대하여 역사가들이 단지 왕의 군대가 반란의 무리를 친 것으로 알았을 뿐이었으나 이는 근시안적 관찰이다. 그 실상은 낭가와 불교 양가 대 유교의 싸움이며, 국풍파 대 한학파의 싸움이며 …… 김부식이 패하고 묘청 등이 이겼더라면 조선사가 독립적·진취적으로 진전하였을 것이니 이것이 어찌 '일천년래 제일대사건'이라 하지 않겠는가.

① 『조선민족사개론』을 저술하였다.
② 민족 정신으로 '조선심'을 강조하였다.
③ 대한민국 임시 정부의 제2대 대통령을 역임하였다.
④ 역사를 '아(我)와 비아(非我)의 투쟁'으로 인식하였다.

11 삼국의 문화재에 대한 설명으로 옳지 않은 것은?

① 칠지도는 당시 백제와 왜의 교류를 보여주는 칼이다.

② 백제 금동 대향로는 불교와 도교 사상을 반영하고 있다.

③ 분황사 모전 석탑은 돌을 벽돌 모양으로 쌓은 신라의 탑이다.

④ 광개토 대왕릉비는 우리나라에 남아 있는 유일한 고구려 비석이다.

12 다음 자료에 나타난 운동에 대한 설명으로 옳은 것은?

> 대황제 폐하께서 진 외채가 1,300만 원이지만 채무를 청산할 방법이 없어 밤낮으로 걱정하시니, 백성된 자로서 있는 힘을 다하여 보상하려고 해도 겨를이 없습니다. 우리 동포는 의연금을 내어 채무를 상환하여 머리는 대한의 하늘을 이고, 발은 대한의 땅을 밟도록 해주시기를 눈물을 머금고 간절히 요구합니다.

① 조선 총독부의 탄압과 방해로 실패하였다.

② 대구에서 시작되어 전국적으로 확산되었다.

③ 윌슨이 제창한 민족 자결주의의 영향을 받았다.

④ 자작회, 토산 애용 부인회 등의 단체가 참여하였다.

13 밑줄 친 '왕'에 대한 설명으로 옳은 것은?

> 이때에 이르러 왕 또한 불교를 일으키려고 하였으나, 여러 신하들이 믿지 않고 이런저런 불평을 많이 하였으므로 왕이 근심하였다. …… 이차돈이 왕에게 아뢰기를, "바라건대 하찮은 신의 목을 베어 여러 사람들의 논의를 진정시키십시오."라고 하였다.

① 국호를 '신라'로 확정하였다.

② 사방에 우역을 처음으로 설치하였다.

③ 금관가야를 병합하여 영토를 확장하였다.

④ 화랑도를 국가적인 조직으로 개편하였다.

14 (가), (나)에 대한 설명으로 옳지 않은 것은?

> 김효원이 이조 전랑의 물망에 올랐으나, 그가 윤원형의 문객이었다 하여 심의겸이 반대하였다. 그 후에 심의겸의 동생인 심충겸이 이조 전랑으로 천거되었으나, 외척이라 하여 김효원이 반대하였다. 이로 인해 양쪽으로 편이 갈라져 서로 배척하였는데, 심의겸의 세력을 (가), 김효원의 세력을 (나) (으)로 부르기 시작하였다.

① (가) - 이이와 성혼의 문인을 중심으로 형성되었다.

② (나) - 경신환국을 통해 정국을 주도하였다.

③ (가) - 예송 논쟁에서 왕실도 사대부와 같은 예법을 따라야 한다고 주장하였다.

④ (나) - 정철의 처벌 문제를 둘러싸고 북인과 남인으로 나뉘었다.

15 다음 자료에 나타난 민주화 운동에 대한 설명으로 옳은 것은?

> 지금 젊은 대학생들과 시민들이 피를 흘리면서 싸우고 있습니다. 대학생들의 평화적 시위를 질서 유지, 진압이라는 명목 아래 저 잔인한 공수 부대를 투입하여 시민과 학생을 무차별 살육하였고 더군다나 발포 명령까지 내렸던 것입니다. …… 그러나 일부 언론은 순수한 광주 시민의 의거를 불순배의 선동이니, 폭도의 소행이니 하며 몰아부치고만 있습니다.

① 대통령이 하야하는 계기가 되었다.

② 굴욕적인 한·일 국교 정상화에 반대하였다.

③ 관련 기록물이 유네스코 세계 기록유산으로 등재되었다.

④ 4·13 호헌 조치에 반발하여 호헌 철폐 등의 구호를 내세웠다.

16 조선 후기 역사서에 대한 설명으로 옳은 것을 모두 고른 것은?

> ⊙ 안정복의 『동사강목』은 기사본말체로 역사를 서술하였다.
> ⓛ 이종휘의 『동사』는 고구려의 역사와 문화를 다루었다.
> ⓒ 안정복의 『열조통기』는 조선 시대의 역사를 편년체로 서술하였다.
> ⓡ 임상덕의 『동사회강』은 기자 조선과 마한을 정통으로 인정하였다.

① ⊙, ⓒ   ② ⊙, ⓡ
③ ⓛ, ⓒ   ④ ⓛ, ⓡ

17 (가) 시기에 있었던 사실로 옳지 않은 것은?

	(가)	
만주 사변 발생		태평양 전쟁 발발

① 제3차 조선 교육령이 공포되었다.
② 조선 사상범 보호 관찰령이 제정되었다.
③ 국민 정신 총동원 조선 연맹이 조직되었다.
④ 농공은행을 통합한 조선식산은행이 설립되었다.

18 밑줄 친 '의병'에 대한 설명으로 옳은 것은?

> 우리 국모의 원수를 생각하며 이미 이를 갈았는데, 참혹한 일이 더하여 우리 부모에게서 받은 머리털을 풀 베듯이 베어 버리니 이 무슨 변고란 말인가 …… 이에 감히 의병을 일으켜 마침내 이 뜻을 세상에 포고하노니, 위로는 공경에서 아래로는 서민까지 어느 누가 애통하고 절박하지 않으리.

① 해산된 군인의 합류로 전투력이 향상되었다.
② 민종식이 이끄는 부대가 홍주성을 점령하였다.
③ 고종의 해산 권고 조칙으로 대부분 해산하였다.
④ 국제법상 교전 단체로 승인해 줄 것을 요구하였다.

19 밑줄 친 '왕' 재위 시기에 있었던 사실로 옳은 것은?

> 왕이 내불당을 지었는데, 집현전 학사들이 간해도 듣지 않았기 때문에, 학사들이 모두 물러나와 집으로 돌아가서 집현전이 텅비었다. 왕이 황희를 불러 이르기를, "집현전의 여러 선비들이 나를 버리고 가버렸으니, 장차 어떻게 해야 하는가." 하니, 황희가 대답하기를, "신이 가서 달래겠습니다." 하였다.

① 신문고를 처음으로 설치하였다.
② 역법서인 『칠정산』을 편찬하였다.
③ 성균관 안에 존경각을 설치하였다.
④ 도평의사사를 개편하여 의정부를 설치하였다.

20 (가) 인물에 대한 설명으로 옳은 것은?

> [가] 은/는 일찍이 『국사』가 갖춰지지 못한 것을 근심하여 백문보, 이달충과 함께 기년(紀年)과 전(傳), 지(志)를 편찬하기로 하였다. …… [가] 이/가 태조 때부터 숙종까지, 백문보와 이달충이 예종 이후를 맡기로 하였다.

① 성리학을 고려에 처음 소개하였다.
② 「하여가」에 답하는 「단심가」를 지었다.
③ 만권당에서 원의 학자들과 교류하였다.
④ 낭원대사 오진탑비의 비문을 작성하였다.

정답·해설 _약점 보완 해설집 p.78

01 (가)의 내용으로 옳은 것은?

> 1894년 12월에 고종은 종묘에 나가 독립 서고문을 바치고 국정 개혁의 기본 강령인 [(가)]을/를 반포하였다. 이를 통해 청에 의존하는 관계를 끊고 국내외에 자주 독립을 선포하였다.

① 의정부와 6조 외에 불필요한 관청을 없앤다.
② 왕실 사무와 국정 사무를 나누어 혼동하지 않는다.
③ 7종 천인의 대우를 개선하고 백정이 쓰는 평량갓은 없앤다.
④ 국가 재정은 탁지부에서 전담하고 예산과 결산은 인민에게 공포한다.

02 다음 글을 작성한 인물에 대한 설명으로 옳은 것은?

> 허생은 만 금을 얻어 생각하기를 "저 안성은 경기도와 충청도의 접경 지역이요, 삼남의 어귀이다." 하고는 대추, 밤, 감, 배 등의 과실을 두 배 값으로 사서 저장하였다. 허생이 과실을 몽땅 사들이자 온 나라가 잔치나 제사를 치르지 못하게 되었다. 그런지 얼마 아니 되어서 두 배 값을 받은 장사꾼들이 도리어 열 배의 값을 치렀다.

① 생산과 소비의 관계를 우물에 비유하였다.
② 『기기도설』을 참고하여 거중기를 제작하였다.
③ 청나라를 다녀온 후에 『열하일기』를 저술하였다.
④ 화폐 제도의 문제점을 지적하며 폐전론을 주장하였다.

03 밑줄 친 '이 조약'에 대한 설명으로 옳은 것을 모두 고른 것은?

> 오늘날 한국의 비참한 운명은 이토가 와서 체결을 강요한 이 조약 때문이다. 이에 반대하여 최익현은 의병을 일으켜 싸우다가 잡혔다. …… 전 황제께서도 밀사를 헤이그에 파견하시어 이 조약이 일본의 폭력에 의해 체결된 것으로 옥새를 직접 찍지 않았다는 점을 알리고자 하셨다.

> ⊙ 대한 제국 군대의 해산을 규정하였다.
> ⓒ 덕수궁 중명전에서 체결되었다.
> ⓒ 통감부가 설치되는 결과를 가져왔다.
> ⓔ 스티븐스가 고문으로 임명되는 계기가 되었다.

① ⊙, ⓒ
② ⊙, ⓔ
③ ⓒ, ⓒ
④ ⓒ, ⓔ

04 (가) 시기에 있었던 사실로 옳지 않은 것은?

> 태조가 포정전에서 즉위하여 국호를 고려라 하였다.
> ↓
> (가)
> ↓
> 견훤이 고창군의 병산 아래에 가서 태조와 싸웠으나 이기지 못하였다.

① 발해가 거란의 침략을 받아 멸망하였다.
② 고려가 공산 전투에서 후백제군에 패배하였다.
③ 후백제군이 경주를 침공하여 경애왕을 죽였다.
④ 고려가 일리천 전투에서 후백제군에 승리하였다.

05 다음 문서에 대한 설명으로 옳은 것은?

> 제9조 남과 북은 상대방에 대하여 무력을 사용하지 않으며, 상대방을 무력으로 침략하지 아니한다.
> 제15조 남과 북은 …… 자원의 공동 개발, 민족 내부 교류로서의 물자 교류, 합작 투자 등 경제 교류와 협력을 실시한다.

① 남과 북에서 정치 권력의 강화에 이용되었다.
② 남과 북은 쌍방의 관계가 잠정적 특수 관계임을 인정하였다.
③ 분단 이후 최초로 열린 남북 정상 회담의 결과로 발표되었다.
④ 서해 평화 협력 특별 지대를 설치하기로 합의한 내용이 담겨있다.

06 유네스코에 등재된 우리나라의 세계 문화유산에 대한 설명으로 옳지 않은 것은?

① 해인사 장경판전 – 팔만대장경을 보관하기 위해 지어진 건물이다.
② 석굴암 – 경주에 위치한 인공 석굴 사원으로 김대성이 창건하였다.
③ 능산리 고분군 – 고구려의 영향을 받은 계단식 돌무지무덤이 있다.
④ 도산 서원 – 이황의 학문과 덕행을 기리고 추모하기 위해 지어진 서원이다.

07 고대 문화의 일본 전파에 대한 설명으로 옳은 것을 모두 고른 것은?

> ㉠ 백제의 혜관은 일본 삼론종의 시조가 되었다.
> ㉡ 고구려의 승려 혜자는 쇼토쿠 태자의 스승이 되었다.
> ㉢ 가야의 토기 제작 기술은 일본 스에키 토기에 영향을 주었다.
> ㉣ 신라의 담징은 종이와 먹의 제조 방법을 전하였다.

① ㉠, ㉡   ② ㉠, ㉣
③ ㉡, ㉢   ④ ㉢, ㉣

08 밑줄 친 '이 나라'에 대한 설명으로 옳은 것은?

> 이 나라에는 백성에게 금하는 법 8조가 있었다. 사람을 죽인 자는 바로 죽인다. 남에게 상처를 입힌 자는 곡물로 갚는다. 도둑질을 한 자는 노비로 삼는다. 용서 받고자 하는 자는 한 사람마다 50만 전을 내야 한다. 비록 용서를 받아 보통 백성이 되어도 사람들은 이를 수치스럽게 여겨 결혼을 하고자 해도 짝을 구할 수 없었다.

① 목지국의 지배자가 왕으로 추대되었다.
② 한 무제가 보낸 군대의 침공으로 멸망하였다.
③ 형이 죽으면 형수를 아내로 삼는 풍습이 있었다.
④ 사람이 죽으면 옛 집을 버리고 새 집을 지어 살았다.

09 밑줄 친 '왕' 재위 기간의 사실로 옳은 것은?

> 왕이 장수 장문휴를 보내 등주를 공격하자, 당이 문예를 보내 토벌하게 하였다. 이어 김사란을 신라로 보내 병사를 일으켜 발해 남쪽 국경을 공격하게 하였다.

① 당으로부터 발해 국왕에 책봉되었다.
② '인안'이라는 독자적인 연호를 사용하였다.
③ 5경 15부 62주의 지방 제도를 완비하였다.
④ 수도를 동경 용원부에서 상경 용천부로 옮겼다.

10 밑줄 친 '왕'의 재위 시기의 사실로 옳은 것은?

> 왕이 지정(至正) 연호의 사용을 중지하고 교서를 내려 말하기를, "기철 등이 군주의 위세를 빙자하여 나라의 법도를 뒤흔들었다. …… 이제 다행스럽게도 조종의 영령에 기대어 기철 등을 처단할 수 있었다."라고 하였다.

① 일본 원정에 여·몽 연합군이 파견되었다.
② 개혁 추진 기구로 정치도감을 설치하였다.
③ 청주 흥덕사에서 『직지심체요절』을 간행하였다.
④ 쌍성총관부를 공격하여 철령 이북의 영토를 회복하였다.

11 (가) 인물에 대한 설명으로 옳은 것은?

> [(가)]와/과 남은이 임금을 뵈옵고 요동을 공격하기를 요청하였고, 그리하여 급하게 『진도(陣圖)』를 익히게 하였다. 이보다 먼저 좌정승 조준이 휴가를 받아 집에 있을 때, [(가)]와/과 남은이 조준을 방문하여, "요동을 공격하는 일은 지금 이미 결정되었으니 공(公)은 다시 말하지 마십시오."라고 말하였다.

① 여진을 정벌하고 6진을 개척하였다.
② 안향을 배향하는 백운동 서원을 건립하였다.
③ 일본에 다녀와서 『해동제국기』를 저술하였다.
④ 『경제문감』에서 재상 중심의 정치를 주장하였다.

12 (가) 부대에 대한 설명으로 옳은 것은?

> 대전자령은 일본군이 서남부의 왕청현 쪽으로 가려면 반드시 지나가야 하는 지점이었다. 대전자령의 양쪽은 절벽과 울창한 산림 지대로 되어 있어 적을 공격하기에 알맞은 곳이었다. 이 전투에 [(가)]의 500여 명과 중국 의용군인 길림구국군 2,000여 명이 참여하였고, 이들은 산기슭의 참호 속에 매복하여 일본군 습격 준비를 마쳤다.

① 흥경성 전투에서 일본군을 크게 물리쳤다.
② 북만주 일대에서 지청천을 중심으로 활동하였다.
③ 연합군의 일원으로 인도와 미얀마 전선에 참전하였다.
④ 조선 민족 전선 연맹이 중국 국민당의 지원을 받아 창설되었다.

13 다음 화폐가 사용된 시기의 경제 상황으로 옳지 않은 것은?

> 왕이 명령하기를 "백성을 부유하게 하고 나라에 이익을 가져오게 하는 데 돈보다 중요한 것이 없다. 돈을 주조하는 법을 제정하니, 이에 따라 주조한 돈 15,000관을 여러 관리와 군인들에게 나누어 주어 이를 통용의 시초로 삼고 돈의 명칭은 해동통보라고 할 것이다."라고 하였다.

① 생산량의 10분의 1을 조세로 거두었다.
② 벽란도가 국제 무역항으로 번성하였다.
③ 담배, 면화 등의 작물을 널리 재배하였다.
④ 소(所)에서 국가가 필요로 하는 물품을 생산하였다.

14 다음 자료에 해당하는 지도로 옳은 것은?

> 현재 남아 있는 동양 최고(最古)의 세계 지도로 태종 때 김사형, 이무, 이회가 제작하였다. 중국이 세계의 중심이라는 중화 사상이 반영되었고, 중국과 조선을 실제보다 크게 그렸다.

① 대동여지도
② 조선방역지도
③ 곤여만국전도
④ 혼일강리역대국도지도

15 다음 조항이 포함된 조약에 대한 설명으로 옳은 것은?

> 제1관 조선국은 자주국이며 일본국과 평등한 권리를 가진다.
> 제7관 조선의 연해 도서는 지극히 위험하므로 일본의 항해자가 자유로이 해안을 측량하도록 허가한다.

① 『조선책략』의 영향으로 체결되었다.
② 일본 공사관의 경비병 주둔을 허용하였다.
③ 천주교 포교의 자유를 인정하는 계기가 되었다.
④ 부산 외 2곳에 개항장이 설치되는 결과를 가져왔다.

16 (가) 교육 기관에 대한 설명으로 옳은 것은?

> "[(가)]을/를 역을 피하는 곳으로 삼거니와, 어쩌다 글을 아는 자가 있어도 도리어 [(가)]에 이름을 두는 것을 부끄럽게 여겨 온갖 방법으로 교묘히 피하므로, 훈도·교수가 되는 자가 초동·목수의 나머지를 몰아다가 그 부족한 수를 채워 살아갈 길을 도모하고 있습니다."

① 지방의 군현에 설립된 유일한 관학이다.
② 양인뿐만 아니라 천민도 입학이 가능하였다.
③ 국가의 사액을 받으면 면세 특권이 주어졌다.
④ 성적 우수자는 문과의 초시를 면제해주었다.

17 밑줄 친 '이 왕'에 대한 설명으로 옳은 것은?

> 백제의 왕이 도림의 말을 듣고 나라 사람을 징발하여 성을 쌓고 그 안에 궁실, 누각 등을 지으니 모두가 웅장하고 화려하였다. 이로 말미암아 창고가 비고 백성이 곤궁하니, 나라의 위태로움이 알을 쌓아 놓은 것보다 더 심하게 되었다. 도림이 도망쳐서 그 실정을 고하니 이 왕이 기뻐하여 백제를 치려고 장수에게 군사를 나누어 주었다.

① 평양으로 도읍을 옮겼다.
② 낙랑군과 대방군을 축출하였다.
③ 이문진에게 『신집』을 편찬하게 하였다.
④ 율령을 반포하여 국가 체제를 정비하였다.

18 조선 시대의 과거 제도에 대한 설명으로 옳은 것을 모두 고른 것은?

> ㉠ 잡과는 해당 관청의 필요에 따라 수시로 시행되었다.
> ㉡ 정기 시험인 식년시는 3년마다 실시하는 것이 원칙이었다.
> ㉢ 법적으로 양반에게만 응시할 수 있는 자격이 주어졌다.
> ㉣ 무과는 조선 후기에 합격자가 양산되어 '만과(萬科)'로 지칭되기도 하였다.

① ㉠, ㉡
② ㉠, ㉢
③ ㉡, ㉣
④ ㉢, ㉣

19 다음 선언문을 지침으로 삼은 단체에 대한 설명으로 옳은 것은?

> 강도 일본이 우리의 국호를 없애며 우리의 정권을 빼앗으며, 우리 생존의 필요 조건을 다 박탈했다. …… 우리는 '외교', '준비' 등의 미몽을 버리고 민중 직접 혁명의 수단을 취함을 선언하노라. 강도 일본을 쫓아내자면 오직 혁명으로써 할 뿐이니, 혁명이 아니고는 강도 일본을 쫓아낼 방법이 없는 바이다.

① 민족 혁명당 결성에 참여하였다.
② 대동 단결 선언을 작성하여 발표하였다.
③ 단원인 이봉창이 일왕에게 폭탄을 투척하였다.
④ 임시 정부 활동에 활기를 불어넣고자 결성하였다.

20 다음 조항을 주장한 인물에 대한 설명으로 옳은 것은?

> 1. 전국적으로 정치범과 경제범을 즉시 석방할 것.
> 2. 3개월간의 식량을 확보할 것.
> 3. 치안 유지와 건국 운동을 위한 정치 운동에 대하여 절대로 간섭하지 말 것.
> 4. 학생과 청년을 조직·훈련하는 데 대하여 간섭하지 말 것.
> 5. 노동자와 농민을 건국 사업에 동원하는 데 대하여 절대로 간섭하지 말 것.

① 반민족 행위 특별 조사 위원회에서 활동하였다.
② 독립 촉성 중앙 협의회의 회장으로 추대되었다.
③ '삼천만 동포에게 읍고함'이라는 글을 발표하였다.
④ 진보적 민주주의를 표방하는 조선 인민당을 결성하였다.

정답·해설 _약점 보완 해설집 p.82

해커스공무원 매일 하프모의고사 한국사 2 답안지

컴퓨터용 흑색사인펜만 사용

책 형

[필적감정용 기재]

*아래 예시문을 옳게 적으시오

본인은 OOO(응시자성명)임을 확인함

기 재 란

성명	
자필성명	본인 성명 기재
응시직렬	
응시지역	
시험장소	

응 시 번 호

	⓪	⓪	⓪	⓪	⓪	⓪
	①	①	①	①	①	①
	②	②	②	②	②	②
	③	③	③	③	③	③
	④	④	④	④	④	④
	⑤	⑤	⑤	⑤	⑤	⑤
⑥	⑥	⑥	⑥	⑥	⑥	⑥
⑦	⑦	⑦	⑦	⑦	⑦	⑦
	⑧	⑧	⑧	⑧	⑧	⑧
	⑨	⑨	⑨	⑨	⑨	⑨

생 년 월 일

⓪	⓪	⓪	⓪	⓪	⓪
	①	①	①	①	①
	②		②	②	②
	③		③	③	③
	④		④	④	④
⑤	⑤		⑤	⑤	⑤
⑥	⑥		⑥	⑥	⑥
⑦	⑦		⑦	⑦	⑦
⑧	⑧		⑧	⑧	⑧
⑨	⑨		⑨	⑨	⑨

※ 시험감독관 서명

(서명을 정자로 기재할 것)

적색 볼펜만 사용

문번	일	문번	일	문번	일	문번	일	문번	일	문번	일	문번	일
01	① ② ③ ④	01	① ② ③ ④	01	① ② ③ ④	01	① ② ③ ④	01	① ② ③ ④	01	① ② ③ ④	01	① ② ③ ④
02	① ② ③ ④	02	① ② ③ ④	02	① ② ③ ④	02	① ② ③ ④	02	① ② ③ ④	02	① ② ③ ④	02	① ② ③ ④
03	① ② ③ ④	03	① ② ③ ④	03	① ② ③ ④	03	① ② ③ ④	03	① ② ③ ④	03	① ② ③ ④	03	① ② ③ ④
04	① ② ③ ④	04	① ② ③ ④	04	① ② ③ ④	04	① ② ③ ④	04	① ② ③ ④	04	① ② ③ ④	04	① ② ③ ④
05	① ② ③ ④	05	① ② ③ ④	05	① ② ③ ④	05	① ② ③ ④	05	① ② ③ ④	05	① ② ③ ④	05	① ② ③ ④
06	① ② ③ ④	06	① ② ③ ④	06	① ② ③ ④	06	① ② ③ ④	06	① ② ③ ④	06	① ② ③ ④	06	① ② ③ ④
07	① ② ③ ④	07	① ② ③ ④	07	① ② ③ ④	07	① ② ③ ④	07	① ② ③ ④	07	① ② ③ ④	07	① ② ③ ④
08	① ② ③ ④	08	① ② ③ ④	08	① ② ③ ④	08	① ② ③ ④	08	① ② ③ ④	08	① ② ③ ④	08	① ② ③ ④
09	① ② ③ ④	09	① ② ③ ④	09	① ② ③ ④	09	① ② ③ ④	09	① ② ③ ④	09	① ② ③ ④	09	① ② ③ ④
10	① ② ③ ④	10	① ② ③ ④	10	① ② ③ ④	10	① ② ③ ④	10	① ② ③ ④	10	① ② ③ ④	10	① ② ③ ④

해커스공무원 매일 하프모의고사 한국사 2 답안지

컴퓨터용 흑색사인펜만 사용

성명	
자필성명	본인 성명 기재
응시직렬	
응시지역	
시험장소	

[필적감정용 기재]

*아래 예시문을 옮겨 적으시오

본인은 OOO(응시자성명)임을 확인함

기재란

책 형	

※ 시험감독관 서명

(성명을 정자로 기재할 것)

적색 볼펜만 사용

생년월일

응시번호

문번	일
01	① ② ③ ④
02	① ② ③ ④
03	① ② ③ ④
04	① ② ③ ④
05	① ② ③ ④
06	① ② ③ ④
07	① ② ③ ④
08	① ② ③ ④
09	① ② ③ ④
10	① ② ③ ④

해커스공무원 매일 하프모의고사 한국사 2 답안지

컴퓨터용 흑색사인펜만 사용

성명	
자필성명	**본인 성명 기재**
응시직렬	
응시지역	
시험장소	

[필적감정용 기재]
*아래 예시문을 옳게 적으시오
본인은 OOO(응시자성명)임을 확인함

기재란

책	형

※ 시험감독관 서명
(성명을 정자로 기재할 것)

책임 감독관 서명

생년월일

응시번호

문번	①	②	③	④		문번	①	②	③	④
01	①	②	③	④		06	①	②	③	④
02	①	②	③	④		07	①	②	③	④
03	①	②	③	④		08	①	②	③	④
04	①	②	③	④		09	①	②	③	④
05	①	②	③	④		10	①	②	③	④

문번	①	②	③	④		문번	①	②	③	④
01	①	②	③	④		06	①	②	③	④
02	①	②	③	④		07	①	②	③	④
03	①	②	③	④		08	①	②	③	④
04	①	②	③	④		09	①	②	③	④
05	①	②	③	④		10	①	②	③	④

문번	①	②	③	④		문번	①	②	③	④
01	①	②	③	④		06	①	②	③	④
02	①	②	③	④		07	①	②	③	④
03	①	②	③	④		08	①	②	③	④
04	①	②	③	④		09	①	②	③	④
05	①	②	③	④		10	①	②	③	④

문번	①	②	③	④		문번	①	②	③	④
01	①	②	③	④		06	①	②	③	④
02	①	②	③	④		07	①	②	③	④
03	①	②	③	④		08	①	②	③	④
04	①	②	③	④		09	①	②	③	④
05	①	②	③	④		10	①	②	③	④

문번	①	②	③	④		문번	①	②	③	④
01	①	②	③	④		06	①	②	③	④
02	①	②	③	④		07	①	②	③	④
03	①	②	③	④		08	①	②	③	④
04	①	②	③	④		09	①	②	③	④
05	①	②	③	④		10	①	②	③	④

해커스공무원 매일 하프모의고사 한국사 2 답안지

컴퓨터용 흑색사인펜만 사용

성명	
자필성명	본인 성명 기재
응시직렬	
응시지역	
시험장소	

[필적감정용 기재]

*아래 예시문을 옮겨 적으시오

본인은 OOO(응시자성명)임을 확인함

기재란

책	형

생 년 월 일

응 시 번 호

※ 시험감독관 서명

(성명을 정자로 기재할 것)

적색 볼펜만 사용

회

문번				
01	①	②	③	④
02	①	②	③	④
03	①	②	③	④
04	①	②	③	④
05	①	②	③	④
06	①	②	③	④
07	①	②	③	④
08	①	②	③	④
09	①	②	③	④
10	①	②	③	④
11	①	②	③	④
12	①	②	③	④
13	①	②	③	④
14	①	②	③	④
15	①	②	③	④
16	①	②	③	④
17	①	②	③	④
18	①	②	③	④
19	①	②	③	④
20	①	②	③	④

회

문번				
01	①	②	③	④
02	①	②	③	④
03	①	②	③	④
04	①	②	③	④
05	①	②	③	④
06	①	②	③	④
07	①	②	③	④
08	①	②	③	④
09	①	②	③	④
10	①	②	③	④
11	①	②	③	④
12	①	②	③	④
13	①	②	③	④
14	①	②	③	④
15	①	②	③	④
16	①	②	③	④
17	①	②	③	④
18	①	②	③	④
19	①	②	③	④
20	①	②	③	④

회

문번				
01	①	②	③	④
02	①	②	③	④
03	①	②	③	④
04	①	②	③	④
05	①	②	③	④
06	①	②	③	④
07	①	②	③	④
08	①	②	③	④
09	①	②	③	④
10	①	②	③	④
11	①	②	③	④
12	①	②	③	④
13	①	②	③	④
14	①	②	③	④
15	①	②	③	④
16	①	②	③	④
17	①	②	③	④
18	①	②	③	④
19	①	②	③	④
20	①	②	③	④

일

문번				
01	①	②	③	④
02	①	②	③	④
03	①	②	③	④
04	①	②	③	④
05	①	②	③	④
06	①	②	③	④
07	①	②	③	④
08	①	②	③	④
09	①	②	③	④
10	①	②	③	④

일

문번				
01	①	②	③	④
02	①	②	③	④
03	①	②	③	④
04	①	②	③	④
05	①	②	③	④
06	①	②	③	④
07	①	②	③	④
08	①	②	③	④
09	①	②	③	④
10	①	②	③	④

일

문번				
01	①	②	③	④
02	①	②	③	④
03	①	②	③	④
04	①	②	③	④
05	①	②	③	④
06	①	②	③	④
07	①	②	③	④
08	①	②	③	④
09	①	②	③	④
10	①	②	③	④

2024 최신판

해커스공무원
매일
하프모의고사
한국사 ②

초판 1쇄 발행 2024년 1월 8일

지은이	해커스 공무원시험연구소
펴낸곳	해커스패스
펴낸이	해커스공무원 출판팀

주소	서울특별시 강남구 강남대로 428 해커스공무원
고객센터	1588-4055
교재 관련 문의	gosi@hackerspass.com
	해커스공무원 사이트(gosi.Hackers.com) 교재 Q&A 게시판
	카카오톡 플러스 친구 [해커스공무원 노량진캠퍼스]
학원 강의 및 동영상강의	gosi.Hackers.com

ISBN	979-11-6999-675-4 (13910)
Serial Number	01-01-01

공무원 교육 1위,
해커스공무원 gosi.Hackers.com

ⓗ 해커스공무원

· 시험에 나올 시대별 핵심 키워드를 정리한 **시대별 막판 암기 점검**
· 정확한 성적 분석으로 약점 극복이 가능한 **합격예측 모의고사**(교재 내 응시권 및 해설강의 수강권 수록)
· '회독'의 방법과 공부 습관을 제시하는 **해커스 회독증강 콘텐츠**(교재 내 할인쿠폰 수록)
· 해커스 스타강사의 **공무원 한국사 무료 동영상강의**
· **해커스공무원 학원 및 인강**(교재 내 인강 할인쿠폰 수록)

한경비즈니스 선정 2020 한국소비자만족지수 교육(공무원) 부문 1위

2024 최신판

해커스공무원

**매일
하프모의고사
한국사** 2

약점 보완 해설집

해커스공무원

해커스공무원

매일
하프모의고사
한국사 ②

약점 보완 해설집

■ 정답   p.8

01	④ 선사 시대
02	② 고려 시대
03	③ 근대
04	③ 고려 시대
05	④ 고대
06	④ 일제 강점기
07	② 현대
08	③ 조선 전기
09	③ 조선 전기
10	③ 조선 후기

■ 취약시대 분석표

분류	시대	문항 수
전근대	선사 시대	/1
	고대	/1
	고려 시대	/2
	조선 전기	/2
	조선 후기	/1
근현대	근대	/1
	일제 강점기	/1
	현대	/1
통합	시대 통합	/0
총합		/10

* 취약시대 분석표를 이용해 틀린 문제가 있는 시대는 그 시대의 문제만 골라 해설을 다시 한번 꼼꼼히 학습하세요.

01 선사 시대 청동기 시대의 생활상   난이도 하 ●○○

자료분석

계급이 처음 발생 + 목책과 환호 설치 → 청동기 시대

정답설명

④ 청동기 시대에는 반달 돌칼을 사용하여 벼의 이삭을 잘라 수확하였다.

오답분석

① 철기 시대: 명도전, 반량전 등의 중국 화폐를 사용한 시기는 철기 시대이다.

② 신석기 시대: 빗살무늬 토기로 곡식을 저장한 시기는 신석기 시대이다. 한편, 청동기 시대에는 민무늬 토기, 미송리식 토기 등을 사용하였다.

③ 구석기 시대: 슴베찌르개와 같은 석기로 사냥한 시기는 구석기 시대이다.

02 고려 시대 충선왕의 업적   난이도 중 ●●○

자료분석

소금을 쓰는 자는 모두 의염창에 가서 사도록 함 → 각염법 → 충선왕

정답설명

② 충선왕은 사림원을 설치하여 신진 관료를 등용하고 왕명 출납, 인사 행정을 담당하게 하였다.

오답분석

① **충렬왕**: 관학 진흥을 위해 일종의 장학 기금인 섬학전을 설치한 왕은 충렬왕이다.

③ **우왕**: 요동 정벌을 단행한 왕은 우왕이다. 우왕은 명나라가 철령위 설치를 통보하자 이에 반발하여 요동 정벌을 단행하였다.

④ **공민왕**: 자주적 반원 개혁을 추진하기 위해 기철 등의 부원 세력을 제거한 왕은 공민왕이다.

🖐️이것도 알면 합격

충선왕의 업적

전농사 운영	국가의 제사에 사용할 곡식을 관장하게 함
사림원 설치	사림원을 설치하여 왕명 출납을 담당하게 함
소금 전매제 실시	국가 수입 증대를 위해 의염창을 설치하고 소금 전매제(각염법) 실시
만권당 설치	왕위를 충숙왕에게 물려준 이후, 원의 연경(베이징)에 학문 연구소인 만권당 설치

03 근대 백산 봉기와 전주 화약 체결 사이의 사실   난이도 중 ●●○

자료분석

백산 봉기(1894. 3.) → (가) → 전주 화약(1894. 5.)

정답설명

③ (가) 시기인 1894년 4월에 동학 농민군이 황토현에서 관군에 승리하였다.

오답분석
① **(가) 이후:** 전봉준이 지휘하는 남접군과 손병희가 지휘하는 북접 군이 논산에서 집결한 것은 1894년 10월로, (가) 시기 이후의 사 실이다.

② **(가) 이전:** 고부 군수 조병갑의 수탈에 반발하여 전봉준의 주도 로 고부 농민 봉기가 일어난 것은 1894년 1월로, (가) 시기 이전 의 사실이다.

④ **(가) 이후:** 동학 농민군이 우금치에서 일본군과 관군의 연합군에 패배한 것은 1894년 11월로, (가) 시기 이후의 사실이다.

🖐️ 이것도 알면 합격

동학 농민 운동의 전개

고부 농민 봉기 → 안핵사 이용태 파견, 고부 봉기 관련자 탄 압 → 무장 봉기 → 백산 집결, 창의문 및 4대 강령 발표 → 황 토현 전투 → 황룡촌 전투 → 전주성 점령 → 청·일군 파병 → 전주 화약, 폐정 개혁안 12개조 건의, 집강소 설치 → 일본군 경복궁 점령, 청·일 전쟁 발발 → 동학 농민군의 재봉기 → 우 금치 전투 → 농민군 패배, 전봉준 체포

04 고려 시대 **요세**

자료분석
보현도량을 결성 + 법화삼매(죄를 참회)를 수행 → 요세

정답설명
③ 요세는 강진 만덕사(백련사)에서 자신의 행동에 대한 참회를 강 조하는 법화 신앙을 바탕으로 한 천태종 계통의 백련사를 결성 하였다.

오답분석
① **의천:** 교종을 중심으로 선종을 통합하기 위해 해동 천태종을 창시 한 인물은 의천이다.

② **각훈:** 삼국 시대 이래의 승려들의 전기를 기록한 『해동고승전』을 편찬한 인물은 각훈이다. 『해동고승전』은 현재 삼국 시대의 고승 30여 명에 관한 기록만 남아 있다.

④ **보우:** 불교계 폐단을 개혁하기 위해 9산 선문의 통합을 주장하였 던 인물은 보우이다.

🖐️ 이것도 알면 합격

요세

- 천태종을 중흥시킴
- 자신의 행동을 참회하는 법화 신앙 강조
- 강진 만덕사(백련사)에서 백련 결사 제창 → 글을 읽지 못하 거나 참선할 여유가 없었던 백성의 호응을 얻음

05 고대 **대가야**

자료분석
지금의 고령에 있었음 + 남제에 사신을 파견함 → 대가야

정답설명
④ 대가야의 대표적 문화유산으로는 고령의 지산동 고분군이 있다. 지산동 고분군에서는 많은 양의 토기와 함께 금동관·갑옷 및 투 구·칼 및 꾸미개 등이 출토되었다.

오답분석
① **금관가야:** 신라 법흥왕에 의하여 멸망한 나라는 금관가야이다. 한 편, 대가야는 신라 진흥왕에 의하여 멸망하였다.

② **신라:** 박, 석, 김씨가 교대로 왕위를 계승한 나라는 신라이다.

③ **금관가야:** 시조(김수로)가 아유타국에서 온 공주인 허황옥과 혼인 을 하였던 나라는 금관가야이다.

06 일제 강점기 **한인 애국단의 활동**

자료분석
한·중 양국 동지가 다 같이 각성 + 김구 + 『도왜실기』 → (가) 한 인 애국단

정답설명
④ 한인 애국단의 단원인 윤봉길이 천황의 생일과 상하이 사변의 승 리를 축하하는 기념식이 열린 상하이 훙커우 공원에서 폭탄을 던 져 일본 고위 관료와 군사 지휘관 다수를 살상하였다.

오답분석
① **대한 애국 청년당:** 친일 단체가 주최한 아세아 민족 분격 대회가 열린 경성 부민관에 폭탄을 설치하고 폭발시킨 단체는 조문기를 중 심으로 한 대한 애국 청년당이다.

② **노인 동맹단:** 새로 부임하는 사이토 조선 총독에게 폭탄을 던진 강 우규는 노인 동맹단 소속이다.

③ **의열단:** 도쿄 궁성 정문 앞 이중교에 폭탄을 던진 김지섭은 의열 단 소속이다.

🖐️ 이것도 알면 합격

한인 애국단

조직	김구가 침체된 독립운동을 활성화하기 위해 1931년 에 조직 .
주요 활동	· 이봉창: 도쿄에서 일왕의 마차에 폭탄 투척 → 실패 · 윤봉길: 상하이 훙커우 공원에서 개최한 전승 축하 식에 폭탄 투척 → 일본군 장성·고관들 살상
영향	윤봉길 의거는 중국 국민당 정부가 대한민국 임시 정 부를 지원하는 계기가 됨

자료분석

광복 50주년(1995) + 조선 총독부 건물을 철거 → 김영삼 정부

정답설명

② 김영삼 정부 시기에는 은행 예금이나 증권 투자 등의 금융 거래를 할 때에 실제 명의로 하여야 하며, 가명이나 무기명 거래는 인정하지 않는 금융 실명제가 실시되었다.

오답분석

① **이승만 정부:** 미국의 경제 원조로 밀가루, 설탕, 면화를 원료로 한 제분, 제당, 면방직의 삼백 산업이 발달한 것은 이승만 정부 시기이다.

③ **박정희 정부:** 고도의 경제 성장을 이루어 수출 100억 달러를 처음 달성한 것은 박정희 정부 시기이다.

④ **노무현 정부:** 칠레와 자유 무역 협정(FTA)을 체결하여 시장 개방을 확대한 것은 노무현 정부 시기이다.

 **이것도 알면 합격**

김영삼 정부 시기의 경제 상황

· 1993년: 금융 실명제 실시
· 1995년: WTO(세계 무역 기구) 출범
· 1996년: OECD(경제 협력 개발 기구) 가입
· 1997년: IMF(국제 통화 기금)에 구제 금융 공식 요청

08 조선 전기 **유향소** 난이도 중 ●●○

자료분석

이시애의 난 이후 혁파됨 + 풍속을 규찰 → 유향소

정답설명

③ 유향소는 지방 사족들의 향촌 기구로 좌수와 별감을 임원으로 선출하였다. 또한, 수령을 보좌하고 향리를 감찰하는 역할을 하였으며 향촌 사회의 풍속을 교화하는 데 기여하였다.

오답분석

① **홍문관:** 옥당이라고 불리며 경연을 담당한 것은 홍문관이다. 홍문관은 이외에도 조선 시대에 궁중의 경서·사적의 관리, 문한의 처리 및 국왕의 정책에 대한 자문을 담당하였다.

② **경재소:** 중앙과 지방의 연락 업무를 담당하며 유향소를 통제한 것은 경재소이다.

④ **향약:** 전통적 공동 조직에 삼강오륜을 중심으로 한 유교 윤리를 가미하여 만든 것은 향약이다. 향약은 풍속 교화 및 향촌 질서 유지를 위하여 만든 향촌 자치 규약으로, 전통적 공동 조직과 미풍양속을 계승하면서, 유교 윤리를 가미하였다.

09 조선 전기 **과전법과 관수 관급제** 난이도 중 ●●○

자료분석

(가) 신진 사대부의 경제 기반을 마련하기 위함 + 조준, 정도전이 마련함 → 과전법

(나) 성종 + 지방 관청에서 직접 조를 거두고 관리에게 나누어줌 → 관수 관급제

정답설명

③ 과전법은 전국의 토지가 아닌 경기 지역의 토지만 수조 대상지로 선정하여 운영되었다.

오답분석

① 과전법 체제에서는 전·현직 관리 모두에게 토지의 수조권이 지급되었다.

② 관수 관급제는 직전법 체제하에서 수조권자인 관리들의 과다한 수취를 막기 위해 시행되었다.

④ 관수 관급제가 실시됨으로써 양반들이 수조권을 빌미로 토지와 농민을 지배하는 방식이 약화되고, 국가의 토지 지배력이 강화되었다.

10 조선 후기 **순조 재위 시기의 사실** 난이도 중 ●●○

자료분석

내노비와 시노비를 일체 혁파 + 노비안을 불태움 → 공노비 해방 → 순조

정답설명

③ 순조 재위 시기에 평안도 지역에 대한 차별 대우에 반발하여 몰락 양반인 홍경래가 난을 일으켜 청천강 이북을 점령하였으나, 5개월 만에 관군에 의해 진압되었다.

오답분석

① **정조:** 국왕의 친위 부대인 장용영이 설치된 것은 정조 재위 시기의 사실이다.

② **철종:** 삼정의 문란을 바로잡기 위해 삼정이정청을 설치한 것은 철종 재위 시기의 사실이다.

④ **영조:** 우리나라의 역대 문물 제도를 분류하고 정리한 백과사전인 『동국문헌비고』가 편찬된 것은 영조 재위 시기의 사실이다.

■ 정답   p.12

01	④ 근대
02	② 고려 시대
03	③ 고대
04	② 조선 전기
05	④ 현대
06	③ 일제 강점기
07	③ 고려 시대
08	② 고려 시대
09	④ 조선 후기
10	③ 고대

■ 취약시대 분석표

분류	시대	문항 수
전근대	선사 시대	/0
	고대	/2
	고려 시대	/3
	조선 전기	/1
	조선 후기	/1
근현대	근대	/1
	일제 강점기	/1
	현대	/1
통합	시대 통합	/0
총합		/10

* 취약시대 분석표를 이용해 틀린 문제가 있는 시대는 그 시대의 문제만 골라 해설을 다시 한번 꼼꼼히 학습하세요.

---

01 근대 대한 제국 시기에 추진된 정책   난이도 중 ●●○

정답설명

④ 은화를 본위 화폐로 하는 신식 화폐 발행 장정을 공포한 것은 대한 제국 수립 이전인 제1차 갑오개혁 때이다.

오답분석

모두 대한 제국 시기에 추진된 정책이다.

① 대한 제국은 양잠 전습소와 잠업 시험장을 설립하여 양잠 기술을 발전시켰다.

② 대한 제국은 궁내부 산하에 여권 발급 업무를 담당하는 수민원을 설치하였다.

③ 대한 제국은 서북 철도국을 설치하여 서울과 신의주를 연결하는 경의 철도 부설을 추진하였다.

---

02 고려 시대 삼별초   난이도 중 ●●○

자료분석

진도로 들어가서 근거지로 삼음 + 김통정이 패잔병을 거느리고 탐라 (제주도)로 들어감 → 삼별초

정답설명

② 옳은 것을 모두 고르면 ㉠, ㉢이다.

㉠ 삼별초는 최우가 도적을 잡기 위해 설치한 야별초에서 시작되었다. 이후 야별초가 좌별초와 우별초로 나뉘었고, 여기에 대몽 항쟁 과정에서 몽골에 포로로 잡혔다가 탈출한 병사들로 구성된 신의군이 편제되어 이들을 합하여 삼별초가 조직되었다.

㉢ 삼별초는 몽골에 항쟁하기 위하여 일본에 외교 문서를 보내 연합을 제의하는 외교 접촉을 시도하였다.

오답분석

㉡ 광군: 거란의 침입에 대비하기 위하여 정종(3대) 때 조직된 부대는 광군이다.

㉣ 별무반: 신기군(기병), 신보군(보병), 항마군(승병)으로 편제된 부대는 별무반이다. 별무반은 기병(말을 타고 싸우는 병사)이 주축이 된 여진족에 대처하기 위하여 고려 숙종 때 윤관의 건의로 만들어졌으며, 기병 부대인 신기군, 보병인 신보군, 승병인 항마군으로 구성되었다.

🖐 이것도 알면 합격

삼별초

성립	최우가 치안 유지를 위해 창설한 야별초에서 비롯됨
확대	야별초가 최씨 정권의 지원을 받아 조직이 확대되면서 좌별초와 우별초로 분리되고, 몽골에 포로로 잡혔다가 돌아온 병사를 중심으로 조직된 신의군이 포함되면서 삼별초로 정비됨
대몽 항쟁 전개	· 강화도: 개경 환도에 반대하며 왕족 승화후 온을 왕으로 삼고 항몽 정권 수립 · 진도: 용장성에서 배중손의 지휘 아래 항전, 일본에 국서를 보내 대몽 연합 전선 제의 · 제주도: 애월 항파두리성에서 김통정의 지휘 아래 항전

03 고대 통일 신라의 경제 상황　난이도 하 ●○○

자료분석

촌락 문서는 (가)의 서원경 부근 4개 촌락의 인구 수, 소와 말의 수 등을 기록한 문서 → (가) 통일 신라

정답설명

③ 건원중보, 은병 등의 화폐를 사용한 국가는 고려이다. 건원중보는 고려 성종 때 주조된 우리나라 최초의 화폐이며, 은병은 고려 숙종 때 주조된 고액 화폐로 활구라고도 불렸다.

오답분석

모두 통일 신라의 경제 상황이다.

① 통일 신라는 울산항이 국제 무역항으로 번성하였고, 당과 일본의 상인뿐만 아니라 이슬람 상인까지도 왕래하였다.

② 통일 신라는 인구와 물자의 증가로 기존의 동시만으로는 상품 수요를 감당할 수 없게 되자 효소왕 때 왕경인 경주에 서시와 남시를 추가로 설치하고, 이를 감독하는 기관인 서시전과 남시전을 설치하였다.

④ 통일 신라는 어아주, 조하주 등의 비단을 생산하여 당나라에 보내고, 당으로부터는 금띠와 비단 두루마기 같은 귀족 사치품 등을 답례품으로 받기도 하였다.

04 조선 전기 임진왜란의 전개 과정　난이도 중 ●●○

정답설명

② 순서대로 바르게 나열하면 ⓒ 탄금대 전투(1592. 4.) → ⓔ 제1차 진주성 전투(1592. 10.) → ⓛ 조·명 연합군의 평양성 탈환(1593. 1.) → ㉠ 칠천량 전투(1597. 7.)이다.

ⓒ 탄금대 전투: 신립이 충주 탄금대에서 배수의 진을 치고 왜군과 싸웠지만 패배하였다(1592. 4.).

ⓔ 제1차 진주성 전투: 진주 목사 김시민이 왜군에 맞서 진주성을 지켜냈다(1592. 10.).

ⓛ 조·명 연합군의 평양성 탈환: 유성룡이 이끄는 조선군과 이여송이 이끄는 명군이 연합하여 평양성을 탈환하였다(1593. 1.).

㉠ 칠천량 전투: 원균이 이끄는 조선 수군이 칠천량 전투에서 왜군에 패배하였다(1597. 7.).

05 현대 카이로 회담과 얄타 회담　난이도 중 ●●○

자료분석

(가) 적당한 시기에 한국을 자주 독립시킬 결의를 함 → 카이로 회담

(나) 루스벨트는 조선의 신탁 통치가 20~30년 밖에 필요치 않을 것이라고 함 → 얄타 회담

정답설명

④ 얄타 회담은 미국의 루스벨트, 영국의 처칠, 소련의 스탈린이

1945년 2월에 얄타에서 논의한 회담으로 소련이 일본과의 전쟁에 참전할 것을 결의하였다.

오답분석

① 카이로 회담에는 미국, 영국, 중국이 참여하였다. 한편, 미국, 영국, 소련이 참여한 회담은 얄타 회담이다.

② 포츠담 회담: 마지막까지 남아 있는 일본에 무조건 항복을 요구한 회담은 포츠담 회담이다.

③ 포츠담 회담: 독일 항복(1945. 5.) 이후 전후 처리 문제를 협의하기 위해 개최된 회담은 포츠담 회담(1945. 7.)이다. 한편, 카이로 회담은 독일 항복 이전인 1943년에 개최되었다.

🔖이것도 알면 합격

열강의 한반도 문제 논의

카이로 회담 (1943. 11.)	미국(루스벨트), 영국(처칠), 중국(장제스)이 최초로 한국의 독립을 약속(카이로 선언)
얄타 회담 (1945. 2.)	미국(루스벨트), 영국(처칠), 소련(스탈린)이 참여한 회담으로 소련의 대일전 참전을 결의, 미·영·중·소 4개국에 의한 20~30년 기한의 신탁 통치 실시 논의
포츠담 회담 (1945. 7.)	미국(트루먼), 영국(처칠 → 애틀리), 중국(장제스), 소련(스탈린)이 카이로 회담의 결정 사항(한국의 독립)을 재확인(포츠담 선언)

06 일제 강점기 상하이 지역의 독립운동　난이도 중 ●●○

자료분석

대한민국 임시 정부가 수립됨 → 상하이

정답설명

③ 상하이에서는 여운형, 신규식 등이 신한 청년당을 조직하였다. 신한 청년당은 파리 강화 회의에 김규식을 대표로 파견하여 민족의 독립 의지를 알렸다.

오답분석

① 서간도: 한인 자치 기구인 경학사가 조직된 지역은 서간도이다.

② 미주: 신한민보가 발간된 지역은 미주이다.

④ 일본: 유학생들이 중심이 되어 한국의 독립을 요구하는 2·8 독립 선언을 발표한 지역은 일본 도쿄이다.

07 고려 시대 인종 재위 시기의 사실　난이도 중 ●●○

자료분석

이자겸과 척준경이 금을 섬기지 않을 수 없는 상황이라고 함 → 고려 인종

정답설명

③ 고려 인종 때는 묘청이 풍수지리설을 앞세워 수도를 서경으로 옮길 것을 주장하였다.

오답분석

① 고려 고종: 고려에 왔던 몽골 사신 저고여가 귀국 길에 피살된 것은 고려 고종 때이다. 저고여 피살 사건을 계기로 몽골은 고려에 침입하게 되었다.
② 고려 숙종: 의천 등의 건의로 화폐를 주조하기 위하여 주전도감을 설치한 것은 고려 숙종 때이다.
④ 고려 예종: 장학 재단인 양현고를 설치하여 관학을 진흥시키고자 한 것은 고려 예종 때이다.

08 고려 시대 『삼국유사』   난이도 중 ●●○

자료분석

환웅이 웅녀와 결혼하고 아들을 낳아 단군왕검이라고 함 → 단군 신화 → 『삼국유사』

정답설명

② 『삼국유사』는 충렬왕 때 일연이 저술하였으며, 불교 중심의 고대 민간 설화를 수록하였다.

오답분석

① 『동명왕편』: 이규보의 시문집인 『동국이상국집』에 수록되어 전한 것은 『동명왕편』이다.
③ 『삼국사기』: 신라 계승 의식을 바탕으로 서술되어 열전에는 김유신을 비롯한 신라인이 편중된 것은 『삼국사기』이다.
④ 『사략』: 대의명분을 중시하는 성리학적 사관을 반영한 것은 『사략』 등이 있다.

🖐️ 이것도 알면 합격

고려 후기의 역사서

『동명왕편』	・명종 때 이규보가 편찬(1193) ・고구려 계승 의식을 반영하여 동명왕(주몽)의 업적 칭송 ・『동국이상국집』에 수록되어 전함
『삼국유사』	・충렬왕 때 일연이 편찬(1281) ・불교사를 중심으로 고대의 민간 설화나 전래 기록을 수록하여 우리 고유의 문화와 전통 중시 ・단군을 우리 민족의 시조로 여겨 단군 신화 수록
『제왕운기』	・충렬왕 때 이승휴가 편찬(1287) ・우리나라 역사의 시작을 단군으로 설정 ・우리 역사를 중국사와 대등하게 파악하려는 자주성을 드러냄

09 조선 후기 김홍도   난이도 중 ●●○

자료분석

호는 단원 + 영조와 지금 임금(정조) 때 왕의 초상화를 그림 → (가) 김홍도

정답설명

④ 김홍도는 서당, 논갈이, 씨름 등 서민의 생활을 소탈하고 익살스럽게 표현하였다.

오답분석

① 안견: 안평 대군의 꿈을 바탕으로 자연스러운 현실 세계와 환상적인 이상 세계를 표현한 몽유도원도를 그린 인물은 안견이다.
② 정선: 진경 산수화의 대가로 인왕제색도, 금강전도 등을 그린 인물은 정선이다.
③ 신윤복: 주로 양반과 부녀자의 생활, 유흥, 남녀 사이의 애정 등을 해학적으로 묘사한 인물은 신윤복이다.

10 고대 진흥왕 재위 시기의 사실   난이도 하 ●○○

자료분석

거칠부 등에게 역사를 편찬하게 함 → 진흥왕

정답설명

③ 진흥왕 때는 고구려의 영토인 함경도 지방까지 진출하였으며, 개척한 영토를 순행하고 이를 기념하기 위해 마운령과 황초령 등에 순수비를 건립하였다.

오답분석

① 지증왕: 아라가야가 있던 곳으로 추정되는 아시촌에 소경을 설치한 것은 지증왕 때이다.
② 선덕 여왕: 첨성대를 세워 천체를 관측한 것은 선덕 여왕 때이다.
④ 법흥왕: 율령을 반포하고 백관의 공복(자색, 비색, 청색, 황색)을 제정한 것은 법흥왕 때이다.

🖐️ 이것도 알면 합격

진흥왕 순수비

북한산비	신라의 한강 하류 진출 사실을 알려줌, 조선 후기에 김정희가 고증
창녕비	비화가야 정복 후 건립, 대등・당주・촌주 등 관직명 등장
황초령비	가장 먼저 발견된 순수비, 조선 후기에 김정희가 고증
마운령비	태창이라는 연호 사용, 6부명, 관직과 관등, 인명 등 기록

■ 정답
p.16

01	④ 조선 전기
02	③ 고려 시대
03	④ 일제 강점기
04	③ 고대
05	③ 현대
06	③ 근대
07	② 고대
08	③ 현대
09	③ 조선 후기
10	④ 고려 시대

■ 취약시대 분석표

분류	시대	문항 수
전근대	선사 시대	/0
	고대	/2
	고려 시대	/2
	조선 전기	/1
	조선 후기	/1
근현대	근대	/1
	일제 강점기	/1
	현대	/2
통합	시대 통합	/0
총합		/10

* 취약시대 분석표를 이용해 틀린 문제가 있는 시대는 그 시대의 문제만 골라 해설을 다시 한번 꼼꼼히 학습하세요.

01 조선 전기 태종 재위 시기의 사실 난이도 중 ●●○

자료분석

의정부의 서사를 나누어 6조에 귀속시킴 → 6조 직계제 → 태종

정답설명

④ 태종 재위 시기에는 문하부의 낭사를 사간원으로 독립시켜 언론 기능을 확대하고 대신들을 견제하도록 하였다.

오답분석

① 세조: 직전법을 실시한 것은 세조 때이다. 세조 때는 관리들의 토지 세습으로 과전이 부족해지자, 현직 관리에게만 수조권을 지급하는 직전법을 실시하였다.

② 태조: 의흥삼군부를 설치한 것은 태조 때이다. 태조 때는 삼군도총제부를 개편하여 의흥삼군부를 설치하고 군정을 총괄하게 하였다.

③ 세종: 주자소에서 갑인자를 주조한 것은 세종 때이다. 세종 때는 갑인자, 경자자 등의 금속 활자가 주조되었다.

02 고려 시대 고려 시대의 지방 제도 난이도 하 ●○○

정답설명

③ 옳은 것을 모두 고르면 ㉡, ㉣이다.

㉡ 고려 시대에는 중앙 고관을 출신지의 사심관으로 임명하고 부호장 이하의 향리 임명권과 풍속 교정 등의 의무를 부여하여, 지방의 향리 세력을 견제하였다.

㉣ 고려 시대에는 수령이 파견된 주현보다 수령이 파견되지 않은 속현의 수가 더 많았다. 주현의 지방관이 속현까지 관할하는 것이

원칙이었으나, 현실적으로 불가능하였기 때문에 향리가 조세, 공물 징수, 노역 징발 등의 행정 실무를 담당하였다.

오답분석

㉠ 조선 시대: 전국을 8도로 나누고 그 아래 부·목·군·현을 두었던 것은 조선 시대이다. 한편, 조선 시대에는 8도에 관찰사, 부·목·군·현에는 각각 부사·목사·군수·현령의 지방관을 파견하였다.

㉢ 고려는 북방의 국경 지대에 동계·북계의 양계를 설치하고, 병마사를 파견하였다. 한편, 안찰사는 고려의 일반 행정 구역인 5도에 파견되었던 지방관이다.

✍ 이것도 알면 합격

고려의 지방 행정 제도

5도	· 일반 행정 구역으로, 안찰사가 파견됨 · 지방관이 파견된 주현보다 지방관이 파견되지 않은 속현의 수가 많았음 · 속현의 행정 실무는 향리가 담당
양계	군사 행정 구역으로, 병마사가 파견됨
8목, 4도호부	· 8목: 성종 때 설치된 12목을 현종 때 정비 · 4도호부: 군사적 요충지에 설치
말단 조직	· 촌: 군현의 최하 행정 단위로, 촌장(토착 세력)이 자치를 맡음 · 향·부곡·소: 특수 행정 구역으로, 일반 군현민에 비해 차별을 받음

03 일제 강점기 **미쓰야 협정 체결 이후의 사실** 난이도 중 ●●○

자료분석
중국 관헌은 조선인이 무기를 휴대하는 것을 엄금함 + 불령단 수령은 체포하여 인도함 → 미쓰야 협정(1925)

정답설명
④ 미쓰야 협정 체결 이후인 1933년에 한국 독립군이 중국 호로군 등과 연합하여 사도하자 전투에서 일본군에게 승리하였다.

오답분석
모두 미쓰야 협정 체결 이전의 사실이다.
① 일본군이 봉오동 전투와 청산리 대첩 패전에 대한 보복으로 간도 지역의 한인들을 학살한 사건인 간도 참변이 일어난 것은 1920~1921년이다.
② 만주 지역의 독립군 부대들이 서일을 총재로 하는 대한 독립 군단을 결성한 것은 1920년이다.
③ 대한민국 임시 정부의 독립 운동 방향을 모색하기 위해 상하이에서 국민 대표 회의가 개최된 것은 1923년이다.

04 고대 **김춘추(무열왕)** 난이도 중 ●●○

자료분석
당 태종에게 군사를 요청함 → 김춘추(무열왕)

정답설명
③ 무열왕은 사정부를 설치하여 관리의 비리를 감찰하였다.

오답분석
① 원성왕: 독서삼품과를 실시한 왕은 원성왕이다. 원성왕은 국학의 학생들을 대상으로 유교 경전의 이해 정도를 시험하는 독서삼품과를 실시하고, 이를 관리 임용에 참고하였다.
② 성덕왕: 백성에게 처음으로 정전을 지급한 왕은 성덕왕이다.
④ 진덕 여왕: 품주를 고쳐 왕명 출납과 국가 기밀을 관장하는 집사부와 재정을 관장하는 창부를 설치한 왕은 진덕 여왕이다.

05 현대 **5·10 총선거** 난이도 중 ●●○

자료분석
소총회 + 한국 임시 위원단이 접근할 수 있는 지역에서 시행 → 유엔 소총회의 결의안 → 5·10 총선거

정답설명
③ 옳은 것을 모두 고르면 ⓒ, ⓔ이다.
ⓒ, ⓔ 5·10 총선거는 보통·평등·직접·비밀 선거 원칙에 따라 치러진 우리나라 최초의 민주주의 선거였으며, 만 21세 이상의 모든 국민에게 투표권을 부여하였다.

오답분석
㉠ 김구와 김규식은 남한만의 단독 정부 수립에 반대하고 통일 정부 수립 운동을 전개하면서 5·10 총선거에 출마하지 않았다.
ⓔ 5·10 총선거에서는 임기 2년의 국회의원을 선출하였다.

06 근대 **조·청 상민 수륙 무역 장정** 난이도 중 ●●○

자료분석
중국 상인이 조선의 양화진과 서울에 들어가서 영업소를 개설한 경우를 제외하고 허가하지 않음 → 조·청 상민 수륙 무역 장정

정답설명
③ 조·청 상민 수륙 무역 장정에서는 조선이 청의 속방이라는 것과 청 상인의 내지 통상권을 보장한다는 내용을 명시하였다.

오답분석
① 조·청 상민 수륙 무역 장정은 갑신정변이 아닌 임오군란의 영향으로 체결되었다. 임오군란이 조선의 출병 요청을 받은 청군의 개입으로 수습되자 청은 조·청 상민 수륙 무역 장정을 체결하고, 묄렌도르프 등을 파견하여 조선에 대한 내정 간섭을 강화하였다.
② 조·미 수호 통상 조약: 관세 조항이 포함되어 있어 조선의 관세 자주권을 최초로 인정한 조약은 조·미 수호 통상 조약이다.
④ 조·청 상민 수륙 무역 장정에는 최혜국 대우 조항이 없다. 한편, 최혜국 대우 조항이 포함된 조약에는 조·미 수호 통상 조약, 조·일 통상 장정 개정 등이 있다.

🖐️이것도 알면 합격

조·청 상민 수륙 무역 장정의 주요 내용
- 조선이 청의 속방임을 규정
- 조선 국왕과 청의 북양 대신이 대등한 지위를 가짐을 명시
- 개항장에서 청의 영사 재판권 규정(치외 법권 인정)
- 청나라 사람들의 조선 연안 어업권 보장
- 서울 양화진에서 청 상인의 상업 활동 허용(내륙 진출)

07 고대 **자장** 난이도 중 ●●○

자료분석
여자가 왕(선덕 여왕) + 황룡사의 호법룡 + 9층 탑을 절 안에 세움 → 황룡사 9층 목탑 건립 → 자장

정답설명
② 자장은 선덕 여왕 때 대국통으로 임명되어 출가자의 계율과 규범을 주관하였다.

① **의상:** 당에서 유학하고 돌아와 부석사를 창건한 인물은 의상이다. 의상은 당의 화엄종 승려인 지엄에게 화엄학을 배웠으며, 이후 귀국하여 영주 부석사, 양양 낙산사 등의 사찰을 창건하였다.

③ **진표:** 김제 금산사를 중심으로 현실의 고뇌를 해결해 주는 미륵불이 출현한다는 미륵 신앙을 전파한 인물은 진표이다.

④ **원효:** 모든 것이 한마음에서 나온다는 일심 사상을 제시한 인물은 원효이다.

08 현대 전두환 정부 시기의 사실   난이도 중 ●●○

（자료분석）

보안 사령관 등은 12월 12일에 쿠데타를 일으킴 → 12·12 사태 → (가) 전두환

（정답설명）

③ 전두환 정부 시기인 1985년에 최초로 서울과 평양에서 처음으로 이산가족 상봉이 성사되었다.

（오답분석）

① **박정희 정부:** 우리 교육이 지향해야 할 이념과 목표를 제시한 국민 교육 헌장이 선포된 것은 1968년으로, 박정희 정부 시기의 사실이다.

② **박정희 정부:** 긴급 조치 철폐, 박정희 정권 퇴진 등을 요구한 3·1 민주 구국 선언이 발표된 것은 1976년으로, 박정희 정부 시기의 사실이다.

④ **이승만 정부:** 정부에 비판적이던 경향신문이 강제로 폐간된 것은 1959년으로, 이승만 정부 시기의 사실이다.

09 조선 후기 홍경래의 난   난이도 중 ●●○

（자료분석）

관서를 버림 + 노비들도 평안도 놈이라 함 → 홍경래의 난

（정답설명）

③ 홍경래의 난은 몰락 양반인 홍경래의 지휘 아래에 신흥 상공업 세력, 광산 노동자, 영세 농민 등이 참여하여 전개되었다.

（오답분석）

① **동학 농민 운동:** 독자적 자치 기구인 집강소를 설치하고 폐정 개혁을 추진한 것은 동학 농민 운동 때의 사실이다.

② **임술 농민 봉기:** 경상 우병사 백낙신의 수탈에 반발하여 일어난 것은 임술 농민 봉기이다.

④ **임술 농민 봉기:** 사건의 해결을 위해 박규수가 안핵사로 파견된 것은 임술 농민 봉기이다.

이것도 알면 합격

홍경래의 난

원인	· 세도 정치의 폐해 · 평안도 지역에 대한 부당한 차별 대우
중심 세력	몰락 양반, 영세 농민, 중소 상인, 광산 노동자 등
전개	청천강 이북 지역을 거의 장악 → 5개월 만에 관군에 의해 진압
실패 원인	평안도 지역에 한정, 농민층을 포섭할 개혁안의 부재

10 고려 시대 월정사 8각 9층 석탑   난이도 중 ●●○

（자료분석）

송의 영향을 받아 고려 전기에 제작됨 → (가) 월정사 8각 9층 석탑

（정답설명）

④ 월정사 8각 9층 석탑은 강원도 평창군에 있는 석탑으로, 송의 영향을 받아 제작된 고려 전기의 대표적인 다각 다층 탑이다.

（오답분석）

① 불국사 3층 석탑은 이층 기단 위에 삼층의 탑신부를 세운 전형적인 통일 신라 양식의 석탑이다.

② 쌍봉사 철감선사탑은 선종의 영향을 받아 만들어진 신라 하대의 대표적인 승탑이다.

③ 경천사지 10층 석탑은 고려 후기에 유행하던 티벳 불교(라마교)의 영향을 받아 제작된 석탑이다.

이것도 알면 합격

월정사 8각 9층 석탑

· 국보 48-1호, 강원도 평창군에 위치
· 고려 전기에 제작됨
· 송의 영향을 받은 다각 다층 탑
· 2단의 기단 위에 탑신부와 상륜부를 세웠으며, 탑 앞에는 월정사 석조 보살 좌상(국보 48-2호)이 있음

■ 정답
p.20

01	② 근대
02	① 근대
03	① 고대
04	④ 일제 강점기
05	② 조선 후기
06	③ 고대
07	② 조선 전기
08	② 현대
09	③ 고려 시대
10	① 고려 시대

■ 취약시대 분석표

분류	시대	문항 수
전근대	선사 시대	/0
	고대	/2
	고려 시대	/2
	조선 전기	/1
	조선 후기	/1
근현대	근대	/2
	일제 강점기	/1
	현대	/1
통합	시대 통합	/0
총합		/10

* 취약시대 분석표를 이용해 틀린 문제가 있는 시대는 그 시대의 문제만
골라 해설을 다시 한번 꼼꼼히 학습하세요.

01 근대 안중근
난이도 중 ●●○

자료분석

이토 히로부미를 죽임 → 안중근

정답설명

② 안중근은 하얼빈에서 초대 통감인 이토 히로부미를 처단한 직후
체포되었고, 감옥 안에서 『동양평화론』을 집필하였다.

오답분석

① 의열단은 1919년에 김원봉이 조직한 단체로, 1910년에 순국한
안중근과는 관련이 없다.
③ **이상설 등:** 제2차 만국 평화 회의가 열린 네덜란드 헤이그에 을사
늑약의 부당함을 알리기 위한 고종의 특사로 파견된 인물은 이상
설, 이준, 이위종이다.
④ **이재명:** 명동 성당 앞에서 을사늑약에 찬성한 을사 5적 중 한 명인
이완용을 습격한 인물은 이재명이다.

✍ 이것도 알면 합격

안중근	
주요 활동	·1909년: 만주 하얼빈 역에서 이토 히로부미 저격 ·1910년: 중국 뤼순(여순) 감옥에서 순국
저술	『동양평화론』 - 안중근이 뤼순 감옥에서 집필 → 미완성됨 - 동양의 평화를 위해서는 한·중·일의 화합을 주장

02 근대 순종 재위 기간의 사실
난이도 중 ●●○

자료분석

한국의 통치권을 대일본 황제 폐하에게 양여함 → (가) 순종

정답설명

① 순종 재위 기간인 1908년에 이인영, 허위 등의 양반 의병장을 중
심으로 결성된 13도 창의군이 서울 진공 작전을 전개하여 동대문
인근까지 진격하였으나 일본군에 패배하였다.

오답분석

② **고종:** 동학 교도인 이필제가 영해(경상북도 영덕)에서 난을 일으
킨 것은 고종 때이다. 이필제는 영해 지방의 동학 교도 등과 영해
관아를 습격하였으며, 이후 문경에서 봉기하려다가 체포되었다.
③ **순조:** 이승훈과 청나라 신부 주문모 등이 처형당한 것은 신유박해
때로, 순조 때의 사실이다.
④ **고종:** 청과 대등한 위치에서 한·청 통상 조약을 체결한 것은 고종
때의 사실이다. 고종은 대한 제국을 선포한 이후 대한 제국이 더
이상 청의 속방이 아닌 대등한 위치에서 무역한다는 내용을 담은
한·청 통상 조약을 체결하였다.

03 고대 삼국 통일 과정
난이도 중 ●●○

정답설명

① 순서대로 바르게 나열하면 ⓒ 사비성 함락(백제 멸망, 660) → ②
백강 전투(663) → ⊙ 안동 도호부 설치(668) → © 안승의 보덕
국 왕 책봉(674)이다.

ⓒ **사비성 함락:** 황산벌 전투에서 계백의 저항에도 불구하고 패배한 이후 나·당 연합군의 공격으로 사비성이 함락되면서 백제가 멸망하였다(660).

ⓔ **백강 전투:** 백제 부흥 운동군은 왜의 수군과 연합하여 백강에서 나·당 연합군에 맞서 전투를 벌였으나 패배하였다(663).

ⓐ **안동 도호부 설치:** 나·당 연합군이 고구려를 멸망시킨 이후 당은 고구려의 옛 땅을 직접 지배하기 위하여 평양에 안동 도호부를 설치하였다(668).

ⓒ **안승의 보덕국 왕 책봉:** 신라의 문무왕은 고구려의 왕족인 안승을 보덕국의 왕으로 책봉하여 고구려 유민을 모아 당의 세력을 축출하는데 이용하였다(674).

04 일제 강점기 **토지 조사 사업의 결과** 난이도 중 ●●○

(자료분석)

토지 소유자는 기간 내에 임시 토지 조사 국장에게 신고해야 함 →
토지 조사 사업

(정답설명)

④ 토지 조사 사업으로 지주의 권리만 인정되었고, 농민의 관습적인 경작권과 도지권, 입회권 등은 인정되지 않았다.

(오답분석)

모두 토지 조사 사업의 결과이다.

① 토지 조사 사업의 결과 역둔토, 궁장토와 같은 관청·국가 소유의 토지, 문중의 토지 등 소유자가 불분명한 토지, 미신고 토지 등이 조선 총독부로 귀속되면서, 조선 총독부의 재정 수입이 증대되었다.

② 토지 조사 사업의 결과 토지를 신고하지 못한 대부분의 농민들이 토지를 빼앗기게 되면서 기한부 계약에 의한 소작농이 증가하였다.

③ 토지 조사 사업의 결과 조선 총독부로 귀속된 토지가 동양 척식 주식회사와 일본인 이주민 등에게 싼값에 불하되면서 일본에서 한국으로의 농업 이민이 증가하였다.

🖐 이것도 알면 합격

토지 조사 사업의 결과	
농민의 몰락	농민은 관습적 경작권·입회권·도지권은 인정받지 못하였고, 기한부 계약에 의한 소작농으로 전락함
농민의 유민화	토지를 수탈당한 농민은 화전민이 되거나 만주·연해주 등지로 이주
지주의 권한 강화	일제는 지주의 토지 소유권만을 인정하여 한국인 지주층을 식민지 체제 내로 포섭하고자 함
지세 수입 증가	대한 제국 시기에 비해 조선 총독부의 지세 수입이 2배 가까이 증가

05 조선 후기 **병자호란** 난이도 중 ●●○

(자료분석)

남한산성을 나와 삼전도에 도착한 왕(인조)께서 항복의 예를 행함 →
병자호란

(정답설명)

② 병자호란 때 인조가 남한산성으로 피난하자, 김준룡이 인조를 지원하기 위해 남한산성으로 가던 중 용인의 광교산에서 청군에 승리를 거두었다.

(오답분석)

① **정묘호란:** 정묘약조가 체결되는 계기가 된 사건은 정묘호란이다. 정묘약조의 주요 내용으로는 조선은 후금과 형제 관계를 맺고, 명나라에 적대하지 않을 것 등이 있다.

③, ④ **임진왜란:** 곽재우, 김천일 등이 의병으로 참여하고, 이여송이 이끄는 명의 지원군이 파견된 사건은 임진왜란이다.

06 고대 **지증왕** 난이도 하 ●○○

(자료분석)

'신라'를 나라 이름으로 삼음 → 지증왕

(정답설명)

③ 지증왕은 이사부를 파견하여 지금의 울릉도인 우산국을 복속시켰다.

(오답분석)

① **선덕 여왕:** 분황사와 영묘사를 창건한 왕은 선덕 여왕이다.

② **진흥왕:** 신라로 귀순한 고구려의 승려 혜량을 승통으로 삼은 왕은 진흥왕이다.

④ **법흥왕:** 처음으로 '건원'이라는 연호를 사용한 왕은 법흥왕이다.

07 조선 전기 **조선 전기의 과학 기술** 난이도 중 ●●○

(정답설명)

② 측우기는 세종 때 강우량을 측정하기 위해 제작된 기구로, 한양의 서운관(관상감)에만 설치된 것이 아니라, 각 지방 관아에도 설치되었다.

(오답분석)

모두 조선 전기의 과학 기술에 대한 설명이다.

① 세종 때 화약 무기의 제작과 사용법을 정리한 『총통등록』이 편찬되었다.

③ 세종 때 장영실 등이 자동으로 시보를 알려주는 장치가 되어 있는 물시계인 자격루와 오목한 솥이 하늘을 바라보고 있는 형상을 하고 있는 해시계인 앙부일구를 제작하였다.

④ 태조 때 고구려의 천문도를 바탕으로 하늘의 별자리를 그린 천상 열차분야지도를 돌에 새겼다.

08 현대 노무현 정부 시기의 사실 난이도 상 ●●●

자료분석

호주제를 폐지함 + 친일 반민족 행위 진상 규명 위원회 설립 + 과거 사 정리 위원회 설립 → 노무현 정부

정답설명

② 노무현 정부 시기인 2007년에 평양에서 개최된 제2차 남북 정 상 회담의 결과, 6·15 남북 공동 선언의 고수 및 적극 구현과 서 해 평화 협력 특별 지대 설치 등을 명시한 10·4 남북 공동 선언 이 발표되었다.

오답분석

① 전두환 정부: 민주화 추진 협의회가 조직된 것은 전두환 정부 시 기의 사실이다. 민주화 추진 협의회는 김대중계와 김영삼계가 신 군부 독재에 저항하고 연대를 도모하며 조직한 민주화 운동 단 체이다.

③ 김대중 정부: 상록수 부대가 동티모르에 파병된 것은 김대중 정부 시기의 사실이다. 상록수 부대는 우리나라 최초로 평화 유지 활동 에 파병된 부대로, 국경선 통제, 치안 확보 임무, 구호품 전달 등의 인도적 지원과 현지 주민들의 복구 활동을 지원하였다.

④ 노태우 정부: 거대 여당인 민주 자유당이 창당된 것은 노태우 정부 시기의 사실이다. 1988년에 실시된 제13대 국회의원 선거 결과 여소 야대 정국이 형성되자, 노태우 대통령은 통일 민주당의 총재 김영삼, 신민주 공화당의 총재 김종필과 3당 통합을 발표하고 민 주 자유당이라는 거대 여당을 창당하였다.

✌️이것도 알면 합격

노무현 정부

국정 목표	'참여 정부'를 표방하면서 더불어 사는 균형 발전 사회 등을 국정 목표로 제시
대북 정책	• 개성 공단 착공식 개최 • 평양에서 제2차 남북 정상 회담을 갖고, 10·4 남북 공동 선언 발표
기타	• 가족 관계를 호주를 중심으로 가족 구성원들의 출생, 사망 등을 정리하는 제도인 호주제 폐지 • 친일 반민족 행위의 진상을 규명하기 위해 친일 반민족 행위 진상 규명 위원회 설립 • 과거사 정리 사업의 일환으로 진실 화해를 위한 과거사 정리 위원회 설립 • 한국·칠레 FTA(자유 무역 협정) 체결 • 행정 수도 이전과 지방 혁신 도시 건설 추진

09 고려 시대 몽골 침입 시기에 있었던 사실 난이도 하 ●○○

정답설명

③ 옳은 것을 모두 고르면 ⓒ, ⓔ이다.

ⓒ 몽골 침입 시기에는 황룡사 9층 목탑과 대구 부인사에 소장되어 있던 초조대장경 등의 문화재가 소실되었다.

ⓔ 몽골 침입 시기에는 적의 침략을 물리치기 위한 염원에서 대장도 감을 설치하여 팔만대장경을 조판하였다. 팔만대장경은 경판의 수가 8만 1,258판에 이르며 1236년에 조판하기 시작하여 1251 년에 완성되었다.

오답분석

ⓐ 이자겸의 난이 발생한 것은 1126년으로, 몽골 침입(1231) 시기 이전의 사실이다. 고려 인종 때 이자겸은 왕위를 찬탈하기 위하 여 척준경과 함께 난을 일으켜 정권을 장악하였지만 인종에게 회 유된 척준경이 이자겸을 축출하고, 이후 척준경도 축출되면서 실 패하였다.

ⓑ 최영이 홍산 전투에서 승리한 것은 1376년으로, 몽골 침입(1231) 시기 이후의 사실이다. 최영은 고려 우왕 때 금강 인근 지역을 약탈 하던 왜구를 상대로 홍산(충청남도 부여)에서 승리하였다.

10 고려 시대 지눌 난이도 중 ●●○

자료분석

부처와 다르지 않음을 돈오라 함 + 깨달음에 의지해 닦고 점차 익히 는 것을 점수라 함 → 돈오점수 → 지눌

정답설명

① 지눌은 타락한 불교계의 각성을 촉구하고 승려 본연의 자세로 돌 아가 독경과 참선, 노동에 힘쓸 것을 강조하면서 수선사 결사 운 동을 전개하였다.

오답분석

② 의천: 우리나라·송·요·일본의 불교 자료들을 모은 목록인 『신편제 종교장총록』을 편찬한 인물은 의천이다.

③ 균여: 대중 교화를 목적으로 향가인 보현십원가를 지은 인물은 균 여이다.

④ 제관: 광종 때 중국에 건너갔으며, 천태종의 사상을 요약한 경전인 『천태사교의』를 저술한 인물은 제관이다.

■ 정답

p.24

01	③ 선사 시대
02	② 고려 시대
03	④ 근대
04	④ 일제 강점기
05	② 고대
06	③ 현대
07	③ 일제 강점기
08	④ 조선 후기
09	③ 조선 전기
10	④ 고대

■ 취약시대 분석표

분류	시대	문항 수
전근대	선사 시대	/1
	고대	/2
	고려 시대	/1
	조선 전기	/1
	조선 후기	/1
근현대	근대	/1
	일제 강점기	/2
	현대	/1
통합	시대 통합	/0
총합		/10

* 취약시대 분석표를 이용해 틀린 문제가 있는 시대는 그 시대의 문제만 골라 해설을 다시 한번 꼼꼼히 학습하세요.

01 선사 시대 고구려

난이도 하 ●○○

자료분석

동쪽에 큰 굴을 수혈이라 함 + 10월에 제사를 지냄(동맹) → 고구려

정답설명

③ 고구려에서는 왕 아래에 상가, 고추가 등의 대가들이 있었고, 이들은 각기 사자, 조의, 선인 등의 관리를 거느렸다.

오답분석

① **동예**: 다른 부족의 생활권을 함부로 침범하면 노비와 소, 말로 변상하게 하는 책화라는 풍습이 있었던 나라는 동예이다.

② **부여**: 여러 가(加)들이 사출도를 다스렸던 나라는 부여이다. 부여에서는 왕 아래에 부족장인 마가, 우가, 저가, 구가의 여러 가(加)들이 있었고 이들은 별도의 행정 구획인 사출도를 다스렸다.

④ **옥저**: 사람이 죽으면 가족 공동 무덤인 목곽에 안치하는 골장제의 풍습이 있었던 나라는 옥저이다.

02 고려 시대 김부식

난이도 중 ●●○

자료분석

묘청이 반란을 일으키자 왕이 (가)을/를 원수로 삼음 → (가) 김부식

정답설명

② 김부식은 유교적인 합리주의 사관에 따라 기전체 역사서인 『삼국사기』를 편찬하였다.

오답분석

① **권근**: 성리학 입문서인 『입학도설』을 편찬한 인물은 권근이다.

③ **묘청**: 신채호가 국풍파와 독립당의 대표라고 평가한 인물은 묘청이다. 한편, 신채호는 김부식을 한학파와 사대당의 대표라 평가하였다.

④ **이자겸**: 고려 시대 예종과 인종 때 왕실과 중첩된 혼인 관계를 맺어 외척으로서의 지위를 이용하여 정권을 장악한 인물은 이자겸이다.

03 근대 화폐 정리 사업

난이도 중 ●●○

자료분석

질이 나쁜 백동화는 바꿔주지 않음 + 병종 백동화는 매수하지 않음 → 화폐 정리 사업

정답설명

④ 옳은 것을 모두 고르면 ©, @이다.

© 화폐 정리 사업은 제1차 한·일 협약으로 대한 제국의 재정 고문으로 파견된 메가타의 주도로 시행되었다.

@ 화폐 정리 사업이 시행되는 과정에서 필요한 자금 마련과 시설 개선이라는 명목으로 일본에서 차관이 도입되어 대한 제국의 재정 예속화가 심화되었다.

오답분석

㉠ 화폐 정리 사업은 한·일 신협약 체결(1907) 이전인 1905년부터 추진되었다.

㉡ 화폐 정리 사업으로 대한 제국의 백동화가 일본 제일은행권으로 교환됨으로써, 일본 제일은행이 대한 제국의 화폐 발행을 담당하는 중앙 은행의 역할을 하게 되었다.

👆 **이것도 알면 합격**

화폐 정리 사업

주도	일본인 재정 고문 메가타가 주도
목적	일본 화폐와 일본 자본의 유통·진출, 대한 제국의 경제를 일본에 예속화 → 대한 제국의 유통과 재정 체계 장악
전개	일본 제일은행권을 조선의 본위 화폐로 지정, 조선 화폐인 백동화와 엽전(상평통보)을 제일 은행권 화폐로 교환하게 함 – 교환 기준: 액면가 기준 교환이 아니라 화폐의 질에 따라 갑종(2전 5리), 을종(1전), 병종(교환 ×)으로 나누어 차등 교환
결과	국내 중소 상공업자들이 큰 타격을 입고, 국가 재정이 악화됨

---

04 일제 강점기 광주 학생 항일 운동 난이도 중 ●●○

자료분석

신간회 본부에서는 긴급 조사 보고를 지시함 + 학생들의 석방을 교섭하기 위해 광주로 특파함 → 광주 학생 항일 운동

정답설명

④ 광주 학생 항일 운동은 광주에서 시작되어 전국적으로 확산된 민족 운동으로, 3·1 운동 이후에 일어난 일제 강점기 최대 규모의 학생 항일 운동이었다.

오답분석

① 3·1 운동: 중국의 5·4 운동 등 세계의 반제국주의 민족 운동에 영향을 끼친 운동은 3·1 운동이다.

② 6·10 만세 운동: 민족 유일당 운동이 전개되는 계기가 된 운동은 6·10 만세 운동이다. 6·10 만세 운동의 준비 과정에서는 민족주의 계열인 천도교와 사회주의 계열의 단체가 연대함으로써, 이후 민족 유일당 운동이 전개되는 계기를 마련하였다.

③ 3·1 운동: 미국 대통령 윌슨의 민족 자결주의에 영향을 받은 운동은 3·1운동이다.

---

05 고대 고대의 군사 제도 난이도 하 ●○○

정답설명

② 옳은 것을 모두 고르면 ㉠, ㉣이다.

㉠ 백제에서는 지방 행정 단위인 방(方)의 장관인 방령이 700~1,200여 명의 군사를 지휘하였다.

㉣ 통일 신라의 중앙군인 9서당에는 신라인은 물론 고구려, 백제, 말갈인 등의 피정복민들도 포함되었다.

오답분석

㉡ 발해: 중앙군으로 10위를 두어 왕궁과 수도를 경비한 나라는 발해이다.

㉢ 통일 신라: 지방군으로 10정이 있었으며 각 주에 1정씩 배치된 나라는 통일 신라이다. 통일 신라는 지방군으로 10정을 두고 각 주에 1정씩 배치하였으며, 국경 지역이었던 한산주에만 2정을 배치하였다.

👆 **이것도 알면 합격**

고대의 군사 제도

고구려		· 각 성주가 병력 보유 · 대모달·말객 등이 군대 지휘
백제		· 방령·군장이 군대 지휘 · 각 방령이 700~1,200명의 군대 지휘
신라	통일 이전	· 왕경과 5주에 6정 설치 · 중요 지점에 모병에 의한 서당 배치 · 군주, 대감, 당주가 군사 지휘
	통일 이후	· 중앙군(9서당): 민족 융합 정책에 따라 편성 · 지방군(10정): 8주에 1정, 한주(한산주)에만 2정 배치
발해		· 중앙군(10위): 왕궁과 수도 경비 담당, 각 위마다 대장군과 장군을 두어 통솔 · 지방군: 촌락 단위로 구성된 농병 일치의 군대, 지방관이 지휘 · 특수군: 국경 요충지에 독립 부대 배치

---

06 현대 김대중 정부 시기의 통일 정책 난이도 중 ●●○

자료분석

처음으로 여야 간 정권 교체 + 국민의 정부 → 김대중 정부

정답설명

③ 김대중 정부 시기에 분단 이후 최초로 평양에서 남북 정상 회담이 개최되었다. 이때 남북한은 6·15 남북 공동 선언을 발표하였으며 개성 공단 조성, 경의선 복원 사업 등을 합의하였다.

오답분석

① 박정희 정부: 남북 조절 위원회가 설치된 것은 박정희 정부 시기이다. 박정희 정부 때 7·4 남북 공동 성명의 합의 사항들을 추진하기 위해 남북 조절 위원회를 설치하였다.

② 문재인 정부: 4·27 판문점 선언을 발표한 것은 문재인 정부 시기이다. 4·27 판문점 선언에서는 핵 없는 한반도 실현, 연내 종전 선언 등을 합의하였다.

④ 노태우 정부: 한반도 비핵화 공동 선언을 채택한 것은 노태우 정부 시기이다.

김대중 정부의 통일 노력

· 금강산 해로 관광 시작(1998. 11.)
· 6·15 남북 공동 선언 발표(2000. 6.): 최초의 남북 정상 회담, 남측의 연합제 안과 북측의 낮은 단계 연방제 안의 공통성 인정
· 개성 공단 건설 합의(2000 → 착공, 2003)
· 경의선 복원 공사 기공식 개최(2000. 9.)

07 일제 강점기 박은식 난이도 중 ●●○

자료분석

나라는 멸할 수 있으나 역사는 멸할 수 없음 → 『한국통사』 → 박은식

정답설명

③ 박은식은 갑신정변부터 1920년까지 일제의 침략상을 고발한 『한국독립운동지혈사』를 저술하였다.

오답분석

① **최남선 등**: 조선사 편수회에 참여한 인물은 최남선, 이병도 등이다. 조선사 편수회는 한국사를 왜곡하기 위해 총독부 산하 기관으로 설립되었으며, 식민 사관을 토대로 『조선사』를 편찬하였다.
② **백남운**: 『조선사회경제사』를 저술한 인물은 백남운이다. 백남운은 『조선사회경제사』를 저술하여 한국사의 발전 과정을 세계사의 보편적 발전 법칙에 따라 체계화함으로써 일제의 식민 사관인 정체성론을 비판하였다.
④ **신채호**: 대한매일신보에 근대 민족주의 사학의 방향을 제시한 「독사신론」을 연재한 인물은 신채호이다.

08 조선 후기 조선 후기의 사회 모습 난이도 중 ●●○

자료분석

뇌물을 쓰고 호적을 위조 + 스스로 양반 행세를 함 → 조선 후기

정답설명

④ 양민의 대다수를 차지한 농민을 백정(白丁)이라고 부른 시기는 고려 시대이다. 한편, 조선 시대의 백정은 도축업에 종사한 계층을 지칭하였다.

오답분석

① 조선 후기에는 재지 사족인 양반의 이익을 대변해왔던 향회가 주로 수령이 세금을 부과할 때에 의견을 물어 보는 자문 기구로 전락하였다.
② 조선 후기에는 서얼에 대한 차별이 완화되어 서얼의 청요직 진출이 부분적으로 허용되었다. 조선 후기 영·정조 때 서얼들은 청요직

진출을 위해 집단 상소 운동을 전개하였다. 그 결과 정조 때 유득공, 이덕무, 박제가 등 서얼 출신들이 규장각 검서관으로 등용되었고, 18세기 후반부터는 점차 청요직의 허통이 이루어졌다.
③ 조선 후기에는 양반들이 군현 단위로 농민을 지배하기 어려워지자 양반들의 결속력을 다지기 위해 전국에 많은 동족 마을이 만들어졌고, 이에 따라 문중을 중심으로 서원, 사우가 많이 세워졌다.

09 조선 전기 갑자사화와 을사사화 사이의 사실 난이도 중 ●●○

자료분석

(가) 생모 윤씨를 폐비하는 의논에 참여한 자를 중형으로 다스림 → 갑자사화(1504)
(나) 소윤 세력은 대윤 세력을 대거 숙청함 → 을사사화(1545)

정답설명

③ (가)와 (나) 사이 시기인 1519년에 위훈 삭제 등을 주장한 조광조가 제거되었다(기묘사화).

오답분석

① **(나) 이후**: 이인좌와 일부 소론 등이 난을 일으킨 것은 1728년으로, (나) 시기 이후의 사실이다. 영조 때 이인좌와 일부 소론 등은 경종의 죽음에 영조가 관련되었음을 주장하며 반란을 일으켰다.
② **(나) 이후**: 송시열이 관작을 삭탈 당하고 유배된 것은 1689년으로, (나)시기 이후의사실이다. 송시열은 숙종 때 희빈 장씨가 낳은 아들의 세자 책봉을 반대하는 상소를 올렸다가 관작을 삭탈 당하고 유배된 후 사사되었다.
④ **(가) 이전**: 김일손의 「사초」 내용을 계기로 사림이 정계에서 축출(무오사화)된 것은 1498년으로, (가) 시기 이전의 사실이다.

10 고대 태조왕 대의 사실 난이도 하 ●○○

자료분석

동옥저를 정벌 → 태조왕

정답설명

④ 태조왕 때는 계루부 고씨가 왕위 세습권을 확립하여 고구려의 왕위를 독점적으로 세습하였다.

오답분석

① **소수림왕**: 국립 교육 기관인 태학을 설립한 것은 소수림왕 때이다.
② **장수왕**: 백제의 한성을 점령한 것은 장수왕 때이다. 고구려는 장수왕 때 남진 정책을 추진하여 백제의 수도 한성을 점령하고 한강유역을 차지하였다.
③ **유리왕**: 수도를 졸본에서 국내성으로 옮긴 것은 유리왕 때이다. 고구려의 초기 수도인 졸본은 산악 지대로 식량 공급이 어려워 유리왕 때 평야 지대인 국내성으로 수도를 옮겼다.

정답 p.28

01	④ 고대
02	④ 일제 강점기
03	② 고려 시대
04	③ 고려 시대
05	② 현대
06	② 근대
07	③ 조선 후기
08	④ 조선 전기
09	② 시대 통합
10	④ 근대

취약시대 분석표

분류	시대	문항 수
전근대	선사 시대	/0
	고대	/1
	고려 시대	/2
	조선 전기	/1
	조선 후기	/1
근현대	근대	/2
	일제 강점기	/1
	현대	/1
통합	시대 통합	/1
총합		/10

* 취약시대 분석표를 이용해 틀린 문제가 있는 시대는 그 시대의 문제만
골라 해설을 다시 한번 꼼꼼히 학습하세요.

01 고대 장보고 난이도 하 ●○○

자료분석

왕이 자기의 딸을 맞아들이지 않는 것을 원망하여 반란을 일으킴 +
염장이 (가)의 목을 벰 → (가) 장보고

정답설명

④ 장보고는 신라인의 왕래가 빈번하였던 산둥 반도의 적산촌에 사
찰인 법화원을 건립하였다.

오답분석

① 장보고는 당에 유학하여 빈공과에 합격하지 않았다. 한편, 당에
유학하여 빈공과에 합격한 인물로는 최치원, 최승우 등이 있다.
② **위홍, 대구화상**: 진성 여왕의 명을 받아 향가집인『삼대목』을 편찬
한 인물은 위홍과 대구화상이다.
③ **궁예**: 신라 하대에 죽주(안성)를 근거지로 활동한 기훤, 북원(원
주)를 근거지로 활동한 양길의 휘하에서 세력을 키운 인물은 궁
예이다.

🖋️이것도 알면 합격

장보고의 활동

법화원 건립	산둥 반도의 적산촌에 법화원이라는 사찰 건립
청해진 설치	완도에 청해진을 설치하여 당-신라-일본을 잇는 국제 무역 주도
무역 사절 파견	회역사(일본), 견당매물사(당) 등의 교역 사절 파견
신라 왕위 쟁탈전 참여	민애왕을 몰아내고 신무왕 옹립

02 일제 강점기 조선어 학회 난이도 중 ●●○

자료분석

일제가 국체 변혁을 목적으로 하는 결사라 하여 회원들을 검거함 →
조선어 학회 사건 → (가) 조선어 학회

정답설명

④ 조선어 학회는 한글 연구 단체인 조선어 연구회가 개편된 단체로,
한글 맞춤법 통일안과 표준어를 제정하고『우리말 큰 사전』의 편
찬을 시도하였다.

오답분석

① **진단 학회**: 실증 사학의 입장에서 연구하며 기관지로『진단학보』
를 발행한 단체는 진단 학회이다.
② **조선어 연구회**: 한글 기념일인 가갸날을 제정한 단체는 조선어
연구회이다.
③ **국문 연구소**: 주시경, 지석영 등을 중심으로 조직된 단체는 대한 제
국 학부에 설치되었던 한글 연구 기관인 국문 연구소이다.

03 고려 시대 예종 재위 시기의 사실 난이도 중 ●●○

자료분석

복원관(복원궁)을 처음 세움 → 고려 예종

정답설명

② 고려 예종 때는 국학에 최충의 9재 학당을 모방하여 과거를 준
비하기 위한 전문 강좌인 7재를 설치함으로써 관학을 진흥시키
고자 하였다.

① **고려 고종:** 구휼 사업을 위해 구급도감을 설치한 것은 고려 고종 때이다. 한편, 고려 예종 때는 병자의 치료와 빈민의 구제를 목적으로 구제도감이 설치되었다.

③ **고려 광종:** 중국에서 귀화한 쌍기의 건의에 따라 과거 제도를 실시한 것은 고려 광종 때이다. 고려 광종은 과거 시험을 통해 관리를 선발하여 공신들의 세력을 약화시키고 왕권을 강화하고자 하였다.

④ **고려 인종:** 송나라 사신 서긍이 고려를 방문해서 견문한 고려의 여러 가지 실정을 그림과 글로 설명한 『고려도경』을 지은 것은 고려 인종 때이다.

04 고려 시대 개정 전시과 난이도 중 ●●○

문무 양반 및 군인들의 전시과를 고침 + 범위 안에 들지 못하는 자에게 17결을 지급(한외과) → 개정 전시과

③ 목종 때 시행된 개정 전시과에서는 인품을 배제하고 관직만을 기준으로 수조권을 지급하였다.

① **녹과전:** 지급 대상 토지를 경기 8현으로 한정한 것은 녹과전이다. 한편, 전시과는 전국의 토지를 대상으로 하여 지급되었다.

② **경정 전시과:** 대덕 등의 법계를 지닌 승려와 지리사, 지리박사, 지리생 등의 지리업 종사자에게 별사전을 지급한 것은 경정 전시과이다.

④ **시정 전시과:** 자·단·비·녹색의 4색 공복을 기준으로 하고, 다시 문반, 무반, 잡업 계층으로 구분하여 전시를 지급한 것은 시정 전시과이다.

05 현대 1·4 후퇴와 정전 협정 체결 사이의 사실 난이도 중 ●●○

중국군의 공세에 밀려 서울이 다시 함락됨(1·4 후퇴, 1951. 1. 4.) → (가) → 정전 협정 체결(1953. 7.)

② (가) 시기인 1953년 6월에 정전 회담에 반대하던 이승만 정부가 부산, 논산 등에 수용되어 있던 반공 포로를 석방하였다.

① **(가) 이후:** 미군의 한반도 주둔을 허용한 한·미 상호 방위 조약이 체결된 것은 1953년 10월로, (가) 시기 이후의 사실이다.

③ **(가) 이전:** 중국군의 참전으로 전세가 불리해진 유엔군과 국군이 흥남 철수 작전을 전개한 것은 1950년 12월로, (가) 시기 이전의 사실이다.

④ **(가) 이전:** 맥아더의 지휘 아래 유엔군과 국군이 인천 상륙 작전을 성공시킨 것은 1950년 9월로, (가) 시기 이전의 사실이다.

06 근대 제2차 갑오개혁의 내용 난이도 중 ●●○

김홍집·박영효 연립 내각이 구성되어 개혁을 단행 → 제2차 갑오개혁

② 옳은 것을 모두 고르면 ㉠, ㉣이다.

㉠ 제2차 갑오개혁 때는 의정부를 내각으로 바꾸어 내각의 권한을 강화하였으며, 8아문을 7부로 개편하였다.

㉣ 제2차 갑오개혁 때는 지방 재판소, 고등 재판소 등을 설치하여 사법권과 행정권을 분리시켰다.

㉡ **을미개혁:** 태양력을 사용하고, 근대적 우편 업무를 관장하는 우체사를 설치한 것은 을미개혁 때이다.

㉢ **제1차 갑오개혁:** 조혼을 금지하고 과부의 재가를 허용한 것은 제1차 갑오개혁 때이다.

🖐️이것도 알면 합격

갑오·을미개혁

제1차 갑오개혁	· 정치: 왕실과 정부 사무 분리, '개국' 기년 사용, 과거제 폐지 · 경제: 은 본위제 실시, 도량형 통일 · 사회: 공·사 노비제 폐지, 조혼 금지, 과부의 재가 허용
제2차 갑오개혁	· 정치: 8아문을 내각과 7부로 개편, 8도를 23부로 개편 · 사회: 재판소 설치, 사법권 독립
을미개혁	· 정치: 건양 연호 사용, 친위대·진위대 설치 · 사회: 단발령 시행, 태양력 사용, 우체사 설치

07 조선 후기 주화론과 주전론 난이도 중 ●●○

(가) 최명길 + 화친하려는 일이 그르다고 생각하지 않음 → 주화론
(나) 윤집 + 명나라는 부모의 나라이고 노적(여진)은 부모의 원수임 → 주전론

③ 삼학사는 병조호란 때 청나라와의 화의를 반대하며 주전론을 주장한 홍익한, 윤집, 오달제로 인조가 항복한 뒤 소현 세자와 함께 중국의 심양으로 끌려갔다.

08 조선 전기 세조의 업적 난이도 중 ●●○

자료분석

「호전」과 「형전」은 이미 간행 + 금상(성종)께서 마무리하시어 반포
함 → (가) 세조

정답설명

④ 세조는 군사 제도를 개혁하여 실제 군역을 지는 정군과 정군의 복
무 비용을 부담하는 보인으로 구성하는 보법을 실시하였다.

오답분석

① 세종: 전분 6등법과 연분 9등법의 공법을 제정한 왕은 세종이다.

② 태종: 창덕궁을 창건한 왕은 태종이다. 태종은 정종 때 개경으로
옮겼던 수도를 한양으로 다시 옮기면서 경복궁의 이궁으로 창덕
궁을 창건하였다.

③ 성종: 지리서인 『동국여지승람』을 편찬한 왕은 성종이다. 『동국
여지승람』에는 군현의 연혁·지세·인물·풍속 등이 수록되어 있다.

09 시대 통합 유네스코 세계 기록유산 난이도 중 ●●○

정답설명

② 옳은 것을 모두 고르면 ㉠, ㉢, ㉤이다.

㉠ 4·19 혁명 기록물은 3·15 부정 선거로 인하여 학생과 시민들이
전개한 민주화 운동인 4·19 혁명의 관련 기록물로, 2023년에 유
네스코 세계 기록유산으로 등재되었다.

㉢ 『승정원일기』는 조선 시대에 왕명을 출납한 승정원에서 취급한
문서와 사건을 기록한 일기로, 2001년에 유네스코 세계 기록유
산으로 등재되었다.

㉤ 동학 농민 혁명 기록물은 동학 농민 혁명에 참여한 동학 농민군의
임명장, 회고록 등 동학 농민 혁명과 관련된 기록물로, 2023년에
유네스코 세계 기록유산으로 등재되었다.

오답분석

㉡ 『목민심서』는 정약용이 목민관(수령)이 지켜야 할 지침에 대해 정
리한 서적으로, 유네스코 세계 기록유산으로 등재되지 않았다.

㉣ 『징비록』은 유성룡이 임진왜란 동안에 경험한 사실을 기록한 서적
으로, 유네스코 세계 기록유산으로 등재되지 않았다.

이것도 알면 합격

2018 ~ 2023년에 등재된 유네스코 세계 유산

세계 문화유산	· 산사, 한국의 산지 승원(양산 통도사, 영주 부석사, 안동 봉정사, 보은 법주사, 공주 마곡사, 순천 선암사, 해남 대흥사) · 한국의 서원(영주 소수 서원, 안동 도산 서원, 안동 병산 서원, 경주 옥산 서원, 대구 도동 서원, 함양 남계 서원, 장성 필암 서원, 정읍 무성 서원, 논산 돈암 서원) · 가야 고분군(고령 지산동 고분군, 김해 대성동 고분군, 함안 말이산 고분군, 창녕 교동과 송현동 고분군, 고성 송학동 고분군, 합천 옥전 고분군)
세계 기록유산	4·19 혁명 기록물, 동학 농민 혁명 기록물

10 근대 근대 문물의 수용 난이도 상 ●●●

자료분석

(가) 임오군란(1882) ~ 톈진 조약 체결(1885)

(나) 톈진 조약 체결(1885) ~ 아관 파천(1896)

(다) 아관 파천(1896) ~ 포츠머스 조약 체결(1905)

(라) 포츠머스 조약 체결(1905) ~ 한·일 병합 조약 체결(1910)

정답설명

④ (라) 시기인 1908년에 우리나라 최초의 서양식 극장인 원각사
가 건립되었다.

오답분석

① (다) 시기: 서울과 인천을 연결하는 경인선이 개통된 것은 1899년
으로, (다) 시기의 사실이다.

② (가) 시기: 화폐 주조 기관인 전환국이 설립된 것은 1883년으로,
(가) 시기의 사실이다.

③ (나) 시기: 경복궁 건청궁에 전등이 우리나라 최초로 설치된 것은
1887년으로, (나) 시기의 사실이다.

이것도 알면 합격

근대 문물 수용

전등	경복궁 건청궁에 최초 설치(1887)
철도	· 경인선(서울-인천) 개통(1899) · 경부선(서울-부산) 개통(1905) · 경의선(서울-신의주) 개통(1906)
건축	· 자주 독립을 위한 독립문 완공(1897) · 고딕 양식의 명동 성당 완공(1898) · 서양식 건물인 덕수궁 석조전 완공(1910)

■ 정답
p.32

01	④ 조선 전기
02	③ 고대
03	③ 일제 강점기
04	② 조선 후기
05	④ 고려 시대
06	② 근대
07	① 선사 시대
08	② 현대
09	② 근대
10	④ 일제 강점기

■ 취약시대 분석표

분류	시대	문항 수
전근대	선사 시대	/1
	고대	/1
	고려 시대	/1
	조선 전기	/1
	조선 후기	/1
근현대	근대	/2
	일제 강점기	/2
	현대	/1
통합	시대 통합	/0
총합		/10

* 취약시대 분석표를 이용해 틀린 문제가 있는 시대는 그 시대의 문제만
골라 해설을 다시 한번 꼼꼼히 학습하세요.

01 조선 전기 조선의 중앙 통치 기구 난이도 중 ●●○

정답설명

④ 옳은 것을 모두 고르면 ㉢, ㉣이다.
㉢ 의금부는 국왕 직속의 사법 기구로 대역·모반죄 등 왕권의 안위
와 관계된 중죄 등을 처벌하였다.
㉣ 사헌부는 관리의 비리를 감찰하고 정치에 대한 언론 활동을 한 기
구로 홍문관, 사간원과 함께 삼사라고 불리었다.

오답분석

㉠ 예문관: 왕의 교지를 작성하거나 『실록』의 기본 자료인 「사초」를
작성한 것은 예문관이다. 한편, 승문원은 외교 문서 작성과 외교 문
서에 쓰이는 이문(吏文)의 교육을 담당하였다.
㉡ 홍문관: 왕의 정책에 대한 자문을 담당하고 경연을 주관한 것은 홍
문관이다. 한편, 교서관은 경적의 간행과 제사 때 사용하는 향과
축문 등을 관장하였다.

02 고대 무령왕 재위 시기의 사실 난이도 하 ●○○

자료분석

이름은 사마 + 양나라에 조공함 + 영동 대장군으로 책봉 → 무령왕

정답설명

③ 무령왕 재위 시기에는 지방에 22개의 담로를 설치하고, 왕족을
파견하여 지방에 대한 통제를 강화하였다.

오답분석

① 근초고왕: 박사 고흥이 역사서인 『서기』를 편찬한 것은 근초고
왕 때이다.
② 비유왕: 장수왕의 남진 정책에 대항하여 신라 눌지 마립간과 동맹
을 맺은 것은 비유왕 때이다.
④ 성왕: 일본에 노리사치계를 보내 불경과 불상 등을 전한 것은 성
왕 때이다.

✌ 이것도 알면 합격

5 ~ 6세기의 백제 왕

동성왕	· 신라 소지 마립간과 결혼 동맹을 체결(493, 신라와의 동맹 강화) · 탐라국을 복속시킴(498)
무령왕	· 지방에 22담로를 설치하고 왕족을 파견(지방에 대한 통제 강화) · 중국 남조의 양나라와 수교(무령왕릉이 중국 남조의 영향을 받음)
성왕	· 사비로 천도(538)하고 남부여로 국호를 변경 · 22부(중앙 관청)·5부(수도)·5방(지방) 정비

03 일제 강점기 회사령 시행 시기의 사실 난이도 하 ●○○

자료분석

회사의 설립은 조선 총독의 허가를 받아야 함 → 회사령(1911~1920)

③ 회사령이 시행되던 1910년대에 일제는 헌병이 일반 경찰의 업무까지 담당하게 하는 헌병 경찰 제도를 실시하였다.

오답분석

① 농촌 진흥 운동이 전개된 것은 1932~1940년으로, 회사령이 폐지된 이후의 사실이다. 일제는 대공황의 여파 등으로 소작 쟁의가 극심해지자, 농민들을 회유하기 위해 농촌 진흥 운동을 전개하였다.
② 동양 척식 주식회사가 설립된 것은 1908년으로, 회사령 시행 이전의 사실이다. 일제는 대한 제국의 토지와 자원을 수탈할 목적으로 동양 척식 주식회사를 설립하였다.
④ 보통학교의 교육 연한이 4년에서 6년으로 늘어난 것은 1922년으로, 회사령이 폐지된 이후의 사실이다.

04 조선 후기 영조의 업적
난이도 중 ●●○

자료분석

어느 당파이든 온건하고 타협적인 인물들을 등용 + 기유처분 → 영조

정답설명

② 영조는 군역의 폐단을 시정하고 백성들의 군포 부담을 줄이기 위해 1년에 1필로 군포를 줄이는 균역법을 시행하였다.

오답분석

① 효종: 김육의 건의로 아담 샬이 만든 역법인 시헌력을 채택한 왕은 효종이다.
③ 정조: 호조의 사례를 수집하여 정리한 『탁지지』를 편찬한 왕은 정조이다.
④ 정조: 대유둔전이라는 국영 농장을 설치한 것은 정조이다. 대유둔전은 수원 백성들의 일자리를 창출하고, 화성의 관리 비용을 충당하기 위하여 설치된 국영 농장이다.

🖐 이것도 알면 합격

영조의 업적	
탕평 정책	·탕평 교서 반포, 성균관 입구에 탕평비 건립 ·서원 정리, 이조 전랑의 3사 선발권(통청권)·후임자 추천권(자대권) 폐지
개혁 정책	·군역의 부담을 줄이기 위하여 1년에 2필씩 내던 군포를 1필로 줄이는 균역법 실시 ·준천사를 설치하여 청계천 준설 사업 추진 ·압슬형, 낙형 등 가혹한 형벌을 폐지하고, 사형수에 대한 삼복법(삼심제) 시행 ·신문고 제도 부활
편찬 사업	·『동국문헌비고』, 『속대전』, 『속오례의』, 『속병장도설』 등 편찬

05 고려 시대 동북 9성 설치와 처인성 전투 사이의 사실
난이도 중 ●●○

자료분석

동북 9성 설치(1107) → (가) → 처인성 전투(1232)

정답설명

④ (가) 시기인 1219년에 고려군은 몽골군과 연합하여 강동성 전투에서 거란군에게 승리하였다. 몽골군에게 쫓겨 온 거란군이 고려를 침입하였으나 고려군의 반격으로 강동성에 포위당하였고, 이때 고려와 몽골이 연합하여 강동성에서 거란군을 몰아냈다.

오답분석

① (가) 이전: 강감찬이 귀주에서 거란군에게 승리(귀주 대첩)한 것은 1019년으로, (가) 시기 이전의 사실이다.
② (가) 이후: 정지가 관음포 앞바다에서 왜선을 격침(관음포 해전)시킨 것은 고려 우왕 때인 1383년으로, (가) 시기 이후의 사실이다.
③ (가) 이후: 삼별초가 진도의 용장성에서 몽골군에 대항한 것은 1270~1271년으로, (가) 시기 이후의 사실이다.

06 근대 보안회
난이도 중 ●●○

자료분석

일본 공사가 황무지에 대한 권리를 청구 + 일본인들의 침략을 막고 전국 강토를 보전 → (가) 보안회

정답설명

② 보안회는 송수만, 심상진 등이 중심이 되어 조직된 단체로, 일제의 황무지 개간권 요구에 반대하는 운동을 전개하여 결국 일제의 황무지 개간권 요구를 철회시켰다.

오답분석

① 신민회: 일제가 날조한 105인 사건으로 와해된 단체는 신민회이다. 일제는 신민회가 데라우치 총독 암살 모의 배후에 있다고 날조하였다. 이로 인해 신민회 회원인 윤치호, 안창호 등 105명이 실형을 선고받았으며(105인 사건), 이 사건을 계기로 신민회는 와해되었다.
③ 독립 협회: 관민 공동회를 개최하고 헌의 6조를 채택한 단체는 독립 협회이다.
④ 대한 자강회: 『월보』를 간행하여 식산 흥업을 강조하고, 전국 각지에 25개의 지회를 설치한 단체는 대한 자강회이다.

07 선사 시대 옥저
난이도 하 ●○○

자료분석

고구려에 예속됨 + 맥포·어염 및 해중 식물 등을 지어 나름 → 옥저

정답설명

① 옥저에서는 남자 집에서 어린 여자 아이를 데려다가 키운 뒤 장성하면 여자 집에 예물을 치르고 혼인시키는 민며느리제의 혼인 풍습이 있었다.

오답분석

② 변한: 철이 많이 생산되어 왜에 수출한 나라는 삼한 중 변한이다.
③ 고조선: 사회 질서 유지를 위해 법금 8조를 만든 나라는 고조선이다.
④ 고구려: 매년 10월에 일종의 추수 감사제인 동맹이라는 제천 행사가 있었던 나라는 고구려이다.

08 현대 조선 건국 준비 위원회 난이도 중 ●●○

자료분석

안재홍 + 신생 조선의 재건설 문제에 관하여 준비를 진행하고자 함 → (가) 조선 건국 준비 위원회

정답설명

② 조선 건국 준비 위원회는 미군과의 협상에서 유리한 입장을 차지하기 위하여 조선 인민 공화국의 수립을 선포하였으나, 미군정의 인정을 받지는 못하였다.

오답분석

① 조선 건국 준비 위원회는 미군정의 지원을 받지 못하였다. 한편, 미군정의 지원을 받아 조직된 것은 좌·우 합작 위원회이다.
③ 조선 건국 준비 위원회는 모스크바 3국 외상 회의가 개최(1945.12.)되기 이전인 1945년 9월에 해체되었다.
④ 조선 건국 준비 위원회에 김성수와 송진우 등의 우익 인사들은 참여하지 않았다.

이것도 알면 합격

조선 건국 준비 위원회

조직	중도 우파(안재홍)와 중도 좌파(여운형)가 연합
구성	· 치안대 설치: 치안과 행정을 담당 · 전국에 145개의 지부 조직
활동	자주 독립 국가 건설, 민주주의 정권 수립, 대중 생활 확보 주장
의의	광복 이후 최초의 정치 단체

09 근대 제너럴셔먼호 사건 이후의 사실 난이도 중 ●●○

자료분석

대동강에 정박한 이양선 + 우리나라 사람을 살해 + 그 배를 불태워버림 → 제너럴셔먼호 사건(1866. 7.)

정답설명

② 병인박해로 프랑스 선교사들이 처형된 것은 제너럴셔먼호 사건이 발생하기 이전인 1866년 1월의 사실이다.

오답분석

모두 제너럴셔먼호 사건 이후의 사실이다.
① 1875년에 일본은 조선의 문호를 개방하기 위해 군함 운요호를 보내 강화도의 초지진에 함포 공격을 가하였다(운요호 사건).
③ 1871년에 미군이 제너럴셔먼호 사건을 구실로 통상 수교를 요구하기 위해 강화도에 침입하자 어재연의 부대가 광성보에서 항전하였다.
④ 1868년에 독일 상인 오페르트가 흥선 대원군의 부친인 남연군의 묘를 도굴하여 유해와 부장품을 미끼로 조선에게 통상을 요구하려고 하였으나 실패하였다.

10 일제 강점기 일제 강점기 종교계의 활동 난이도 중 ●●○

정답설명

④ 의민단을 조직하여 항일 무장 투쟁을 전개한 것은 대종교가 아닌 천주교이다. 한편, 대종교는 중광단을 조직하여 항일 무장 투쟁을 전개하였다.

오답분석

① 불교는 한용운 등이 불교 탄압을 위해 제정된 일제의 사찰령 폐지를 주장하였다.
② 원불교는 박중빈이 창시하였으며 미신 타파, 금주, 개간 사업과 허례 폐지 등의 새생활 운동을 전개하였다.
③ 천도교는 민중 계몽을 위해 『개벽』, 『신여성』, 『어린이』 등의 잡지를 발행하였다.

이것도 알면 합격

일제 강점기 종교계의 활동

개신교	· 3·1 운동 주도, 교육·의료·민중 계몽 운동 전개 · 신사 참배 거부 운동 전개
천주교	독립운동 단체인 의민단 조직
천도교	잡지 『개벽』, 『어린이』 등을 간행
대종교	독립운동 단체인 중광단 조직
불교	한용운을 중심으로 불교 교단의 친일화에 대항
원불교	박중빈이 창시하였으며 개간 사업·저축 운동 등 새 생활 운동 전개

■ 정답
p.36

01	③ 고려 시대
02	④ 근대
03	② 조선 후기
04	④ 현대
05	③ 고대
06	③ 시대 통합
07	③ 고려 시대
08	④ 조선 전기
09	④ 일제 강점기
10	② 근대

■ 취약시대 분석표

분류	시대	문항 수
전근대	선사 시대	/0
	고대	/1
	고려 시대	/2
	조선 전기	/1
	조선 후기	/1
근현대	근대	/2
	일제 강점기	/1
	현대	/1
통합	시대 통합	/1
총합		/10

* 취약시대 분석표를 이용해 틀린 문제가 있는 시대는 그 시대의 문제만
골라 해설을 다시 한번 꼼꼼히 학습하세요.

---

01 고려 시대 성종 재위 시기의 사실 난이도 하 ●○○

자료분석

거란이 고려를 침략함 + 소손녕 + 서희 → 거란의 1차 침입 →
고려 성종

정답설명

③ 고려 성종 때는 양경(개경, 서경)과 12목에 물가 조절 기구인 상평
창을 설치하였다. 상평창은 풍년에 곡식을 사들이고, 흉년에 싼값
에 곡식을 판매하여 물가를 조절하였다.

오답분석

① 고려 광종: 노비안검법을 실시한 것은 고려 광종 때이다. 고려 광
종은 불법으로 노비가 된 자를 조사하여 양인으로 해방시키는 노
비안검법을 실시하여 국가의 재정을 확충하고, 호족의 경제적·군
사적 기반을 약화시키고자 하였다.

② 고려 목종: 서북면도순검사 강조가 목종의 어머니인 천추태후와
불륜 관계를 맺고 자신들 사이에서 태어난 자식을 왕으로 세우려
한 김치양 일파를 제거한 것은 고려 목종 때이다.

④ 고려 태조: 천수라는 독자적인 연호를 사용한 것은 고려 태조 때
이다.

---

02 근대 러시아 난이도 중 ●●○

자료분석

(가)을/를 막을 수 있는 조선의 책략은 중국과 친하고 일본과 맺고 미
국과 연합하는 길뿐임 → 『조선책략』 → (가) 러시아

정답설명

④ 러시아는 압록강의 벌채 사업을 보호한다는 구실로 용암포를 강
제 점령하고 조차를 요구하였다.

오답분석

① 미국: 운산 금광 채굴권을 차지한 국가는 미국이다.

② 일본: 서울과 인천을 연결하는 경부선 철도의 부설권을 획득한 국
가는 일본이다.

③ 청나라: 일본과 시모노세키 조약을 체결한 국가는 청나라이다. 시
모노세키 조약은 청·일 전쟁의 결과 체결된 조약으로 청나라가 일
본에 배상금 지불, 타이완 할양 등의 내용을 담고 있다.

🖐️ 이것도 알면 합격

열강의 이권 침탈

러시아	경원·종성 광산 채굴권, 압록강·두만강·울릉도 삼림 채벌권
일본	경인선·경부선·경원선·경의선 부설권, 직산 금광 채굴권
미국	운산 광산 채굴권, 전등·전차·전화 부설권
영국	은산 광산 채굴권

---

03 조선 후기 박제가 난이도 중 ●●○

자료분석

우물물과 같아 긷지 않으면 말라버림 → 우물론 → 박제가

(정답설명)

② 박제가는 서얼 출신으로 유득공, 이덕무 등과 함께 정조 때 규장
각 검서관으로 등용되었다.

(오답분석)

① **이익**: 나라를 좀먹는 여섯 가지의 폐단(노비 제도, 과거 제도, 양반 문
벌 제도, 사치와 미신 숭배, 승려, 게으름)을 지적한 인물은 이익이다.

③ **정약용**: 여전론을 통해 마을 단위의 공동 경작과 그 수확량을 노
동량에 따라 분배하자고 주장한 인물은 정약용이다.

④ **박지원**: 농업 생산력 증대 방안 등을 제시한 농서인 『과농소초』를
저술한 인물은 박지원이다.

04 현대 브라운 각서 체결과 YH 무역 사건 사이의 사실 난이도 중 ●●○○

(자료분석)

브라운 각서 체결(1966) → (가) → YH 무역 사건(1979)

(정답설명)

④ (가) 시기인 1970년에 동대문 평화시장에서 재단사로 일하던 전
태일이 근로 조건 개선 등을 요구하며 분신 자살하였다.

(오답분석)

① **(가) 이후**: 민주 헌법 쟁취 국민 운동 본부가 결성된 것은 1987년
으로, (가) 시기 이후의 사실이다. 민주 헌법 쟁취 국민 운동 본부는
전두환 정부의 4·13 호헌 조치 철회와 대통령 직선제 개헌을 위해
야당 정치인과 시민 단체, 종교계 인사 등이 모여 조직한 단체이다.

② **(가) 이후**: 국제 통화 기금(IMF)에 구제 금융 자금을 요청한 것은
1997년으로, (가) 시기 이후의 사실이다. 김영삼 정부 때는 외환 위
기로 인하여 국제 통화 기금(IMF)에 구제 금융 자금을 요청하였다.

③ **(가) 이전**: 장준하를 발행인으로 하는 잡지 『사상계』가 창간된 것
은 1953년으로, (가) 시기 이전의 사실이다.

05 고대 최치원 난이도 중 ●●○○

(자료분석)

황소에게 고함 + 귀순하는 것이 좋지 않겠는가 → 토황소격문 →
최치원

(정답설명)

③ 옳은 것을 모두 고르면 ⓒ, ⓒ이다.

ⓒ 최치원은 신라의 역대 왕력을 연표 형식으로 정리한 역사서인
『제왕연대력』을 저술하였다.

ⓒ 최치원은 성주사 낭혜화상 탑비의 비문을 비롯하여 쌍계사 진감선
사 탑비, 숭복사비, 봉암사 지증대사 탑비의 4산 비문을 작성하였다.

(오답분석)

㉠ **설총**: 6두품 출신으로 이두를 정리하여 한문 교육에 공헌한 인물
은 설총이다.

㉣ **김대문**: 화랑들의 행적을 모은 『화랑세기』, 신라의 제도와 문화
에 대한 내용을 정리한 『계림잡전』을 저술한 인물은 김대문이다.

이것도 알면 합격

최치원의 4산 비문

4산 비문	쌍계사 진감선사 대공탑비명, 성주사 낭혜화상 백월보광탑비명, 초월산 대숭복사비명, 봉암사 지증대사 적조탑비명
특징	· 4·6 변려체로 되어 있음 · 불교 및 유교, 노장 사상 등을 포함하고 있어 신라 하대 사상계의 경향을 보여주고 있음

06 시대 통합 원산의 역사 난이도 중 ●●○○

(자료분석)

라이징 선 석유 회사의 일본인 감독이 조선인 노동자를 구타하자
노동자들이 파업을 전개함 + 일제 강점기 최대 규모의 노동 쟁의 →
원산 노동자 총파업 → 원산

(정답설명)

③ 원산에서는 덕원 부사 정현석과 덕원·원산 주민들이 합심하여 우
리나라 최초의 근대적 사립 학교인 원산 학사가 설립되었다. 원
산 학사에서는 외국어, 지리, 법률 등의 근대 학문과 무술 교육
을 실시하였다.

(오답분석)

① **강화도**: 병자호란 때 왕족을 시종하였던 김상용이 순절한 곳은
강화도이다.

② **개성**: 소련의 제의로 6·25 전쟁의 휴전 회담이 시작된 곳은 개
성이다.

④ **부산**: 의열단원인 박재혁이 경찰서에 폭탄을 투척하는 의거를 일
으킨 곳은 부산이다.

이것도 알면 합격

원산의 역사

조선	세종 때 덕원부로 명칭이 바뀜
근대	· 강화도 조약에 따라 개항됨(1880) · 우리나라 최초의 근대적 사립 학교인 원산 학사 설립(1883)
일제 강점기	· 서울과 원산을 연결하는 경원선 철도 개통(1914) · 일제 강점기 최대 규모의 노동 쟁의인 원산 노동자 총파업 전개(1929)

07 고려 시대 최우가 집권한 시기의 사실 난이도 중 ●●○

자료분석

정방을 자기 집에 설치함 → 최우

정답설명

③ 최우가 집권한 시기에는 서방을 설치하여 이규보, 이인로 등의 문신들을 숙위하게 하였다.

오답분석

① **경대승 집권기:** 지방관의 횡포에 반발하여 일어난 전주 관노의 난이 진압된 것은 경대승 집권기의 사실이다.

② **정중부 집권기:** 명학소가 충순현으로 승격된 것은 정중부 집권기의 사실이다. 정중부 집권기에 망이·망소이가 공주 명학소에서 신분 차별에 반발하며 난을 일으키자, 무신 정권은 명학소를 충순현으로 승격시켜 회유하고자 하였다.

④ **최충헌 집권기:** 만적이 신분 해방을 내세우며 개경에서 노비들을 모아서 반란을 모의하였던 것은 최충헌 집권기의 사실이다.

08 조선 전기 훈구와 사림 난이도 하 ●○○

정답설명

④ 성리학 이외의 타 사상에 개방적인 태도를 지닌 것은 사림이 아닌 훈구이다. 한편, 사림은 경학(유교 경전의 뜻을 해석하거나 연구하는 학문)을 중시하였고, 성리학 이외의 사상을 배척하였다.

오답분석

① 훈구는 중앙 집권과 부국강병을 추구하였으며 과학 기술을 중시하였다.

② 훈구는 주로 막대한 토지를 소유한 대지주층으로, 토지 매입 등을 통하여 농장을 확대하였으며 대외 무역에도 관여하였다.

③ 사림은 향촌 자치를 내세우며 도덕과 의리를 바탕으로 하는 왕도 정치를 강조하였다.

✌️이것도 알면 합격

훈구와 사림

구분	훈구	사림
기원	급진파 사대부	온건파 사대부
집권	15세기 정치 주도	16세기 이후 사회 주도
경제적 기반	막대한 토지를 소유한 대지주	영남·기호 지방의 중소 지주
사상	·중앙 집권과 부국강병 추구 ·성리학 이외 타 사상 포용 ·과학 기술 중시	·향촌 자치를 내세우며 왕도 정치 강조 ·성리학 이외의 사상 배척 ·과학 기술 경시

09 일제 강점기 한국광복군 난이도 하 ●○○

자료분석

OSS 특수 훈련 + 국내로 침투시킬 계획을 작성 → (가) 한국광복군

정답설명

④ 한국광복군은 지청천을 사령관으로 구성되었으며, 화북 지역에 가지 않은 조선 의용대의 일부가 합류하여 병력이 증가하였다.

오답분석

① **조선 의용대:** 1940년대에 옌안으로 이동한 부대는 조선 의용대이다. 조선 의용대의 일부는 중국 국민당 정부가 항일 투쟁에 소극적인 태도를 보이자, 더욱 적극적인 독립 투쟁을 전개하고자 화북 지역의 옌안으로 이동하여 조선 의용대 화북 지대를 결성하였다.

② **동북 항일 연군:** 함경남도 갑산군 보천보 일대의 일제 통치 기구를 습격한 부대는 동북 항일 연군이다.

③ 한국광복군은 미쓰야 협정 체결(1925) 이후인 1940년에 창설되었다. 미쓰야 협정은 만주에서 활동하는 한국 독립군의 탄압을 위해 만주 군벌인 장쭤린과 조선 총독부 경무국장 미쓰야 사이에 체결된 협정이다.

10 근대 개항 이후의 경제 상황 난이도 중 ●●○

정답설명

② 순서대로 나열하면 ㉠ 혜상공국 설치(1883) → ㉢ 황국 중앙 총상회 조직(1898) → ㉡ 대한 천일 은행 설립(1899) → ㉣ 토지 가옥 증명 규칙 발표(1906)이다.

㉠ **혜상공국 설치:** 개항 이후 외국 상인들의 활동 범위가 점차 내륙으로 확대되며 보부상의 상권이 침해되자 보부상을 보호하고 총괄하는 기관으로 혜상공국이 설치되었다(1883).

㉢ **황국 중앙 총상회 조직:** 외국 상인의 상권 침탈에 대항하고 상권을 수호하고자 서울의 시전 상인들이 황국 중앙 총상회를 조직하였다(1898).

㉡ **대한 천일 은행 설립:** 개항 이후 일본의 금융 기관이 침투하고, 일본 상인의 고리대금업이 성행하자 이에 대응하기 위하여 대한 천일 은행이 고종의 적극적인 지원 하에 설립되었다(1899).

㉣ **토지 가옥 증명 규칙 발표:** 통감부의 주도로 외국인의 부동산 소유 확대를 허용한 토지 가옥 증명 규칙이 발표되었다(1906).

■ 정답   p.40

01	③ 근대
02	③ 시대 통합
03	④ 조선 후기
04	① 고려 시대
05	④ 일제 강점기
06	② 고려 시대
07	② 고대
08	② 현대
09	④ 근대
10	③ 조선 전기

■ 취약시대 분석표

분류	시대	문항 수
전근대	선사 시대	/0
	고대	/1
	고려 시대	/2
	조선 전기	/1
	조선 후기	/1
근현대	근대	/2
	일제 강점기	/1
	현대	/1
통합	시대 통합	/1
총합		/10

* 취약시대 분석표를 이용해 틀린 문제가 있는 시대는 그 시대의 문제만
골라 해설을 다시 한번 꼼꼼히 학습하세요.

01 근대 병인박해와 오페르트 도굴 사건 사이의 사실 난이도 중 ●●○

자료분석

(가) 죄인 남종삼 + 베르뇌를 비롯한 서양인 4명을 효수함 → 병인
박해(1866. 1.)

(나) 남연군 + 서양놈들이 무덤을 훼손한 변고가 있었음 → 오페르
트 도굴 사건(1868)

정답설명

③ (가)와 (나) 사이 시기인 1866년 9월에 프랑스가 병인박해를 빌
미로 강화도를 침략하자 양헌수가 정족산성에서 프랑스군을 격
퇴하였다.

오답분석

① **(가) 이전:** 몰락 양반인 최제우가 동학을 창시한 것은 1860년으
로, (가) 시기 이전의 사실이다. 동학은 시천주(누구나 마음 속에 천
주를 모심)와 인내천 사상(사람이 곧 하늘)을 강조하며 모든 인간의
평등을 주장하였다.

② **(나) 이후:** 조·미 수호 통상 조약이 체결된 것은 1882년으로, (나)
시기 이후의 사실이다. 조·미 수호 통상 조약은 조선이 서양 국가
와 최초로 맺은 조약으로 거중조정, 최혜국 대우 조항 등을 규정
하였다.

④ **(나) 이후:** 흥선 대원군이 전국 각지에 척화비를 건립한 것은 1871
년으로, (나) 시기 이후의 사실이다. 흥선 대원군은 신미양요 직후
서양 세력에 대한 척화 의지를 표명하는 척화비를 전국에 세우도
록 하였다.

02 시대 통합 『의궤』 난이도 하 ●○○

자료분석

조선 시대에 국가나 왕실에서 거행한 행사의 주요 장면을 그림 + 유
네스코 세계 기록유산 → (가) 의궤

정답설명

③ 「사초」·『시정기』·『승정원일기』 등을 바탕으로 제작된 것은 『조
선왕조실록』이다.

오답분석

① 『의궤』는 왕이 보는 '어람용'과 보관 목적의 '분상용'으로 나누어
제작하였다.

② 『의궤』는 조선 초기부터 편찬되었으나 임진왜란으로 소실되어, 현
재는 임진왜란 이후에 제작된 것만 남아있다.

④ 『의궤』에는 이두와 차자(借字) 및 우리의 고유한 한자어가 많이 사
용되어 있어 국어학 연구에 귀중한 자료이다.

🖑 이것도 알면 합격

조선 왕조 『의궤』

· 조선 왕실의 중요 행사를 글·그림으로 기록한 의례서
· 이두와 차자 및 우리의 고유한 한자어 연구에 귀중한 자료
· 왕이 보는 어람용과 보관용 목적의 분상용으로 제작함
· 강화도의 외규장각에서 보관하던 것을 병인양요 때 프랑
스가 약탈함
· 2007년에 유네스코 세계 기록유산으로 등재됨

03 조선 후기 이양법 확산의 결과   난이도 중 ●●○

자료분석

옛 흙을 떠나 새 흙으로 감 + 논에는 물을 끌어들일 수 있는 하천이 필요함 → 이양법

정답설명

④ 조선 후기에는 쌀의 수요 증가와 이양법의 발달로 쌀의 상품화가 활발해졌으며, 이로 인해 밭을 논으로 바꾸는 현상이 활발해졌다.

오답분석

① 이양법 확산의 결과 일부 농민은 경영형 부농으로 성장하였으나, 대다수의 농민들은 지주들의 토지 확대, 부세의 부담 등으로 토지를 잃고 임노동자로 전락하는 등 농촌 내 빈부 격차가 심화되었다.

②, ③ 이양법 확산의 결과 농사에 필요한 노동력이 절감되면서 넓은 토지를 경작하는 광작이 성행하고, 소작을 주는 대신 노비나 머슴을 통해 직접 토지를 경영하는 지주가 늘어났다.

04 고려 시대 풍수지리 사상   난이도 하 ●○○

자료분석

김위제 + 도선의 술법 + 대명당의 터 → 풍수지리 사상

정답설명

① 풍수지리 사상은 비보사찰이 건립되는 근거가 되었다. 풍수지리 사상을 들여온 도선은 땅의 기운이 쇠퇴하는 것을 사찰이나 탑 등의 건물을 세워서 보완할 수 있다고 하였다. 이를 근거하여 고려 왕조에서는 많은 비보사찰과 비보탑을 건립하였다.

오답분석

② 유교: 고대 중국의 시가를 모아 엮은 『시경』, 고대 중국의 정치를 기록한 『서경』 등을 경전으로 삼은 것은 유교이다.

③ 선종: 참선을 통한 개인의 깨달음을 중시한 것은 선종이다.

④ 교종: 생전의 업이 다음 생에 영향을 미친다는 업설을 통해 전제 왕권 강화에 기여한 것은 교종이다.

05 일제 강점기 정인보   난이도 중 ●●○

자료분석

'얼'을 통하여 큰 중추가 또렷하게 모습을 드러내게 됨 → 「5천 년간 조선의 얼」 → 정인보

정답설명

④ 정인보는 광개토 대왕릉비에 대한 새로운 해석 방법을 제시하는 등 민족 정신의 고취를 위한 역사 연구를 전개하였다.

오답분석

① 이병도 등: 실증적 입장에서 한국사를 연구하는 진단 학회를 조직한 인물은 이병도, 이윤재 등이다.

② 박은식: 「유교구신론」을 발표하여 성리학 중심의 당시 유교 학풍을 실천적 성격의 양명학으로 개편해야 함을 주장한 인물은 박은식이다.

③ 문일평: 조선심의 결정체로 '조선글'을 주장한 인물은 문일평이다. 문일평은 민족 정신으로 '조선심', '조선 문학', '조선 사상'을 강조하였고, 특히 '조선심'의 결정체가 '조선글'임을 강조하였다.

✍️ 이것도 알면 합격

정인보와 문일평	
정인보	• 민족 정신으로 '얼' 사상 강조 • 『조선사연구』: 한국 고대사를 특정 주제를 정해 통사 형식으로 서술 • 「5천 년간 조선의 얼」: 우리 민족의 시조를 단군으로 설정, 동아일보에 연재 • 『양명학 연론』 저술
문일평	• 민족 정신으로 '조선심', '조선 사상' 강조 • 『대미 관계 50년사』, 『호암전집』 등을 저술

06 고려 시대 고려 시대의 향리   난이도 중 ●●○

자료분석

토인으로 그 읍을 다스리고 호령하는 자(호족) + 고려가 직호를 내림 + (고려)성종 때 수령에게 통제하도록 함 → (가) 고려 시대의 향리

정답설명

② 옳은 것을 모두 고르면 ㉠, ㉣이다.

㉠ 고려 시대의 향리는 직역에 대한 대가로 외역전을 지급받았다.

㉣ 고려 시대 일부 향리의 자제들은 기인으로 선발되어 개경으로 보내졌다. 이는 지방 세력을 견제하기 위한 일종의 인질 제도로, 통일 신라의 상수리 제도를 계승한 것이다.

오답분석

㉡ 고려 시대의 향리는 '신량역천'이라고 불리지 않았다. 한편, 신량역천은 양인 신분이지만 천역에 종사하였던 부류이다.

㉢ 고려 시대의 향리 중 호장 등의 상층 향리는 과거에 응시하는 것이 가능하여 중앙 관직에 진출할 수 있었다.

07 고대 백제 무왕   난이도 중 ●●○

자료분석

왕후께서는 좌평 사택적덕의 따님 → 미륵사지 석탑 금제 사리 봉안기 → 백제 무왕

정답설명

② 백제 무왕은 익산에 백제 최대 규모의 사찰인 미륵사를 창건하였다.

① **성왕**: 관산성 전투에서 전사한 왕은 성왕이다. 성왕은 신라 진흥왕에게 한강 하류 지역을 빼앗긴 것에 대한 복수로 신라를 공격하였으나, 관산성 전투에서 전사하였다.

③ **개로왕**: 중국 북위에 국서를 보내 고구려 공격의 원병을 요청한 왕은 개로왕이다.

④ **동성왕**: 탐라국을 복속하고 중국의 남제와 수교한 왕은 동성왕이다.

08 현대 6월 민주 항쟁   난이도 중 ●●○

（자료분석）

박종철 군을 고문 살인하고 은폐 조작한 거짓 정권을 규탄 + 4·13 폭거가 무효임을 선언 → 6·10 국민 대회 선언 → 6월 민주 항쟁

（정답설명）

② 6월 민주 항쟁은 5년 단임의 대통령 직선제를 골자로 하는 9차 개헌이 이루어지는 계기가 되었다.

（오답분석）

① **4·19 혁명**: 3·15 부정 선거가 원인이 되어 일어난 민주화 운동은 4·19 혁명이다.

③ **5·18 민주화 운동**: 시위 과정에서 시민군이 자발적으로 조직된 것은 5·18 민주화 운동이다.

④ **국가 보위 비상 대책 위원회**는 1980년에 신군부 세력이 국정 전반에 대한 실권을 장악하기 위해 임시로 설치한 기구로, 6월 민주 항쟁과는 관련이 없다.

✌️이것도 알면 합격

6월 민주 항쟁의 전개 과정

1천만 서명 운동 전개(직선제 개헌 요구, 1986. 2.) → 박종철 고문 치사 사건(1987. 1.) → 전두환 정부의 4·13 호헌 조치 발표(현행 헌법 유지) → 이한열 최루탄 피격 사건(1987. 6. 9.) → 6·10 국민 대회가 열려 전국 각지에서 국민 대회와 시위 전개, "호헌 철폐·독재 타도·민주 헌법 쟁취" 요구 → 6·29 선언(1987. 6. 29.) → 5년 단임의 대통령 직선제로 개헌(제9차 개헌)

09 근대 일본의 국권 침탈 과정   난이도 중 ●●○

（정답설명）

④ 시기순으로 바르게 나열하면 ⓒ 한·일 의정서 체결(1904) → ⓔ 가쓰라·태프트 밀약 체결(1905) → ⓛ 한·일 신협약 체결(1907) → ⓣ 조선 총독부 설치(1910)가 된다.

ⓒ **한·일 의정서 체결**: 일본은 대한 제국의 국외 중립 선언을 무시하고 한·일 의정서를 체결하여, 한반도의 군사 전략상 필요한 지점을 이용할 수 있게 되었다(1904).

ⓔ **가쓰라·태프트 밀약 체결**: 미국과 일본은 극동의 평화를 구실로 미국의 필리핀 지배와 일본의 한국 지배를 상호 인정하는 가쓰라·태프트 밀약을 체결하였다(1905).

ⓛ **한·일 신협약 체결**: 일본은 한·일 신협약 체결을 통해 통감의 권한을 강화하고, 이와 함께 작성된 비밀 부수 각서에 따라 각 부의 차관에 일본인을 임명하여 차관 정치를 시작하였다(1907).

ⓣ **조선 총독부 설치**: 일본은 한·일 병합 조약 체결 이후 대한 제국을 조선이라 고치고, 통치 기관으로 조선 총독부를 설치하여 식민 통치를 시작하였다(1910).

10 조선 전기 이황의 저서   난이도 중 ●●○

（자료분석）

백운동 서원에 편액을 내려주실 것을 청함 → 소수 서원 → (가) 이황

（정답설명）

③ 이황의 저서인 『성학십도』는 성리학의 원리를 10개의 도식으로 설명하고, 군주가 스스로 성학을 따를 것을 주장하였다.

（오답분석）

① **이이**: 『격몽요결』을 저술한 인물은 이이이다. 이이는 성리학 초심자들을 가르치기 위해 입문서인 『격몽요결』을 저술하였다.

② **박세무**: 『동몽선습』을 저술한 인물은 박세무이다. 박세무는 오륜의 중요성과 중국과 우리나라의 역사를 담은 아동 교육서인 『동몽선습』을 저술하였다.

④ **기대승**: 『주자문록』을 저술한 인물은 기대승이다. 기대승은 문집인 『주자대전』에서 중요한 내용을 발췌하여 『주자문록』을 저술하였다.

✌️이것도 알면 합격

이황의 저서

『성학십도』	군주 스스로가 노력하여 성학을 따를 것을 제시
『주자서절요』	『주자대전』 중에서 중요한 부분을 뽑아 편찬
『전습록논변』	왕수인(왕양명)의 『전습록』을 조목별로 비판

■ 정답　　　　　　　　　p.44

01	④ 고려 시대
02	③ 현대
03	③ 조선 후기
04	③ 근대
05	④ 일제 강점기
06	② 선사 시대
07	② 고대
08	② 고려 시대
09	④ 근대
10	④ 조선 전기

■ 취약시대 분석표

분류	시대	문항 수
전근대	선사 시대	/1
	고대	/1
	고려 시대	/2
	조선 전기	/1
	조선 후기	/1
근현대	근대	/2
	일제 강점기	/1
	현대	/1
통합	시대 통합	/0
총합		/10

* 취약시대 분석표를 이용해 틀린 문제가 있는 시대는 그 시대의 문제만 골라 해설을 다시 한번 꼼꼼히 학습하세요.

---

01 고려 시대 충렬왕　　난이도 상 ●●●

자료분석

경사교수도감 설치 + 홍자번이 편민 18사를 올림 → 충렬왕

정답설명

④ 충렬왕은 국방과 군사 문제 등을 논의하는 기구인 도병마사를 도평의사사로 개편하여 국정을 총괄하게 하였다.

오답분석

① 공민왕: 자제위를 설치한 왕은 공민왕이다. 자제위는 왕권을 강화하고 신변 호위 및 인재를 양성할 목적으로 설치된 관청이다.

② 충숙왕: 찰리변위도감을 설치한 왕은 충숙왕이다. 찰리변위도감은 권세가들이 불법적으로 점유한 토지와 노비를 조사하여 본 주인에게 돌려주기 위해 설치한 관청이다.

③ 충선왕: 원나라의 수도인 연경(베이징)에 학문 연구 기관인 만권당을 설립한 왕은 충선왕이다.

✔️ 이것도 알면 합격

충렬왕 재위 시기의 사실

경사교수도감 설치	7품 이하의 관리들에게 경(經)·사를 가르치던 관청인 경사교수도감을 설치함
섬학전 설치	안향의 건의에 따라 장학 기금인 섬학전을 설치함
기타	· 도병마사를 도평의사사로 개편함 · 홍자번의 편민 18사를 수용하여 폐단을 개선하고자 함 · 원으로부터 동녕부 지역을 반환 받음

---

02 현대 정읍 발언과 남북 협상 사이의 사실　　난이도 중 ●●○

자료분석

(가) 우리는 남방만이라도 임시 정부 혹은 위원회 같은 것을 조직 → 이승만의 정읍 발언(1946. 6.)

(나) 남북 정당, 사회 단체 지도자들은 외국 군대가 철퇴한 후에 내전이 발생할 수 없다는 것을 확인 → 남북 협상(1948. 4.)

정답설명

③ (가)와 (나) 사이 시기인 1947년 5월에 제2차 미·소 공동 위원회가 개최되었다. 제2차 미·소 공동 위원회는 미·소 간에 냉전이 격화된 가운데 자국에 우호적인 정당을 내세우려는 미·소의 정책으로 완전히 결렬되었고, 이에 미국은 한반도 문제를 유엔에 이관하게 되었다.

오답분석

① (나) 이후: 평화선 선언이 발표된 것은 1952년으로, (나) 시기 이후의 사실이다. 평화선은 이승만 대통령이 한국의 연안 수역 보호를 위해 발표한 해양 주권선으로, 독도를 평화선 안에 포함시켜 독도의 영유권을 보호하였다.

② (가) 이전: 조선 건국 동맹이 조직된 것은 1944년으로, (가) 시기 이전의 사실이다. 조선 건국 동맹은 여운형이 광복에 대비하기 위하여 국내에 조직한 단체로, 광복 이후 조선 건국 준비 위원회로 개편되었다.

④ (가) 이전: 미군정 시기에 일제의 귀속 재산을 관리하는 신한 공사가 설립된 것은 1946년 3월로, (가) 시기 이전의 사실이다.

03 조선 후기 남인
난이도 중 ●●○

자료분석

기해년의 일(기해예송)은 생각할수록 망극함 + 대왕 대비께서 기년복으로 낮추어 입도록 하자고 한 일을 바로잡아야 함 → 남인

정답설명

③ 남인은 숙종 때 희빈 장씨 아들(경종)의 원자(왕의 적장자) 책봉 문제로 발생한 기사환국으로 정권을 장악하였다. 기사환국 때 남인 계열인 희빈 장씨의 아들을 원자로 책봉하는 문제에 대해 송시열 등의 서인이 반대하자 숙종이 서인을 몰아내고 서인 계열인 인현 왕후를 폐출시키면서, 남인이 정권을 장악하게 되었다.

오답분석

① 북인: 광해군을 몰아내고 인조를 즉위시킨 인조반정으로 몰락한 붕당은 북인이다.

② 서인: 노론과 소론으로 분열된 붕당은 서인이다. 서인은 경신환국으로 정권을 잡은 후 남인에 대한 처벌을 둘러싸고 강경파인 노론과 온건파인 소론으로 분열되었다.

④ 북인: 조식 학파를 중심으로 형성된 붕당은 북인이다. 한편, 남인은 이황의 학풍을 계승한 영남 학파를 중심으로 형성되었다.

✌️이것도 알면 합격

북인과 남인

북인	· 조식 학파를 중심으로 형성됨 · 광해군 때 정국을 주도함 · 인조반정으로 몰락함 · 대표 인물: 정인홍, 이이첨
남인	· 이황의 학풍을 계승한 영남 학파를 중심으로 형성됨 · 예송 논쟁 때 왕은 사대부와 다른 예법을 따라야 한다고 주장함 · 기사환국으로 정권을 장악함 · 대표 인물: 유성룡, 허목, 윤휴

04 근대 갑신정변의 결과
난이도 중 ●●○

자료분석

경성에서 발생함 + 이노우에 가오루와 김홍집이 상의하여 약관을 만들었음 → 한성 조약 → 갑신정변

정답설명

③ 갑신정변의 결과 청과 일본이 톈진 조약을 체결하여 양국 군의 공동 철수와 조선 파병 시 상대방 국가에 미리 알릴 것을 규정하였다.

오답분석

① 군국기무처 설치는 갑신정변과 관련이 없다. 군국기무처는 1894년

6월에 설립되어 같은 해 12월까지 존속하였으며, 제1차 갑오개혁을 추진한 기구이다.

② 신식 군대인 별기군은 갑신정변(1884) 이전인 1881년에 창설되었다.

④ 임오군란: 독일인 묄렌도르프가 조선에 고문으로 파견된 것은 임오군란의 결과이다.

05 일제 강점기 산미 증식 계획
난이도 중 ●●○

자료분석

쌀의 공급은 계속 부족해짐 + 일본 제국의 식량 문제를 해결 → (가) 산미 증식 계획

정답설명

④ 산미 증식 계획으로 자작농이 줄어들고 소작농이 늘어나게 되었다. 산미 증식 계획의 결과, 조선의 농민들은 높은 소작료와 비료 대금, 토지 개량비 등을 부담하면서 생활이 더욱 어려워졌고, 자작농 중 많은 수가 소작농이 되거나 화전민, 도시 빈민 등으로 전락하였다.

오답분석

모두 산미 증식 계획의 결과이다.

① 산미 증식 계획으로 쌀 생산량이 증가하였으나, 일제가 생산량 증가분보다 더 많은 쌀을 수탈하여 결과적으로 한국인의 1인당 쌀 소비량이 감소하였다.

② 일제의 지나친 수탈로 국내의 식량이 부족해지자 이를 보충하기 위해 만주로부터 조, 콩, 수수 등의 잡곡 수입이 증가하였다.

③ 산미 증식 계획으로 벼농사 중심의 단작형 농업 구조가 형성되었다.

06 선사 시대 신석기 시대의 유적과 유물
난이도 하 ●○○

정답설명

② 옳은 것을 모두 고르면 ㉠, ㉢이다.

㉠ 서울 암사동 유적은 신석기 시대 유적으로, 갈돌과 갈판, 신석기 시대의 집터 등이 출토되었다.

㉢ 부산 동삼동 유적은 신석기 시대 유적으로, 곡물을 담는 데 사용된 빗살무늬 토기, 조개 껍데기 가면 등이 출토되었다.

오답분석

㉡ 부여 송국리 유적은 청동기 시대의 유적이며, 송국리식 토기는 청동기 시대의 대표적인 유물로 몸통에 비해 바닥면이 매우 좁은 것이 특징이다.

㉣ 양양 지경리 유적이 신석기 시대의 유적은 맞지만, 문자를 적는 붓이 출토되지 않았다. 한편, 문자를 적는 붓은 철기 시대의 유적인 창원 다호리 유적에서 출토되었다.

자료분석

경자년(400)에 보병과 기병을 보내 신라를 구원하게 함 → 광개토 대왕

정답설명

② 광개토 대왕 때는 후연(선비족)을 공격하여 요동 지역을 차지하는 등 활발한 정복 활동을 전개하였다.

오답분석

① **고국원왕:** 전연의 왕인 모용황의 공격으로 환도성이 함락된 것은 고국원왕 때이다. 고구려는 고국원왕 때 랴오둥(요동) 지방을 놓고 중국의 전연과 갈등하였으며, 이로 인해 모용황의 침공을 받아 환도성이 함락되고, 미천왕릉이 도굴되었다.

③ **장수왕:** 북위의 공격과 정치적 내분으로 북연의 국력이 쇠락해지자 북연의 왕인 풍홍이 고구려에 망명한 것은 장수왕 때이다.

④ **고국천왕:** 순노부, 소노부 등 부족적 성격의 5부를 행정적 성격의 5부(동·서·남·북·중)로 개편한 것은 고국천왕 때이다.

---

08 고려 시대 **최충** 난이도 중 ●●○

자료분석

학당을 아홉으로 나눔(9재) + 해동공자라 불림 → 최충

정답설명

② 최충은 사립 교육 기관인 9재 학당(문헌공도)을 설립하여 유학 경전인 9경과 역사서인 3사를 중심으로 교육하였다.

오답분석

① **이제현:** 역사·인물의 일화, 시화 등을 수록한 『역옹패설』을 저술한 인물은 이제현이다.

③ **안향:** 왕(충렬왕)에게 유학의 진흥을 위한 장학 기금인 섬학전의 설치를 건의한 인물은 안향이다.

④ **이색:** 공민왕 때 성균관 대사성을 역임하며 정도전, 정몽주 등을 가르친 인물은 이색이다.

✌이것도 알면 합격

9재 학당(문헌공도)	
설립	최충(해동공자)
교육	9개의 전문 강좌로 구성(9재)
의의	사학 융성, 고려의 유학 교육 진흥, 유학을 심화·발전시킴
영향	국자감을 중심으로 하는 관학 교육이 위축됨

---

09 근대 **대한매일신보** 난이도 중 ●●●

자료분석

영국인 베델이 창설함 → (가) 대한매일신보

정답설명

④ 대한매일신보는 을사늑약의 부당성을 폭로한 고종의 친서를 발표하였다. 또한, 영국인 베델을 발행인으로 내세워 일제의 국권 침탈을 비판하거나 의병 활동을 호의적으로 보도하는 등 민족의식을 고취하는 기사를 많이 게재하였다.

오답분석

① **한성주보:** 우리나라 신문 최초로 상업 광고를 게재한 신문은 한성주보이다.

② **한성순보:** 정부의 개화 정책을 홍보하는 등 관보적 성격을 띠었으며, 박문국에서 10일에 한 번씩 간행된 신문은 한성순보이다.

③ **독립신문:** 우리나라 최초의 민간 신문으로 띄어쓰기를 도입한 신문은 서재필이 창간한 독립신문이다.

---

10 조선 전기 **조선 전기의 대외 관계** 난이도 중 ●●●

정답설명

④ 국경 지역인 책문에서 사적으로 이루어지는 후시 무역이 성행한 것은 조선 후기이다. 조선 후기에는 상업의 발달로 무역 수요가 증가하면서 후시 무역이 성행하였다.

오답분석

모두 조선 전기의 대외 관계에 대한 설명이다.

① 조선 전기에는 시암(태국), 자와(인도네시아) 등 동남 아시아의 여러 나라들과 교류하였다.

② 조선 전기에는 류큐(오키나와)에 불경, 범종 등을 전해주어 류큐의 문화 발전에 기여하였다.

③ 조선 전기에는 명나라에 하정사(신년 축하를 위해 파견한 사신), 성절사(황제·황후의 생일 축하를 위해 파견한 사신), 동지사(동지를 전후하여 파견한 사신), 천추사(명나라 황태자의 생일 축하를 위해 파견한 사신) 등의 사절단을 파견하였다.

✌이것도 알면 합격

조선 전기 여진·일본과의 대외 관계	
여진	· 강경책: 세종 때 4군 6진 개척(최윤덕, 김종서), 여진족 본거지 토벌 · 회유책: 여진족 귀순 장려, 국경 무역 허용(경성과 경원에 무역소 설치), 북평관 설치
일본	· 강경책: 세종 때 쓰시마 섬 정벌(이종무) · 회유책: 3포 개항, 계해약조 체결(무역 규모 제한), 동평관 설치

■ 정답

p.48

01	④ 조선 후기
02	② 일제 강점기
03	③ 고려 시대
04	② 근대
05	④ 시대 통합
06	③ 고려 시대
07	② 조선 후기
08	④ 고대
09	③ 현대
10	② 고대

■ 취약시대 분석표

분류	시대	문항 수
전근대	선사 시대	/0
	고대	/2
	고려 시대	/2
	조선 전기	/0
	조선 후기	/2
근현대	근대	/1
	일제 강점기	/1
	현대	/1
통합	시대 통합	/1
총합		/10

* 취약시대 분석표를 이용해 틀린 문제가 있는 시대는 그 시대의 문제만 골라 해설을 다시 한번 꼼꼼히 학습하세요.

---

01 조선 후기 광해군 재위 시기의 사실 난이도 중 ●●○

자료분석

영창 대군을 강화도에 안치하여 죽임 + 대비(인목 대비)를 서궁에 유폐 → 폐모살제 → 광해군

정답설명

④ 광해군 재위 시기에는 후금의 침략을 받은 명이 조선에 원병을 요청하자 강홍립이 이끄는 원병을 명에 파견하였으며, 강홍립에게 상황에 따라 명과 후금 사이에서 신중히 대처할 것을 명하였다.

오답분석

① 인조: 영정법을 제정한 것은 인조 때이다. 인조 때 영정법을 제정하여 전세를 풍흉에 관계없이 토지 1결당 4~6두로 고정하였다.

② 선조: 훈련도감을 설치한 것은 선조 때이다. 훈련도감은 임진왜란 중 유성룡의 건의에 따라 왜군에 대응하기 위해 설치되었다.

③ 중종: 대마도주와 임신약조를 체결하여 무역 규모를 제한한 것은 중종 때이다. 한편, 광해군 때는 기유약조를 체결하여 임진왜란 이후 관계가 단절되었던 일본과의 교섭을 제한적으로 허용하였다.

🖐 이것도 알면 합격

광해군의 정책

부국책	토지 대장과 호적 정리, 대동법 실시(경기도)
강병책	성곽과 무기 수리, 군사 훈련 실시
문화 시책	『동의보감』(허준) 편찬, 5대 사고 정비
대외 정책	명과 후금 사이에서 중립 외교 전개

---

02 일제 강점기 치안유지법이 실시된 시기의 사실 난이도 중 ●●○

자료분석

국체를 변혁 또는 사유 재산제를 부인할 목적으로 결사를 조직하는 자를 처벌 → 치안 유지법(1925~1945)

정답설명

② 치안 유지법이 실시되던 1938년에 국가 총동원법이 제정되었다. 국가 총동원법은 중·일 전쟁 발발 이후 전쟁 수행에 필요한 인적, 물적 자원을 원활하게 확보하기 위해 제정한 법률이다.

오답분석

모두 치안 유지법이 제정되기 이전의 사실이다.

① 서당 규칙이 발표된 것은 1918년이다. 일제는 서당 규칙을 통해 서당 설립을 신고제에서 허가제로 바꾸었다.

③ 토지 조사 사업이 전개된 것은 1912~1918년이다. 일제는 근대적인 토지 제도의 확립을 통한 세수 확보와 토지 약탈을 위해 토지 조사 사업을 전개하였다.

④ 조선 연초 전매령이 공포된 것은 1921년이다. 일제는 조선 연초 전매령을 제정·공포하여 연초의 재배 및 제조, 판매 모든 부문을 통제하고 재정 수입을 확대하였다.

---

03 고려 시대 원 간섭기의 사실 난이도 중 ●●○

자료분석

딸이 공녀로 가게 됨 + 자녀들이 원나라로 끌려가기를 거른 해가 없음 → 원 간섭기

정답설명

③ 군을 통솔하는 기관인 삼군도총제부가 설치된 것은 공양왕 때인 1391년으로, 원이 멸망(1368)한 이후의 사실이다.

오답분석

모두 원 간섭기의 사실이다.

① 원 간섭기에는 매의 사냥과 사육을 담당하는 응방이 설치되었다.

② 원 간섭기에는 원의 일본 원정을 위해 정동행성이 설치되었다. 한편, 정동행성은 일본 원정 실패 이후에도 고려의 내정 간섭 기구로 존속하였다.

④ 원 간섭기에는 고려의 관제가 격하되어 중서문하성과 상서성이 첨의부로 개편되었다.

---

04 근대 헌의 6조가 발표된 시기   난이도 중 ●●○

자료분석

관·민이 힘을 합하여 전제 황권을 견고하게 함 + 국가 재정은 탁지부에서 전관 → 헌의 6조

(가) 강화도 조약 체결(1876) ~ 제1차 갑오개혁(1894)

(나) 제1차 갑오개혁(1894) ~ 대한국 국제 반포(1899)

(다) 대한국 국제 반포(1899) ~ 을사늑약 체결(1905)

(라) 을사늑약 체결(1905) ~ 고종 강제 퇴위(1907)

정답설명

② 헌의 6조는 (나) 시기인 1898년에 발표하였다. 독립 협회는 관민 공동회를 열고 자주 국권 확립, 탁지부에서 재정 일원화 등을 내용으로 하는 개혁안인 헌의 6조를 결의하여 고종의 재가를 받았다.

---

05 시대 통합 충주의 역사   난이도 중 ●●○

자료분석

김윤후가 방호별감으로 있음 + 몽골이 쳐들어와 포위 → 충주성 전투 → (가) 충주

정답설명

④ 충주에는 고구려가 남진 정책을 추진하여 남한강 유역인 충주까지 진출하였다는 사실을 기념하기 위한 충주(중원) 고구려비가 세워졌다.

오답분석

① 공주: 망이·망소이가 반란을 일으킨 지역은 공주이다. 고려 시대에 공주 명학소에서 망이와 망소이가 과중한 세금 납부와 신분 차별에 반대하여 반란을 일으켰다.

② 전주: 견훤이 후백제의 도읍으로 삼은 지역은 전주(완산주)이다.

③ 안동: 홍건적의 침입 때 개경이 함락되면서 공민왕이 피난한 지역은 안동(복주)이다.

이것도 알면 합격

충주의 역사

고대	· 고구려 장수왕 때 남한강 유역까지 진출하고 충주(중원) 고구려비 건립 · 통일 신라 때 국원소경 설치(557) → 중원경 설치(757)
고려 시대	· 몽골의 5차 침입 때 충주산성 방호별감 김윤후가 관노 등을 이끌고 몽골군을 격퇴 · 몽골의 6차 침입 때 다인철소 주민들이 몽골군에 항전
조선 시대	임진왜란 때 신립이 충주 탄금대에서 왜군에 항전하였지만 패배(1592)

---

06 고려 시대 혜심   난이도 하 ●○○

자료분석

수선사 + 나는 유교의 불자 → 혜심

정답설명

③ 혜심은 유·불 일치설을 통해 심성의 도야를 강조하여 성리학 수용의 사상적 토대를 마련하였다.

오답분석

① 균여: 광종이 건립한 귀법사의 초대 주지를 역임하며 화엄 교단을 정비한 인물은 균여이다.

② 지눌: 수행법으로 돈오점수를 주장한 인물은 지눌이다. 지눌은 선과 교학이 근본적으로 둘이 아니라는 정혜쌍수와 내가 곧 부처임을 깨닫고 꾸준한 수행으로 깨달음을 확인할 것을 강조하는 돈오점수를 주장하였다.

④ 보우: 원으로부터 선종의 일파인 임제종을 들여와 전파시킨 인물은 보우이다.

---

07 조선 후기 기술직 중인   난이도 중 ●●○

자료분석

의(의료직), 역(통역) + 중촌 + 역할을 대대로 세습 → 기술직 중인

정답설명

② 기술직 중인들은 조선 후기에 시사(詩社)를 조직하여 역대 시인들의 시를 모아 시집을 간행하는 등의 문예 활동을 하였다.

오답분석

① 기술직 중인은 철종 때 청요직 진출이 허용되지 않았다. 기술직 중인들은 서얼의 신분 상승 운동에 자극을 받아 청요직 진출의 요구를 담은 통청 운동을 전개하였지만 실패하였다.

③ **노비:** 장례원을 통하여 국가의 관리를 받았던 계층은 천민인 노비이다.

④ **서얼:** 대표적인 인물로 유득공, 이덕무가 있는 것은 서얼이다. 서얼은 정조 때 규장각 검서관으로 등용되었다.

🖐️ 이것도 알면 합격

중인	
좁은 의미의 중인	역관, 의관, 율관, 산관, 화원 등의 기술관원만을 지칭
넓은 의미의 중인	양반과 상민의 중간 신분 계층을 의미, 기술관, 서얼, 서리, 지방 향리, 토관 등의 여러 계층을 포함

---

08 고대 진성 여왕 대의 사실 난이도 중 ●●○

(자료분석)

원종, 애노 등이 반란을 일으킴 → 진성 여왕

(정답설명)

④ 진성 여왕 때는 당에서 유학을 하고 돌아온 최치원이 정치·사회 개혁 방안을 담은 시무 10여 조의 개혁안을 건의하였다.

(오답분석)

① **헌덕왕:** 김헌창이 반란을 일으킨 것은 헌덕왕 때이다. 김헌창은 아버지인 김주원이 왕이 되지 못한 데에 불만을 품고 웅주(공주)에서 반란을 일으켰으나 실패하였다.

② **성덕왕:** 상원사 동종을 주조한 것은 성덕왕 때이다. 상원사 동종은 우리나라의 현존하는 동종 가운데 가장 오래된 범종이다.

③ **흥덕왕:** 장보고가 지금의 완도에 해군 기지이자 무역 기지인 청해진을 설치한 것은 흥덕왕 때이다.

🖐️ 이것도 알면 합격

진성 여왕 재위 기간(887~897)의 사실

· 각간 위홍과 대구화상이 『삼대목』을 편찬함(888)
· 최치원이 시무책 10여 조를 올림(894)
· 원종과 애노의 난(889), 적고적의 난(896) 등의 농민 반란이 발생함

---

09 현대 박정희 정부 시기의 경제 상황 난이도 중 ●●○

(자료분석)

판문점 공동 경비 구역 + 미루나무 벌채 작업 + 북한군은 유엔군을 공격함 → 판문점 도끼 만행 사건(1976) → 박정희 정부

(정답설명)

③ 박정희 정부 시기에는 외국인의 투자 촉진, 고용 증대 등을 위해 마산(1970)과 익산(1973)을 수출 자유 무역 지역으로 선정하였다.

(오답분석)

① **이승만 정부:** 한·미 경제 조정 협정을 체결한 것은 이승만 정부 때이다. 한·미 경제 조정 협정은 기존에 제공되고 있던 미국의 경제 원조와 관련하여 한·미 양자 간의 역할과 관계를 조정한 협정이다.

② **전두환 정부:** 저금리, 저유가, 저달러의 3저 호황을 누린 것은 전두환 정부 때이다.

④ **전두환 정부:** 최저 임금을 심의하고 의결하는 최저 임금 위원회가 설치된 것은 전두환 정부 때이다.

---

10 고대 발해의 문화재 난이도 하 ●○○

(자료분석)

일본이 국서를 보냄 + 고려 국왕 + 천손이라는 칭호를 씀 → ㉠ 발해

(정답설명)

② 이불 병좌상은 두 부처가 나란히 앉아 있는 발해의 불상으로, 광배와 연꽃 등의 표현을 통해 고구려의 영향을 받았음을 알 수 있다.

(오답분석)

① **통일 신라:** 백률사 석당은 통일 신라의 문화재이다. 백률사 석당은 법흥왕 때 불교 공인을 주장하다 순교한 이차돈을 기념하기 위해 헌덕왕 때 건립된 비석이다.

③ **고구려:** 금동 연가 7년명 여래 입상은 고구려의 문화재이다. 금동 연가 7년명 여래 입상은 고구려에서 조성되었음을 알 수 있는 명문이 새겨져 있는 불상이다.

④ **백제:** 서산 용현리 마애 여래 삼존상은 백제의 문화재이다. 서산 용현리 마애 여래 삼존상은 바위에 새겨진 마애 여래 삼존상으로, '백제의 미소'라는 별칭이 있다.

■ **정답**   p.52

01	③ 고대
02	② 조선 전기
03	② 시대 통합
04	① 고려 시대
05	④ 일제 강점기
06	① 고려 시대
07	④ 고대
08	② 근대
09	③ 현대
10	④ 조선 후기

■ **취약시대 분석표**

분류	시대	문항 수
전근대	선사 시대	/0
	고대	/2
	고려 시대	/2
	조선 전기	/1
	조선 후기	/1
근현대	근대	/1
	일제 강점기	/1
	현대	/1
통합	시대 통합	/1
총합		/10

* 취약시대 분석표를 이용해 틀린 문제가 있는 시대는 그 시대의 문제만
골라 해설을 다시 한번 꼼꼼히 학습하세요.

01 고대 발해 선왕   난이도 중 ●●○

자료분석

발해의 전성기를 맞이함 + 해동성국 → (가) 발해 선왕

정답설명

③ 발해 선왕은 '건흥'이라는 독자적인 연호를 사용하여 대외적으로
자주 국가임을 표명하였다.

오답분석

① **발해 문왕**: 3성 6부제의 중앙 관제를 정비한 왕은 발해 문왕이다.
발해의 3성 6부제는 당나라의 중앙 제도를 모방하였지만 각 기관
의 명칭과 운영에서는 발해만의 독자성을 유지하였다.

② **발해 무왕**: 일본에 사신을 파견하여 국교를 맺은 왕은 발해 무왕
이다.

④ **발해 문왕**: 불교에서 이상적인 군주로 일컬어지는 전륜성왕을 자
처하고 황상이라는 칭호를 사용한 왕은 발해 문왕이다.

02 조선 전기 이이   난이도 상 ●●●

자료분석

이(理)가 아니면 기(氣)가 근거할 데가 없음 + 이와 기는 서로 떨어지
지 않을 수 없음 → 일원론적 이기이원론(이기일원론) → 이이

정답설명

② 이이는 왕도 정치의 이상을 문답 형식으로 서술한 『동호문답』, 기
자의 행적을 정리한 『기자실기』를 저술하였다.

오답분석

① **이황**: 기대승과 4단 7정에 대한 논쟁을 벌인 인물은 이황이다. 4단
7정에 대한 논쟁은 4단과 7정이 '이에 속하는가, 기에 속하는가'와
'이가 발동할 수 있는가, 없는가'에 대한 논쟁이다.

③ **조식**: 선조에게 올린 『무진봉사』에서 서리망국론을 통해 당시 서
리의 폐단을 비판한 인물은 조식이다.

④ **서경덕**: 우주를 무한하고 영원한 기로 보는 태허설을 제기한 인
물은 서경덕이다.

✌️이것도 알면 합격

이이

주장 및 영향	주기론 주장, 서인에 영향을 줌
활동	· 수미법 등 다양한 개혁 방안 제시 · 해주 향약 실시
저서	『격몽요결』, 『동호문답』, 『성학집요』, 『기자실기』, 『만언봉사』 등 저술

03 시대 통합 강화도의 역사   난이도 중 ●●○

자료분석

참성단이 있음 + 정제두 등이 학파(강화학파)를 형성함 → 강화도

정답설명

② 강화도는 우리나라 최초의 근대적 조약인 강화도 조약이 체결
된 곳이다.

① **제주도**: 네덜란드 선원인 하멜이 표류한 곳은 제주도이다.

③ **암태도**: 지주 문재철에 맞서 소작 쟁의가 일어난 곳은 암태도이다. 암태도 소작 쟁의는 일제 강점기인 1923년에 전남 신안군 암태도에서 소작인들이 지주 문재철과 그를 비호하는 일제에 대항하여 소작료 인하를 요구하는 소작 쟁의를 일으켜 이를 관철시킨 사건이다.

④ **흑산도**: 순조 재위 시기에 발생한 신유박해 때 정약전이 유배 생활을 하였던 곳은 흑산도이다.

이것도 알면 합격

강화도의 역사

선사 시대	・단군이 하늘에 제사를 지냈다고 전해지는 참성단이 있음 ・청동기 시대의 유물인 고인돌이 남아 있음 (부근리 유적 등)
통일 신라	문성왕 때 군진인 혈구진을 설치함
고려 시대	몽골의 침입 때 임시 수도의 역할을 함
조선 시대	・정묘호란과 병자호란 때 왕족이 피난함 ・정제두 등이 학파를 형성함 ・『조선왕조실록』을 보관하던 사고가 설치됨
근대	・병인양요 때 양헌수가 프랑스군을 물리침 ・신미양요 때 어재연이 미군에 항전함 ・우리나라 최초의 근대적 조약(강화도 조약)이 체결됨

04 고려 시대 『제왕운기』 난이도 중 ●●○

이승휴가 지어서 바침 → 『제왕운기』

④ 『제왕운기』는 원 간섭기인 충렬왕 때 편찬된 역사서로, 우리나라 역사의 시작을 단군으로 설정하여 서술하였고, 중국과 구별되는 우리 역사의 독자성을 강조하였다.

① 『삼국사기』: 신라의 역사를 상대(박혁거세~진덕 여왕), 중대(무열왕~혜공왕), 하대(선덕왕~경순왕)로 구분한 것은 고려 인종 때 김부식이 저술한 『삼국사기』이다.

② 『삼국유사』: 「왕력」, 「기이」, 「흥법」, 「탑상」, 「의해」 등으로 구성된 것은 충렬왕 때 일연이 저술한 『삼국유사』이다.

③ 『동국세년가』: 단군 조선부터 고려까지의 역사를 노래 형식으로 정리한 것은 세종 때 권제가 지은 『동국세년가』이다.

05 일제 강점기 브나로드 운동 난이도 중 ●●○

동아일보에서 발표한 운동 → 브나로드 운동

④ 브나로드 운동은 동아일보의 주도로 전개된 농촌 계몽 운동으로 '배우자! 가르치자! 다 함께 브나로드'라는 구호를 내세웠다.

① **3·1 운동**: 전개 과정에서 제암리 학살 등 일제의 가혹한 탄압을 받은 운동은 3·1 운동이다. 제암리 학살은 일제가 3·1 운동의 보복으로 경기도 화성시 제암리의 주민을 교회로 모이게 한 후, 문을 모두 잠근 뒤 불을 지르고 총을 쏘는 등의 만행을 저지른 사건이다.

② **형평 운동**: 백정에 대한 사회적 차별 철폐를 목적으로 한 운동은 형평 운동이다.

③ 브나로드 운동은 조선 총독부의 탄압으로 광복(1945) 이전인 1934년에 중단되었다.

06 고려 시대 고려 시대의 관리 등용 제도 난이도 중 ●●○

① 옳은 것을 모두 고르면 ㉠, ㉢이다.

㉠ 고려 시대의 과거 시험에서는 일종의 논술 시험으로 문학적 재능과 정책 등을 평가하는 시험인 제술업이 유교 경전에 대한 이해 능력을 평가한 시험인 명경업보다 중시되었다.

㉢ 고려 시대의 승과는 교종의 승려를 선발하는 교종선과 선종의 승려를 선발하는 선종선으로 나누어 시행되었다.

㉡ 고려 시대의 무과는 예종 때를 제외하고는 거의 시행되지 못하였다.

㉣ 고려 시대에는 음서로 등용된 사람들도 승진에 차별을 받지 않아 5품 이상의 고위 관직에 오를 수 있었다.

07 고대 경덕왕 재위 시기의 사실 난이도 중 ●●○

중시를 시중으로 고침 + 사벌주를 상주로 고침 → 경덕왕

④ 경덕왕 때는 국학의 명칭을 태학감으로 변경하였고, 박사와 조교를 두어 운영하였다. 태학감은 혜공왕 때 다시 국학으로 명칭이 바뀌었다.

① **문무왕**: 지방관을 감찰하기 위하여 외사정을 처음 파견한 것은 문무왕 때이다.

② **신문왕**: 왕권 강화를 위해 달구벌(경상북도 대구)로 천도를 시도한 것은 신문왕 때이다.

③ **흥덕왕**: 사치 금지 교서를 반포한 것은 흥덕왕 때이다. 흥덕왕은 신라 하대에 국제 무역을 통하여 외국에서 사치품이 들어오면서 지배층의 사치가 더욱 심각해지자 사치 풍조를 규제하기 위해 사치 금지 교서를 반포하였다.

🖐️이것도 알면 합격

경덕왕 재위 시기의 사실

한화 정책 추진	· 9주와 군현의 이름을 중국식으로 변경 · 집사부 중시의 명칭을 시중(侍中)으로 변경
녹읍 부활	조세 수취와 노동력의 징발이 가능한 녹읍이 부활됨
유교 교육 강화	국학을 태학(감)으로 고치고, 박사와 조교를 두어 유교 교육을 강화
문화	· 김대성이 석굴암을 창건함 · 만불산을 당 대종에게 선물함 · 충담사가 향가인 안민가를 지음 · 성덕대왕 신종(에밀레종)의 주조 시작

08 근대 거문도 사건이 전개된 시기의 모습 난이도 중 ●●○

자료분석

해밀턴 섬이라고 부름 + 영국 사람들이 섬에 군사를 주둔시키고 러시아가 오는 길을 막고 있음 → 거문도 사건(1885~1887)

정답설명

② 거문도 사건이 전개되던 1886년에 미국 선교사 스크랜튼에 의하여 우리나라 최초의 여성 사립 교육 기관인 이화 학당이 설립되었다.

오답분석

모두 거문도 사건이 전개된 시기에 볼 수 없는 모습이다.

① 한성순보는 1883년에 발간되어 1884년 갑신정변 때 박문국이 불타버리면서 폐간되었다.

③ 경부선은 서울과 인천을 연결하는 철도로 1905년에 개통되었다.

④ 명동 성당은 고딕 양식의 건축물로 1898년에 완공되었다.

09 현대 제헌 국회 난이도 하 ●○○

자료분석

대통령과 부통령은 국회에서 무기명 투표로써 각각 선거함 + 대통령과 부통령의 임기는 4년으로 함 → 제헌 국회

정답설명

③ 옳은 것을 모두 고르면 ⓒ, ⓔ이다.

ⓒ 제헌 국회는 반민족 행위자를 처벌하여 일제의 잔재를 청산하고, 사회 정의를 확립하기 위해 반민족 행위 처벌법을 제정하였다.

ⓔ 제헌 국회는 4·3 사건의 영향으로 제주도 지역의 일부 국회의원들이 선출되지 못한 채 출범하였다.

오답분석

㉠ **제5대 국회**: 민의원과 참의원의 양원제로 구성된 국회는 제5대 국회이다. 양원제는 발췌 개헌안부터 규정되었지만 실질적으로는 단원제로 운영되다가, 4·19 혁명 이후 구성된 제5대 국회 때만 운영되었다.

ⓒ **제4대 국회**: 언론 규제 조항을 강화한 신국가 보안법을 제정한 것은 이승만 정부 시기에 구성된 제4대 국회이다.

10 조선 후기 훈련도감 난이도 중 ●●○

자료분석

조총 쏘는 법과 창, 칼 쓰는 기술을 가르치게 함 → (가) 훈련도감

정답설명

④ 훈련도감은 임진왜란 중에 유성룡의 건의에 따라 설치된 조직으로, 장기간 근무를 하고 일정한 급료를 받는 상비군이었다.

오답분석

① **금위영**: 5군영 중에 가장 마지막에 설치된 조직은 금위영이다. 한편, 훈련도감은 5군영 중에 가장 먼저 설치되었다.

② **별기군**: 일본인 교관을 초빙하여 군사 훈련을 받은 조직은 별기군이다.

③ **장용영**: 한양에 내영, 수원 화성에 외영을 두었으며 순조 때 혁파된 조직은 장용영이다.

🖐️이것도 알면 합격

훈련도감

설치	임진왜란 중 유성룡의 건의로 설치
구성	포수(총)·사수(활)·살수(칼과 창)의 삼수병으로 구성
특징	장기간 근무를 하고 일정한 급료를 받는 상비군
폐지	고종 때 신식 군대인 별기군이 설치되자 1882년에 폐지됨

정답   p.56

01	④ 조선 전기
02	② 근대
03	④ 고려 시대
04	④ 일제 강점기
05	② 고대
06	② 근대
07	① 조선 후기
08	③ 현대
09	③ 고려 시대
10	④ 선사 시대

취약시대 분석표

분류	시대	문항 수
전근대	선사 시대	/1
	고대	/1
	고려 시대	/2
	조선 전기	/1
	조선 후기	/1
근현대	근대	/2
	일제 강점기	/1
	현대	/1
통합	시대 통합	/0
총합		/10

* 취약시대 분석표를 이용해 틀린 문제가 있는 시대는 그 시대의 문제만 골라 해설을 다시 한번 꼼꼼히 학습하세요.

---

01 조선 전기 수령 7사   난이도 중 ●●○

자료분석

현령(현에 파견된 지방관) + 칠사 → ㉠ 수령 7사

정답설명

④ 조선 시대의 지방 수령이 해야 할 업무를 나타내는 수령 7사에 유향소를 통제한다는 내용은 없다. 한편, 조선 시대에 중앙과 지방을 연결하는 기능을 하여 유향소를 통제하였던 것은 경재소이다.

오답분석

①, ②, ③ 수령 7사에서는 농상을 장려하는 것(농상성), 유학을 교육하여 학교를 일으키는 것(학교흥), 호구를 늘리는 것(호구증), 부역을 공정하게 징수하는 것(부역균) 등을 수령의 의무로 강조하였다.

✌️ 이것도 알면 합격

수령 7사

1. 농사철에 맞추어 씨를 뿌리게 할 것(농상성)
2. 유생에게 경전을 교육하고 제술을 시험하여 유학 및 문학에 정진을 도모할 것(학교흥)
3. 사송의 처리를 간편하게 하여 심의와 판결을 신속하게 할 것(사송간)
4. 용모를 잘 관찰하여 간사스럽고 교활한 자를 없앨 것(간활식)
5. 때를 맞춰 군사 훈련을 실시하고 기강을 엄히 할 것(군정수)
6. 백성들을 편하게 일하면서 살 수 있게 하여 사람들이 모여들게 할 것(호구증)
7. 부역을 시키는 데 차별 없이 공평하고 균등하게 부과할 것 (부역균)

---

02 근대 임오군란   난이도 중 ●●○

자료분석

경성(서울) 폭동 + 공사관을 습격 + 민겸호 집도 습격 → 임오군란

정답설명

② 임오군란은 구식 군인에 대한 차별 대우가 발단이 되어 일어났다. 신식 군인에 비해 차별을 받던 구식 군인들은 13개월 만에 받은 밀린 급료가 겨와 모래가 섞인 쌀로 지급되자 임오군란을 일으켰다.

오답분석

① **갑신정변**: 김옥균, 박영효 등의 급진 개화파 인사들이 주도한 것은 갑신정변이다. 한편, 임오군란은 구식 군인들과 개화 정책에 반대하는 서울의 하층민들이 참여하여 전개되었다.
③ **제1차 동학 농민 운동**: '나라 일을 돕고 백성을 편안하게 한다'는 보국안민과 '폭정을 제거하고 백성을 구한다'는 제폭구민을 내세우며 봉기한 것은 제1차 동학 농민 운동이다.
④ **갑신정변**: 조선과 일본이 한성 조약을 체결하는 계기가 된 것은 갑신정변이다. 갑신정변의 결과 조선이 일본에 배상금을 지불하고, 일본 공사관 신축 비용을 부담하는 한성 조약이 체결되었다.

---

03 고려 시대 위화도 회군 이후의 사실   난이도 중 ●●○

자료분석

최영에게 군사를 돌이키게 허락하기를 청함 + 우군도통사(이성계) + 군사를 돌이켜 압록강을 건넘 → 위화도 회군(1388)

---

④ 위화도 회군 이후 권력을 장악한 이성계와 조준 등은 1391년에 전제 개혁을 단행하여 과전법을 실시함으로써 권문세족의 경제적 기반을 약화시키고 신진 사대부의 경제적 기반을 마련하였다.

(오답분석)

모두 위화도 회군 이전의 사실이다.

① 정동행성 이문소를 폐지한 것은 공민왕 때인 1356년이다. 공민왕 때 기철 등의 부원 세력을 숙청하고 고려의 내정을 간섭하던 정동행성 이문소를 폐지하였다.

② 일연이 『삼국유사』를 편찬한 것은 충렬왕 때인 1281년이다.

③ 최무선 등이 진포 해전에서 승리한 것은 우왕 때인 1380년이다. 우왕 때 왜구가 진포로 침입하여 약탈을 일삼자 최무선이 만든 화약 무기를 사용해 격퇴하였다.

04 일제 강점기 조선 혁명군 · 난이도 중 ●●○

(자료분석)

양세봉 + 영릉가성을 점령함 → 영릉가 전투 → (가) 조선 혁명군

(정답설명)

④ 조선 혁명군은 조선 혁명당의 산하 부대로 양세봉을 중심으로 남만주 지역에서 주로 활동하였으며, 중국 의용군 등과 함께 영릉가, 흥경성 등에서 일본군을 격파하였다.

(오답분석)

① 한국 독립군: 쌍성보 전투에서 중국 호로군 등과 연합하여 일본군에게 승리한 부대는 한국 독립군이다.

② 조선 의용대 화북 지대, 조선 의용군: 중국 팔로군과 연합하여 항일 투쟁을 한 부대는 조선 의용대 화북 지대와 조선 의용군이다.

③ 한국광복군: 초기에 중국 군사 위원회의 지휘와 간섭을 받은 것은 한국광복군이다. 한국광복군은 초기에 재정적 어려움으로 인하여 중국 정부의 원조를 받아야 했기 때문에 중국 군사 위원회의 지휘와 간섭을 받았다.

✍️ 이것도 알면 합격

한국 독립군과 조선 혁명군

한국 독립군	· 한국 독립당 산하의 부대로 지청천을 중심으로 활동 · 중국 호로군 등과 연합 작전 수행 · 쌍성보 전투(1932), 사도하자 전투(1933), 동경성 전투(1933), 대전자령 전투(1933)에서 일본군을 크게 격파
조선 혁명군	· 남만주 일대에서 양세봉을 중심으로 활동 · 중국 의용군 등과 연합 작전 수행 · 영릉가 전투(1932), 흥경성 전투(1933)에서 일본에 대승

05 고대 고구려 부흥 운동 · 난이도 중 ●●○

(자료분석)

안승을 만나 임금으로 모심 → 고구려 부흥 운동

(정답설명)

② 고구려 부흥 운동 세력 중 고연무는 오골성 등에서 신라와 연합하여 당군에 항전하였다.

(오답분석)

① 백제 부흥 운동: 흑치상지가 임존성에서 소정방이 보낸 당군을 격퇴한 것은 백제 부흥 운동이다.

③ 백제 부흥 운동: 왜와 연합하여 나·당 연합군과 전투를 벌인 것은 백제 부흥 운동이다. 백제 부흥군은 왜의 수군과 연합하여 백강에서 나·당 연합군에 맞서 전투를 벌였으나 패배하였다.

④ 중국의 오월과 후당에 사신을 보내 교류한 것은 후백제의 견훤으로, 고구려 부흥 운동과 관련이 없다.

06 근대 동학 농민군의 폐정 개혁안 · 난이도 중 ●●○

(자료분석)

양반들을 미워함 + 노비 문서를 불태움 → 동학 농민군 → 폐정 개혁안 12개조

(정답설명)

② 옳은 것을 모두 고르면 ㉠, ㉢이다.

㉠ 토지는 균등하게 나누어 경작하게 하는 것은 폐정 개혁안 12개조 중 제12조의 내용이다.

㉢ 관리 채용에 지벌을 타파하고 인재를 등용하는 것은 폐정 개혁안 12개조 중 제9조의 내용이다.

(오답분석)

㉡, ㉣ 14개조 혁신 정강: 각 도의 환곡을 영원히 없애라고 주장한 것과 의정부와 6조 이외에 불필요한 관청을 모두 없애도록 주장한 것은 갑신정변 때 발표된 14개조 혁신 정강의 내용이다.

✍️ 이것도 알면 합격

폐정 개혁 12개조의 내용

반봉건	· 탐관오리 처벌, 횡포한 부호 엄징, 불량한 유림과 양반 징벌 · 노비 문서 소각, 7종 천인의 대우 개선, 청상 과부의 재가 허용 · 토지 균등 분배, 잡세 폐지, 공·사채 폐지
반외세	왜와 내통하는 자 엄징

07 조선 후기 천주교 박해 `난이도 중 ●●○`

정답설명

① 순서대로 바르게 나열하면 ⊙ 진산 사건(신해박해, 1791) → ⓒ 황사영 백서 사건(1801) → ⓒ 김대건 순교(병오박해, 1846) → ⓔ 병인박해(1866)가 된다.

⊙ **진산 사건:** 정조 때 진산에서 모친의 신주를 불태우고 천주교식으로 제사를 지낸 윤지충을 사형에 처하였다(신해박해, 1791).

ⓒ **황사영 백서 사건:** 신유박해가 일어나자 황사영이 베이징 주재 주교에게 박해의 전말과 그 대책(군대를 동원하여 신앙의 자유를 확보하는 것)을 적은 서신을 보내려다가 발각되었다(1801).

ⓒ **김대건 순교:** 우리나라 최초의 신부인 김대건은 포교 활동을 하다가 체포되어 처형되었다(병오박해, 1846).

ⓔ **병인박해:** 흥선 대원군 집권 시기에 프랑스 신부를 비롯하여 남종삼 등 천주교 신자 수천 명이 순교하였다(병인박해, 1866).

👆이것도 알면 합격

천주교 박해

박해	내용
신해박해 (정조, 1791)	진산 사건(윤지충이 모친의 신주를 불사르고 천주교식으로 장례를 치른 사건)을 일으킨 윤지충과 그를 옹호한 권상연을 사형에 처함
신유박해 (순조, 1801)	• 노론 벽파가 남인 시파 탄압 목적으로 정약용·정약전 등 약 400명을 유배보냄 • 중국인 신부 주문모와 이승훈, 정약종 등 처형 • 황사영 백서 사건으로 박해가 더욱 심화됨
기해박해 (헌종, 1839)	• 천주교도 색출을 위해 5가작통법 시행 • 정하상(정약종의 아들) 등 처형
병오박해 (헌종, 1846)	김대건(한국인 최초의 천주교 신부) 처형
병인박해 (고종, 1866)	프랑스 선교사와 남종삼 등 수천 명이 순교하였고, 병인양요의 원인이 됨

08 현대 7·4 남북 공동 성명 `난이도 중 ●●○`

자료분석

자주적으로 해결 + 평화적 방법 + 민족적 대단결을 도모 → 7·4 남북 공동 성명

정답설명

③ 7·4 남북 공동 성명에서 자주·평화·민족적 대단결이라는 통일의 3대 원칙에 합의하였고, 이를 계기로 남북 조절 위원회를 설치하였다.

오답분석

① 금강산 관광은 7·4 남북 공동 성명과 관련이 없다. 금강산 관광은 김대중 정부 시기에 현대 그룹 정주영 회장의 소떼 방북을 계기로 시작되었다(1998).

②, ④ **남북 기본 합의서:** 유엔에 남북한이 동시 가입한 직후 발표되었으며, 남북 불가침을 위한 남북 군사 공동 위원회 설치를 명시한 문서는 남북 기본 합의서이다.

09 고려 시대 고려 시대의 문학 `난이도 중 ●●○`

정답설명

③ 김시습이 우리나라 최초의 한문 소설인『금오신화』를 저술한 것은 고려 시대가 아닌 조선 전기이다.『금오신화』는 평양, 경주, 개성 등 옛 도읍지를 배경으로 우리나라 고유 신앙과 연결된 민중의 생활 감정 등을 표현하였다.

오답분석

모두 고려 시대의 문학에 대한 설명이다.

① 이규보는 삼국 시대부터 고려 시대까지의 여러 시화를 모은『백운소설』을 저술하였다.

② 임춘은 술을 의인화한 가전체 작품인『국순전』을 저술하여 소인배들의 득세와 뛰어난 인물들이 소외되는 현실을 풍자하였다.

④ 이인로는『파한집』에서 개경, 평양, 경주 등 역사적 유적지의 풍속과 풍경 등을 묘사하였다.

10 선사 시대 구석기 시대의 유적지 `난이도 하 ●○○`

자료분석

아슐리안형 주먹 도끼 → ⊙ 구석기 시대

정답설명

④ 종성 동관진 유적은 한반도에서 최초로 발견된 구석기 시대의 유적지로, 석기와 골각기(뼈와 뿔로 만든 도구)가 발견되었다.

오답분석

① **철기 시대:** 창원 다호리 유적은 철기 시대 유적지로, 문자를 적는 붓이 출토되어 철기 시대에 중국과 교류를 통해 한자를 사용하고 있었음을 알 수 있다.

② **신석기 시대:** 양양 오산리 유적은 신석기 시대 유적지로, 덧무늬 토기와 이른 민무늬 토기 등이 출토되었으며, 신석기 시대의 집터가 발견되었다.

③ **청동기 시대:** 여주 흔암리 유적은 청동기 시대 유적지로, 탄화미가 발견되어 청동기 시대에 벼농사를 실시하였음을 알 수 있다.

■ 정답 p.60

01	③ 고려 시대
02	② 현대
03	④ 고려 시대
04	② 고대
05	③ 고려 시대
06	③ 근대
07	② 시대 통합
08	③ 조선 후기
09	④ 일제 강점기
10	① 근대

■ 취약시대 분석표

분류	시대	문항 수
전근대	선사 시대	/0
	고대	/1
	고려 시대	/3
	조선 전기	/0
	조선 후기	/1
근현대	근대	/2
	일제 강점기	/1
	현대	/1
통합	시대 통합	/1
총합		/10

* 취약시대 분석표를 이용해 틀린 문제가 있는 시대는 그 시대의 문제만
골라 해설을 다시 한번 꼼꼼히 학습하세요.

---

01 고려 시대 이성계 난이도 중 ●●○

자료분석

요동으로 지금 출정하는 일은 네 가지의 옳지 못한 점이 있음 → 4불
가론 → (가) 이성계

정답설명

③ 이성계는 우왕 때 황산(오늘날 남원)에서 아지발도가 이끄는 왜
구를 격퇴하였다.

오답분석

① 최무선: 왕(우왕)에게 화약 및 화기의 제조를 담당하는 관청인 화
통도감 설치를 건의한 인물은 최무선이다.
② 정도전: 『불씨잡변』을 지어 불교의 윤회설, 인과설 등을 비판한
인물은 정도전이다.
④ 박위: 창왕 때 왕명을 받아 왜구의 소굴인 쓰시마 섬을 정벌한 인
물은 박위이다.

---

02 현대 농지 개혁법 난이도 중 ●●○

자료분석

농지를 농민에게 적절히 분배함 + 국민 경제의 균등과 발전을 목적
으로 함 → 농지 개혁법

정답설명

② 5정보 이상의 토지를 대상으로 무상 매수·무상 분배의 방식으로
실시된 것은 북한의 토지 개혁이다.

오답분석

모두 농지 개혁법에 대한 설명이다.
① 농지 개혁법은 한 가구당 3정보를 소유 상한으로 하고, 그 이상의
토지는 국가가 유상으로 매입하고 유상으로 분배하는 방식이었다.
③ 농지 개혁법은 북한에서 1946년에 실시된 토지 개혁에 영향을 받
아 1949년에 제정되었으며, 1950년에 시행되었다.
④ 농지 개혁법은 농지를 매각한 지주에게 보상 기간, 지급액 등을 기
재한 지가 증권을 발급하였다.

이것도 알면 합격

남한의 농지 개혁과 북한의 토지 개혁

구분	남한	북한
대상	산림이나 임야 제외	모든 토지
원칙	유상 매입, 유상 분배	무상 몰수, 무상 분배
토지 상환	3정보	5정보
특징	1949년 6월 제정 (1950년 3월 시행)	1946년 3월 제정

---

03 고려 시대 고려 시대의 중앙 정치 기구 난이도 하 ●○○

정답설명

④ 관리의 비리를 감찰하고 풍속을 교정한 것은 식목도감이 아닌
어사대이다. 한편, 식목도감은 도병마사와 함께 고려의 독자적
인 정치 기구로, 대내적인 법제와 각종 시행 규정을 담당하였다.

① 중추원은 추밀과 승선으로 구성되어 군사 기밀을 관장하고 왕명을 출납하였다.
② 중서문하성은 고려의 최고 관서로 장관인 문하시중이 국정을 총괄하였으며, 국가의 중요 정책을 심의 및 결정하는 재신과 언관의 역할을 담당하는 낭사로 구성되었다.
③ 삼사는 송의 제도를 참고하였지만, 송과는 달리 화폐와 곡식의 출납에 대한 회계를 담당하였다.

✌️이것도 알면 합격

고려의 중앙 정치 기구

중서문하성	·중앙 최고 관서로 재신(2품 이상, 국가의 중요 정책 심의, 6부의 판사 겸임)과 낭사(3품 이하, 정책 비판)로 구성 ·문하시중(수상)이 국정 총괄
상서성	6부(이부·병부·호부·형부·예부·공부)를 두어 정책 집행
중추원	추밀과 승선으로 구성되어 군사 기밀을 관장하고 왕명 출납
어사대	관리의 비리를 감찰하고 풍속 교정
도병마사	국방 및 군사 문제 담당
식목도감	대내적인 법제와 각종 시행 규정 담당
삼사	화폐와 곡식의 출납에 대한 회계 담당
한림원	왕의 교서와 외교 문서 작성 담당

04 고대 호족 난이도 하 ●○○

자료분석
신라 하대에 스스로를 성주, 장군이라 칭함 + 실질적인 지배력을 행사함 → 호족

정답설명
② 옳은 것을 모두 고르면 ㉠, ㉢이다.
㉠ 호족은 중앙의 정치 기구를 모방한 독자적인 제도인 관반제를 실시하였다.
㉢ 호족은 참선을 통한 개인의 깨달음을 중시하는 선종을 후원하였다. 선종은 실천적 경향이 강한 불교의 종파로 기존의 전통적인 권위를 부정하여 지방에서 독자적인 세력을 형성하던 호족의 취향에 부합하여 큰 호응을 얻었다.

오답분석
㉡ 진골 귀족: 대표적인 인물로 김주원, 김대문 등이 있는 것은 진골 귀족이다.
㉣ 6두품: '득난'이라고 불렸으며 6관등인 아찬까지 승진할 수 있었던 것은 6두품이다.

05 고려 시대 현종 재위 시기의 사실 난이도 중 ●●○

자료분석
거란 임금이 이끄는 군대가 궁궐을 불태움 + 왕의 행차가 나주로 들어감 → 고려 현종

정답설명
③ 고려 현종 재위 시기에는 5도 양계의 지방 제도를 확립하였는데, 5도는 일반 행정 구역, 양계는 군사 행정 구역이다.

오답분석
① 고려 광종: 지배층의 위계 질서를 확립하기 위해 자색, 단색, 비색, 녹색으로 백관의 공복 제도를 정한 것은 고려 광종 때이다.
② 고려 성종: 빈민 구제 기관인 흑창을 확대하여 의창을 설치한 것은 고려 성종 때이다.
④ 고려 고종: 금속 활자로 『상정고금예문』을 인쇄한 것은 고려 고종 때이다. 『상정고금예문』은 고려 인종 때 최윤의 등이 고금의 예의를 엮은 의례서로, 최우의 소장본을 바탕으로 강화도에서 금속 활자로 28부를 인쇄하였다.

06 근대 보빙사 난이도 중 ●●○

자료분석
미국 공사가 내한하자 답례와 친선을 도모하기 위하여 파견 + 미국 대통령 접견 + 새로운 모범 농장의 설치를 건의 → 보빙사

정답설명
③ 보빙사는 우리나라가 최초로 서양에 파견한 사절단으로, 전권대신 민영익과 부대신 홍영식 등으로 구성되었다.

오답분석
① 조사 시찰단: 암행어사의 형식으로 비밀리에 일본에 파견된 것은 조사 시찰단이다. 조사 시찰단은 일본의 정세를 파악하고, 각종 산업 시설을 시찰하기 위해 파견되었다.
②, ④ 영선사: 중국 톈진의 기기국에서 무기 제조 기술 등을 학습하였지만, 재정 부족과 임오군란 발발로 인해 1년 만에 귀국한 것은 영선사이다.

07 시대 통합 우리나라의 농서 난이도 중 ●●○

정답설명
② 신속이 조선 후기 효종 때 왕명을 받아 편찬하였으며, 벼농사 중심의 수전 농법을 소개한 농서는 『농가집성』이다. 한편, 『농사직설』은 세종 때 농민들의 실제 경험을 토대로 우리나라 풍토에 맞는 독자적인 농법을 정리한 농서이다.

<오답분석>

① 『금양잡록』은 조선 성종 때 강희맹이 경기 지역인 금양(시흥)에서 직접 농사를 지은 경험과 견문을 종합하여 저술한 농서이다.

③ 『임원경제지』는 서유구가 영농 방법, 비료와 종자의 선택 등을 정리한 농촌 생활 백과사전이다.

④ 『감저신보』는 김장순이 고구마의 재배 및 이용법 등을 널리 보급하기 위하여 정리한 농서이다.

이것도 알면 합격

우리나라의 농서

『농사직설』	세종 때 정초, 변효문 등이 우리나라의 풍토에 맞는 농법 정리
『금양잡록』	강희맹이 금양(시흥)에서 직접 경험한 것을 바탕으로 농작물 등을 정리
『농가집성』	신속이 벼농사 중심의 농법을 소개하고, 이앙법의 보급에 공헌함
『색경』	박세당이 토질의 특징과 농작물의 재배법 등을 정리
『해동농서』	우리 고유의 농학을 중심에 두고 중국 농학을 선별적으로 수용하여 체계화
『감저신보』	김장순이 고구마의 재배 및 이용법 등을 정리
『임원경제지』	서유구가 농촌 생활에 필요한 것을 정리한 농촌 생활 백과사전

08 조선 후기 효종 재위 시기의 사실 난이도 중 ●●○

<자료분석>

소현 세자와 함께 인질로 심양에 감 → 효종

<정답설명>

③ 효종 재위 시기에는 청나라의 요청으로 두 차례에 걸쳐 나선 정벌에 조총 부대가 파견되었다[1654(1차, 변급), 1658(2차, 신유)].

<오답분석>

① 선조: 정여립 모반 사건이 일어난 것은 선조 때이다. 정여립 모반 사건은 정여립이 급진적인 일부 동인과 연결하여 대동계라는 비밀 결사를 조직하고 역성 혁명을 준비하였다는 혐의로 처형되고, 이에 연루된 동인들이 대거 제거된 사건이다.

② 정조: 『무예도보통지』가 편찬된 것은 정조 때이다. 『무예도보통지』는 이덕무, 박제가, 백동수 등이 정조의 명에 따라 편찬한 무예서로 무예의 동작을 글과 그림을 통해 설명하였다.

④ 영조: 압슬형, 낙형 등의 가혹한 형벌을 폐지한 것은 영조 때이다.

09 일제 강점기 민립 대학 설립 운동 난이도 하 ●○○

<자료분석>

교육이 유일한 방편임 + 최고 학부의 존재가 가장 필요함 → 민립 대학 설립 운동

<정답설명>

④ 민립 대학 설립 운동은 이상재 등이 우리의 손으로 민립 대학을 설립하기 위해 전개하였으며, '한민족 1천만이 한 사람이 1원씩'이라는 구호를 내세워 모금 운동을 전개하였다.

<오답분석>

① 3·1 운동: 고종의 인산일을 계기로 전개된 운동은 3·1 운동이다.

② 민립 대학 설립 운동은 사립 학교령 공포(1908) 이후인 1920년대 초에 전개되었다.

③ 형평 운동: 이학찬 등의 주도로 진주에서 시작된 운동은 백정들의 신분 해방을 주장한 형평 운동이다.

이것도 알면 합격

민립 대학 설립 운동

배경	한국인 본위의 고등 교육 기관 설립의 필요성 대두
전개	조선 민립 대학 기성회 조직(이상재 등) → 모금 운동 전개 → 가뭄과 전국적인 수해 등으로 모금이 어려워짐
결과	일제는 한국인의 고등 교육 요구 열기를 무마하고, 한국 거주 일본인의 고등 교육을 위해 경성 제국 대학 설립(1924)

10 근대 을미개혁 난이도 중 ●●○

<자료분석>

왕명이 내려짐 + 사람마다 머리를 깎음 → 단발령 → 제4차 김홍집 내각 → 을미개혁

<정답설명>

① 옳은 것을 모두 고르면 ㉠, ㉢이다.

㉠ 을미개혁 때는 갑오개혁 때 사용하던 '개국' 기년이 폐지되고, '건양'이라는 연호가 제정되었다.

㉢ 을미개혁 때는 천연두를 예방하는 종두법이 실시되고 근대적 초등 교육 기관인 소학교가 설치되었다.

<오답분석>

㉡ 제2차 갑오개혁: 지방 제도를 8도에서 23부로 개편한 것은 제2차 갑오개혁 때이다.

㉣ 제1차 갑오개혁: 경무청을 설치하여 근대적 경찰 제도를 실시한 것은 제1차 갑오개혁 때이다

■ 정답 p.64

01	③ 일제 강점기
02	③ 고대
03	② 근대
04	④ 조선 전기
05	④ 현대
06	④ 시대 통합
07	③ 고대
08	④ 근대
09	④ 고려 시대
10	② 조선 후기

■ 취약시대 분석표

분류	시대	문항 수
전근대	선사 시대	/0
	고대	/2
	고려 시대	/1
	조선 전기	/1
	조선 후기	/1
근현대	근대	/2
	일제 강점기	/1
	현대	/1
통합	시대 통합	/1
총합		/10

* 취약시대 분석표를 이용해 틀린 문제가 있는 시대는 그 시대의 문제만
골라 해설을 다시 한번 꼼꼼히 학습하세요.

01 일제 강점기 만보산 사건 이후의 사실 난이도 중 ●●○

자료분석

만보산 지역 + 한국 농민과 중국 농민들이 토지 개발과 수로 공사 문제
로 갈등 → 만보산 사건(1931. 7.)

정답설명

③ 북만주에서 김좌진 등이 신민부를 조직한 것은 만보산 사건이 발
생하기 이전인 1925년이다. 1920년대 간도 참변과 자유시 참변
으로 큰 타격을 입은 만주의 독립운동 세력은 흩어진 조직을 정비
하여 참의부, 정의부, 신민부의 3부를 조직하였다.

오답분석

모두 만보산 사건 이후의 사실이다.

① 중·일 전쟁이 발발한 것은 1937년이다. 일본은 중·일 전쟁을 일으
켜 중국 본토를 공격하고, 대륙 침략을 본격화하였다.

② 한인 애국단이 결성된 것은 1931년 10월이다. 한인 애국단은 만
보산 사건 이후 악화된 한·중 관계를 개선하고, 침체에 빠진 독립
운동을 활성화하기 위해 김구가 조직한 비밀 조직이다.

④ 조선 혁명군이 중국 의용군 등과 연합하여 흥경성 전투에서 일본
군에게 승리한 것은 1933년이다.

02 고대 신문왕의 업적 난이도 중 ●●○

자료분석

(김)흠돌 등의 악이 쌓임 + 죄인의 우두머리들이 소탕됨 → 신문왕

정답설명

③ 신문왕은 통일 이후 넓어진 영토를 관리하기 위해 전국을 9주로
나누고, 수도 경주의 지역적 편향성을 보완하기 위해 행정·군사
상의 요충지에 5소경을 설치하여 지방 행정 제도를 완비하였다.

오답분석

① 법흥왕: 처음으로 병부를 설치한 왕은 법흥왕이다. 법흥왕은 군
사에 관한 사무를 관장하는 관청인 병부를 설치하여 군사권을 장
악하였다.

② 성덕왕: 『백관잠』을 지어 관리들에게 제시한 왕은 성덕왕이다.
『백관잠』의 '백관'은 모든 관료를 뜻하고, '잠'은 경계를 뜻하는 말
로, 관리들이 지켜야 할 덕목을 담고 있음을 알 수 있다.

④ 문무왕: 나·당 전쟁에서 승리하여 당의 세력을 몰아내고 삼국 통일
을 완수한 왕은 문무왕이다.

✌ 이것도 알면 합격

신문왕의 업적

왕권 강화	김흠돌의 난을 계기로 귀족 세력을 숙청하고 왕권 강화
체제 정비	· 정치: 14관부 완성(중앙), 9주 5소경 체제 완비 (지방) · 군사: 9서당(중앙군) 10정(지방군) 정비 · 교육: 국학을 설치하여 유학 교육 실시 · 토지 제도 개편: 관료전을 지급하고 녹읍을 폐지

03 근대 육영 공원

난이도 중 ●●○

자료분석

외국인 3명을 초빙하여 '교사'라고 부름 + 좌원 + 우원 → 육영 공원

정답설명

② 육영 공원은 우리나라 최초의 근대식 관립 학교로, 문·무 현직 관료 중 선발된 학생을 좌원반, 양반 자제 중 선발된 학생을 우원반으로 편성하여 외국어와 근대 학문을 교육하였다.

오답분석

① 연무 공원: 근대식 사관(장교)을 양성할 목적으로 설립된 교육 기관은 연무 공원이다.

③ 원산 학사: 관민이 함께 기금을 조성하여 설립한 교육 기관은 원산 학사이다.

④ 이화 학당: 선교사 스크랜튼이 설립한 여성 교육 기관은 이화 학당이다.

04 조선 전기 성종 재위 시기의 사실

난이도 중 ●●○

자료분석

『동문선』이라고 이름을 내림 → 성종

정답설명

④ 성종 때 『국조오례의』를 편찬하여 국가의 여러 행사에 필요한 길례·가례·빈례·군례·흉례의 예법과 절차 등을 정하였다.

오답분석

① 태종: 사섬서를 설치한 것은 태종 때이다. 태종 때는 사섬서를 설치하고 지폐인 저화를 발행하였다.

② 세종: 소리의 장단과 높낮이를 표현할 수 있는 새로운 악보인 「정간보」를 창안한 것은 세종 때이다.

③ 명종: 임꺽정의 난이 일어난 것은 명종 때이다. 명종 때는 백정 출신인 임꺽정이 난을 일으켜 황해도, 경기도 등에서 활약하였다.

05 현대 4·19 혁명

난이도 중 ●●○

자료분석

선거권마저 권력의 마수 앞에 농단됨 + 김주열 → 서울대학교 4·19 선언문 → 4·19 혁명

정답설명

④ 4·19 혁명의 결과 이승만 대통령이 하야하고, 외무 장관 허정을 수반으로 하는 과도 정부가 수립되었다.

오답분석

① 5·18 민주화 운동: 계엄령 철폐와 전두환을 비롯한 신군부의 퇴진을 요구한 것은 5·18 민주화 운동이다.

② 6월 민주 항쟁: 여당 대표인 노태우의 6·29 민주화 선언을 이끌어 낸 민주화 운동은 6월 민주 항쟁이다.

③ 개헌 논의를 금지하는 긴급 조치 선포에 항의한 것은 유신 헌법 (1972~1980) 시행 시기로, 4·19 혁명과는 관련이 없다.

06 시대 통합 의주의 역사

난이도 중 ●●○

자료분석

선조 25년에는 왜란을 피하여 여기서 임금이 머무름 → (가) 의주

정답설명

④ 의주는 고려 시대에 거란과 물품 거래를 하기 위해 설치된 공식 무역장인 각장이 설치되었다.

오답분석

① 평양: 조위총이 의종 복위와 정중부 등의 무신 정권을 타도하기 위해 반란을 일으킨 지역은 평양이다.

② 개성: 조선 후기에 송상이 근거지로 삼아 활동한 지역은 개성이다. 한편, 의주는 조선 후기에 만상이 근거지로 삼아 활동한 지역이다.

③ 평양: 강주룡이 일방적인 회사의 임금 인하에 반대하며 을밀대 지붕에서 농성을 전개한 지역은 평양이다.

07 고대 부여 정림사지 5층 석탑

난이도 하 ●○○

자료분석

소정방 + 특별한 공을 기록함 → 대당평백제국비명 → 부여 정림사지 5층 석탑

정답설명

③ 부여 정림사지 5층 석탑은 대표적인 백제의 석탑으로, 조화미와 균형미가 뛰어난 석탑이다. 한편, 정림사지 5층 석탑의 1층 탑신에는 당나라 장군 소정방이 백제를 평정하였다는 내용을 새겨놓아 평제탑이라고 불리기도 하였다.

오답분석

① 익산 미륵사지 석탑: 익산 미륵사지 석탑은 백제 무왕 때 건립된 것으로 추정되는 현존하는 우리나라 최고(最古)의 석탑으로 목탑 양식을 반영하여 건립되었다.

② 화엄사 4사자 3층 석탑: 화엄사 4사자 3층 석탑은 통일 신라 때 건립된 석탑으로 4마리의 사자가 탑을 이고 있는 독특한 형태를 띠고 있다.

④ 경주 감은사지 3층 석탑: 경주 감은사지 3층 석탑은 대표적인 통일 신라의 석탑으로 2층 기단 위에 3층으로 탑을 쌓았다.

08 근대 **기유각서 체결 시기** 난이도 하 ●○○

자료분석

감옥 사무를 일본 정부에 위탁 → 기유각서(1909)

(가) 청·일 전쟁 발발(1894) ~ 대한 제국 선포(1897)

(나) 대한 제국 선포(1897) ~ 제1차 한·일 협약 체결(1904)

(다) 제1차 한·일 협약 체결(1904) ~ 정미의병(1907)

(라) 정미의병(1907) ~ 조선 총독부 설치(1910)

정답설명

④ (라) 시기인 1909년에 일제는 기유각서를 체결하여 대한 제국의 사법권과 감옥 사무 처리권을 박탈하였다.

09 고려 시대 **고려 시대의 군사 제도** 난이도 중 ●●○

정답설명

④ 고려 시대에 2군 6위의 중앙군에게 지급된 토지는 구분전이 아닌 군인전이다. 한편, 구분전은 고려 시대 하급 관료와 군인의 유가족에게 지급된 토지이다.

오답분석

① 고려 시대에 북방의 군사 특수 행정 구역인 양계(북계, 동계)에는 주진군을 편성하였다.

② 고려 시대에는 무신 합좌 기구인 중방이 있었으며, 응양군의 상장군이 중방의 의장 역할을 담당하였다.

③ 고려 시대에는 왜구의 침입에 대비하기 위해 연호군이 설치되었다.

🖐️이것도 알면 합격

고려의 군사 제도

중앙군	2군(응양군, 용호군) 6위(좌우위, 신호위, 흥위위, 금오위, 천우위, 감문위)
지방군	• 주현군: 5도에 편성된 일종의 예비군(보승군, 정용군, 일품군) • 주진군: 양계에 배치된 상비군(초군, 좌군, 우군)
특수군	• 광군: 정종 때 거란의 침략 대비를 위해 설치, 주현군의 모체 • 별무반: 숙종 때 여진 정벌을 위해 편성(신기군, 신보군, 항마군) • 삼별초: 최우가 조직한 야별초에서 비롯됨(좌·우별초, 신의군) • 연호군: 왜구의 침입에 대비하기 위해 편성

10 조선 후기 **기해예송과 기사환국 사이의 사실** 난이도 상 ●●●

자료분석

(가) 송시열 등이 대왕대비(자의 대비)에게 왕(효종)을 위하여 기년복을 입게 함 → 기해예송(1659)

(나) 원자의 정호를 종묘와 사직에 고하고, 장씨를 희빈으로 삼음 + 송시열을 국문 → 기사환국(1689)

정답설명

② (가)와 (나) 사이 시기인 1680년에 유악 남용 사건과 허적의 서자인 허견의 모반 사건 등을 계기로 윤휴와 허적 등의 남인이 축출되고, 서인이 집권한 경신환국이 일어났다.

오답분석

① (가) 이전: 허준이 우리나라의 전통 한의학을 체계적으로 정리한 의서인 『동의보감』을 편찬한 것은 광해군 때인 1610년으로, (가) 이전의 사실이다.

③ (가) 이전: 인조반정에 공을 세운 이괄이 논공행상에 불만을 품고 난을 일으킨 것은 1624년으로, (가) 이전의 사실이다.

④ (나) 이후: 윤지가 나주 객사에 나라를 비방하는 괘서를 붙인 것은 영조 때인 1755년으로, (나) 이후의 사실이다. 영조 때 소론 일파인 윤지가 노론을 제거하기 위한 거사를 일으키기 전에 민심을 동요시키고자 나라를 비방하는 괘서를 나주 객사에 붙였는데, 이것이 발각되어 처형당하였다(나주 괘서 사건).

🖐️이것도 알면 합격

환국의 전개 과정

경신환국 (1680)	• 원인: 남인인 허적이 왕실용 천막을 무단으로 사용하여 왕의 불신을 샀으며, 서인이 허적의 서자 허견 등의 역모를 고발함 • 결과: 남인이 몰락하고 서인 집권(서인이 노론과 소론으로 분열)
기사환국 (1689)	• 원인: 희빈 장씨 아들(경종)의 원자 정호 문제 • 결과: 서인(송시열 등)이 처형·축출되고 남인이 정권 장악
갑술환국 (1694)	• 원인: 남인이 인현 왕후 복위 운동을 빌미로 서인을 제거하려다 실패 • 결과: 남인 몰락·서인 재집권, 서인 내부에서는 남인의 처벌을 두고 노론(강경파)과 소론(온건파)의 갈등이 심화됨

■ 정답
p.68

01	④ 일제 강점기
02	③ 고대
03	④ 시대 통합
04	② 선사 시대
05	③ 현대
06	③ 근대
07	② 고려 시대
08	③ 일제 강점기
09	② 조선 후기
10	② 조선 전기

■ 취약시대 분석표

분류	시대	문항 수
전근대	선사 시대	/1
	고대	/1
	고려 시대	/1
	조선 전기	/1
	조선 후기	/1
근현대	근대	/1
	일제 강점기	/2
	현대	/1
통합	시대 통합	/1
총합		/10

* 취약시대 분석표를 이용해 틀린 문제가 있는 시대는 그 시대의 문제만
골라 해설을 다시 한번 꼼꼼히 학습하세요.

01 일제 강점기 홍범도
난이도 중 ●●○

(자료분석)

차도선, 송상봉 등과 의병을 일으킴 + 카자흐스탄으로 강제 이주 당
함 → 홍범도

(정답설명)

④ 홍범도는 대한 독립군을 이끌며 최진동의 군무 도독부군, 안무의
국민회군 등과 연합하여 봉오동 전투에서 일본군을 상대로 승리
를 거두었다.

(오답분석)

① **김두봉:** 화북 조선 청년 연합회가 개편된 단체인 조선 독립 동맹의
위원장을 역임한 인물은 김두봉이다.

② **이동휘:** 하바로프스크에서 우리나라 최초의 사회주의 정당인 한인
사회당을 결성한 인물은 이동휘이다.

③ **김좌진:** 북로 군정서군을 이끌었으며 신민부를 조직한 인물은 김
좌진이다. 김좌진은 1920년에 북로 군정서군을 이끌고 청산리 전
투에서 일본군을 상대로 승리를 거두었으며, 1925년에는 북만주
지역에 신민부를 조직하였다.

02 고대 백제의 통치 체제
난이도 하 ●○○

(자료분석)

좌평부터 장덕까지 + 나솔 이상은 은꽃으로 장식함 → 백제

(정답설명)

③ 백제는 귀족들의 합의 기구인 정사암 회의에서 재상을 선출하고,
국가 중대사를 논의하여 결정하였다.

(오답분석)

① **고구려:** 족장 출신인 형 계열과 행정 관리 출신인 사자 계열로 관
등을 구분한 나라는 고구려이다.

② **신라:** 관리의 인사를 담당하는 위화부, 의례와 교육을 담당하는 예
부 등의 여러 관서를 설치한 나라는 신라이다.

④ **발해:** 정당성의 장관인 대내상이 국정을 총괄한 나라는 발해이다.

03 시대 통합 독도
난이도 하 ●○○

(자료분석)

울릉 군청이 울릉전도와 죽도, ㉠을/를 관할함 → 대한 제국 칙령 제
41호 → ㉠ 독도

(정답설명)

④ 일본이 남만주 철도 부설권 등을 얻는 대가로 청나라에 귀속시
킨 지역은 간도이다. 을사늑약으로 대한 제국의 외교권을 강탈한
일본은 1909년에 청나라와 간도 협약을 체결하여 남만주 철도
부설권 등을 얻는 대가로 간도를 청나라에 귀속시켰다.

(오답분석)

모두 독도에 대한 설명이다.

① 독도는 러·일 전쟁 중인 1905년에 일본이 시마네 현 고시 제40호
를 통해 불법적으로 자국의 영토로 편입하였다.

② 독도는 『세종실록』「지리지」에 우산(于山)으로 표기되었으며 강원도 울진현 소속으로 구분하였다.

③ 독도는 일본인 하야시 시헤이가 제작한 삼국접양지도에 조선의 영토라고 표기되었다.

이것도 알면 합격

독도가 우리나라 영토라는 근거

『세종실록』「지리지」 (1454)	강원도 울진현 소속으로 구분
삼국접양지도 (1785)	울릉도와 독도가 한국 것이라고 표시된 지도
『조선국교제시말내탐서』 (1870)	메이지 정부가 조선에 조사단을 파견하여 울릉도와 독도가 조선 영토가 된 이유를 조사하고, 이 두 섬을 조선령으로 결론 지음
태정관 지령문 (1877)	메이지 정부 최고 행정 기관인 태정관에서 '울릉도 외 1도(독도)는 일본과 관계 없음을 명심할 것'이라는 지시를 시마네 현에 내림
대한 제국 칙령 제41호 (1900)	울릉도를 울도군으로 승격하여 독도를 관할하게 함

04 선사 시대 고조선 멸망 이후의 사실 난이도 중 ●●○

자료분석

조선을 평정하고 4군을 세움 → 고조선 멸망(기원전 108)

정답설명

② 고조선이 멸망한 이후 한 군현은 엄격한 법 조항을 제정하여 토착민을 통제하고자 하였다. 이에 8조에 불과하던 조항이 60여 조로 증가하여 사회 풍속이 점차 각박해졌다.

오답분석

모두 고조선 멸망 이전의 사실이다.

① 한(漢)의 창해군이 설치된 것은 기원전 128년이다. 예의 군장 남려가 우거왕에게 반기를 들고 한에 투항하자, 한은 이곳에 창해군을 설치하여 위만 조선에 대한 진출의 발판으로 삼으려 하였다.

③ 요동 동부도위 섭하가 살해된 것은 기원전 109년이다. 고조선에 사신으로 왔던 섭하가 귀국하던 길에 고조선의 비왕을 죽이자 고조선은 군대를 파견하여 요동 동부도위 섭하를 살해하였다. 이에 대한 보복을 구실로 한 무제가 군대를 보내 고조선을 침략하였다.

④ 연나라 장수인 진개의 침입을 받은 것은 기원전 4~3세기 경이다. 고조선은 연나라 장수 진개의 침입을 받아 2,000여 리에 달하는 요동 지역을 상실하였다.

05 현대 사사오입 개헌안 난이도 중 ●●○

자료분석

부결이라 선포한 것은 계산 착오이므로 취소하고 가결되었다고 선포함 → 사사오입 개헌안

정답설명

③ 사사오입 개헌안은 개헌 당시의 대통령(이승만)에 한하여 중임 제한을 철폐하였다. 이 개헌안에 따라 1956년에 시행된 제3대 대통령 선거에 이승만이 출마하여 당선되었다.

오답분석

① 발췌 개헌안: 6·25 전쟁 중에 임시 수도인 부산에서 공포된 것은 발췌 개헌안이다. 발췌 개헌안은 대통령 직선제 개헌안을 중심으로 하고 국회가 제출한 내각 책임제 개헌안의 일부 조항을 절충하여 마련되었다.

② 8차 개헌안: 대통령 선거인단에 의한 대통령 간선제를 규정한 것은 8차 개헌안이다.

④ 7차 개헌안(유신 헌법): 대통령이 국회의원의 3분의 1을 추천하는 조항을 명시한 것은 7차 개헌안이다.

이것도 알면 합격

사사오입 개헌

배경	· 제3대 국회의원 총선거에서 자유당 압승 · 이승만의 영구 집권 도모
내용	개헌 당시의 대통령(이승만)에 한해 중임 제한 철폐
결과	이승만이 1956년에 시행된 제3대 대통령 선거에 출마하여 당선

06 근대 1880년대의 정부 개화 정책 난이도 하 ●○○

정답설명

③ 옳은 것을 모두 고르면 ㉡, ㉣이다.

㉡ 정부는 1883년에 근대식 무기를 제작하는 공장인 기기창을 설립하였다.

㉣ 정부는 1880년에 국내외의 군국기무를 총괄하는 통리기무아문을 설치하고 그 밑에 12사를 두었다.

오답분석

㉠ 1870년대: 김기수를 제1차 수신사로 일본에 파견한 것은 1876년이다. 제1차 수신사는 강화도 조약 체결 이후 일본이 조선 정부에 사신 파견을 요청함에 따라 두 나라의 관계를 회복하고, 일본의 국정을 탐색하기 위하여 파견된 사절단이다.

㉢ 1890년대: 교육의 중요성을 강조한 교육 입국 조서를 반포한 것은 1895년이다.

자료분석

윤관이 왕에게 건의하여 새로운 군대(별기군)를 편성 → 고려 숙종

정답설명

② 고려 숙종 때는 서적 간행의 활성화를 위해 국자감에 서적포를 설치하였다.

오답분석

① **고려 예종:** 병자의 치료와 빈민의 구제를 목적으로 구제도감을 설치한 것은 고려 예종 때이다.

③ **고려 인종:** 15개조의 유신령을 반포한 것은 고려 인종 때이다. 고려 인종은 이자겸의 난을 진압한 이후 15개조의 유신령을 반포하여 실추된 왕권을 회복하려 하였다.

④ **고려 문종:** 불교를 장려하여 대규모 사찰인 흥왕사를 건립한 것은 고려 문종 때이다.

🖐️이것도 알면 합격

고려 숙종 재위 시기의 사실

정치	· 김위제의 건의에 따라 남경 건설을 관장하는 남경개창도감 설치 · 윤관의 건의에 따라 별무반 조직(신기군·신보군·항마군)
경제	· 화폐를 주조하는 관청인 주전도감 설치 · 삼한통보, 해동통보, 은병(활구) 주조
문화	국자감에 서적포 설치

08 일제 강점기 **근우회** 난이도 하 ●○○

자료분석

조선 자매 전체의 역량을 공고히 함 → 근우회 창립 취지문 → 근우회

정답설명

③ 근우회는 신간회의 자매 단체로서, 기관지로 『근우』를 발간하였으며 여성 계몽 활동 등을 전개하였다.

오답분석

① 근우회는 여권통문을 발표하지 않았다. 한편, 여권통문은 서울 북촌의 양반 여성들이 1898년에 발표한 우리나라 최초의 여성 인권 선언서이다.

② 배재 학당은 선교사 아펜젤러가 서울에 세운 근대식 중등 교육 기관(1886)으로, 근우회와는 관련이 없다.

④ **조선 여성 동우회:** 우리나라 최초의 사회주의 여성 단체는 조선 여성 동우회이다. 조선 여성 동우회는 기존의 계몽적인 여성 교육론을 비판하고, 사회주의적인 여성 해방론을 주장하였다.

09 조선 후기 **조선 후기의 경제 상황** 난이도 중 ●●○

자료분석

설점한 이후에 백성들이 사사로이 잠채함 → 조선 후기

정답설명

② 옳은 것을 모두 고르면 ㉠, ㉣이다.

㉠ 조선 후기에는 일부 지방에서 수확량의 일정액을 납부하는 도조법으로 지대를 납부하였다.

㉣ 조선 후기에는 상품 화폐 경제가 발달하여 상업 자본의 지배에서 벗어나 스스로 제품을 생산, 판매하는 독립 수공업자들이 나타났다.

오답분석

㉡ **고려 시대:** 밭농사에서 조, 보리, 콩의 2년 3작이 시작된 것은 고려 시대이다.

㉢ 조선 후기에는 쌀의 상품화가 활발하였는데, 쌀의 수요가 늘면서 밭을 논으로 바꾸는 현상이 나타났다.

10 조선 전기 **『향약집성방』** 난이도 중 ●●○

자료분석

유효통, 노중례 등이 완성함 + 향약방에 대하여 빠짐없이 찾아냄 → (가) 『향약집성방』

정답설명

② 『향약집성방』은 조선 전기 세종 때 유효통, 노중례 등이 편찬한 의서로, 우리나라 풍토에 맞는 약재와 치료 방법을 정리하였다.

오답분석

① 『**향약구급방**』: 『향약구급방』은 고려 고종 때 편찬된 현존하는 우리나라 최고(最古)의 의서로, 각종 질병에 대한 처방법과 국산 약재의 채취 방법 등을 설명하였다.

③ 『**동의수세보원**』: 『동의수세보원』은 조선 후기 고종 때 이제마가 사람의 체질을 태양인, 태음인, 소양인, 소음인으로 구분하고, 각 체질에 맞는 치료법을 선택해야 한다는 사상 의학을 바탕으로 편찬한 의서이다.

④ 『**향약제생집성방**』: 『향약제생집성방』은 조선 태조 때 조준, 권중화 등이 편찬한 의서로 질병을 치료하는 방법과 처방 등을 설명하였다.

■ 정답   p.72

01	④ 일제 강점기
02	② 고려 시대
03	④ 조선 후기
04	③ 고대
05	① 시대 통합
06	② 일제 강점기
07	④ 고대
08	④ 근대
09	③ 현대
10	② 조선 전기

■ 취약시대 분석표

분류	시대	문항 수
전근대	선사 시대	/0
	고대	/2
	고려 시대	/1
	조선 전기	/1
	조선 후기	/1
근현대	근대	/1
	일제 강점기	/2
	현대	/1
통합	시대 통합	/1
총합		/10

* 취약시대 분석표를 이용해 틀린 문제가 있는 시대는 그 시대의 문제만 골라 해설을 다시 한번 꼼꼼히 학습하세요.

---

01 일제 강점기 6·10 만세 운동   난이도 중 ●●○

(자료분석)

순종의 장례 행렬 + 조선 독립 만세를 외침 → 6·10 만세 운동

(정답설명)

④ 6·10 만세 운동은 사회주의 세력과 천도교 중심의 민족주의 세력, 조선 학생 과학 연구회를 중심으로 한 학생들이 각각 만세 운동을 계획하였다.

(오답분석)

① 3·1 운동: 대한민국 임시 정부 수립에 영향을 준 것은 3·1 운동이다. 3·1 운동을 계기로 독립운동의 구심체 역할을 수행할 단체의 필요성이 대두되었고, 이에 상하이에서 대한민국 임시 정부가 수립되었다.

② 조선 청년 총동맹은 6·10 만세 운동(1926)이 일어나기 이전인 1924년에 사회주의 세력을 중심으로 결성된 단체이다.

③ 광주 학생 항일 운동: 광주 지역의 독서회가 중심이 되어 일어난 것은 광주 학생 항일 운동이다.

---

02 고려 시대 고려의 특수 행정 구역   난이도 하 ●○○

(정답설명)

② 부곡과 소는 주민이 공을 세우면 현으로 승격될 수 있었다. 대표적으로 용인의 처인 부곡과 충주의 다인철소는 몽골군의 침입을 막아내는 공을 세워 각각 처인현과 익안현으로 승격되었다.

(오답분석)

① 향의 주민들은 부곡·소의 주민들과 마찬가지로 거주 이전에 제한을 받아 거주 이전의 자유가 없었다.

③ 소의 주민들은 국가에 바칠 공납품을 생산하기 위해 주로 수공업과 광업 등에 종사하였다. 한편, 주로 농업에 종사하여 국공유지를 경작한 것은 향과 부곡의 주민들이다.

④ 향·부곡·소의 주민들은 과거에 응시하여 관리가 될 수 없었다. 향·부곡·소의 특수 행정 구역에 거주하는 이들은 신분상으로는 양인이었으나 차별을 받아 국자감 입학과 과거에 응시하는 것이 불가능하였다.

🖐 이것도 알면 합격

고려 시대의 특수 집단민

구성	· 향·부곡(농업 종사) · 소민(수공업·광업·수산업 등에 종사) · 진촌민·역촌민(육로, 수로 교통 종사)
경제적 차별	일반 양민보다 더 과중한 조세와 역의 의무 부담
사회적 차별	과거 응시 불가능, 거주 이전의 자유 ×, 국자감 입학 불가능

---

03 조선 후기 박세당   난이도 중 ●●○

(자료분석)

책을 만들어 『사변록』이라 이름함 → 박세당

정답설명
④ 박세당은 토질에 따른 작물 재배법 및 화초와 약초·과수의 재배법, 가축 사육법 등을 정리한 농서인 『색경』을 저술하여 조선 후기 농업 기술 발전에 이바지하였다.

오답분석
① 송시열: 노론의 영수로 기사환국 때 사사된 인물은 송시열이다. 송시열은 희빈 장씨가 낳은 아들(경종)을 원자로 정한 것에 반대하는 상소를 올려 제주도로 유배된 후 사사되었다(기사환국).
② 이수광: 백과사전식의 『지봉유설』을 저술한 인물은 이수광이다. 이수광은 『지봉유설』에서 세계 여러 나라의 문화를 포괄적으로 비교하여 정리하였고, 마테오 리치의 『천주실의』를 소개하였다.
③ 김석문: 우리나라에서 최초로 지구가 자전한다는 지전설을 주장한 인물은 『역학도해』를 저술한 김석문이다.

04 고대 을지문덕　난이도 하 ●○○

자료분석
수나라 군대가 살수에 이르자 공격 → 을지문덕

정답설명
③ 을지문덕이 수나라의 장군 우중문에게 보낸 5언시인 '여수장우중문시'가 전해진다. 을지문덕은 이 시를 보낸 뒤 회군하는 수나라 군대를 살수에서 격파하였다.

오답분석
① 김춘추: 당으로 건너가 군사 동맹을 맺은 인물은 신라의 김춘추이다.
② 연개소문: 숙달 등 8명의 도사를 맞아들이고 도교를 육성한 인물은 고구려의 연개소문이다. 연개소문은 불교와 결탁한 귀족 세력을 견제하기 위하여 도교를 육성하였다.
④ 연개소문: 스스로 최고 관직인 대막리지에 올라 권력을 장악한 인물은 고구려의 연개소문이다. 연개소문은 정변을 일으켜 영류왕을 제거하고, 보장왕을 옹립하였으며 스스로 대막리지가 되어 권력을 장악하였다.

05 시대 통합 시대별 교육 기관　난이도 중 ●●○

정답설명
① 옳은 것을 모두 고르면 ㉠, ㉡이다.
㉠ 고구려에서는 장수왕의 평양 천도 이후 지방에 경당을 설치하여 지방 평민의 자제들에게 한학과 활쏘기 등의 무술을 가르쳤다.
㉡ 통일 신라에서는 국학에 교육을 담당하는 박사와 조교를 두었으며, 이들은 학생들에게 『논어』, 『효경』 등의 유교 경전을 가르쳤다.

오답분석
㉢ 주자감을 설치하여 귀족 자제에게 유학을 가르친 것은 발해이다. 한편, 고려는 수도인 개경에 국립 대학인 국자감을 설치하여 유학 교육을 시행하였다.
㉣ 조선 시대의 4부 학당은 지방이 아닌 중앙의 중등 교육 기관으로, 서울에 설치된 중학, 동학, 남학, 서학을 가리킨다. 한편, 조선 시대에는 지방의 유생들을 교육하기 위하여 향교, 서원 등이 설립되었다.

06 일제 강점기 민족 유일당 운동의 전개　난이도 중 ●●○

정답설명
② 시기순으로 나열하면 ㉠ 참의부 조직(1923) → ㉢ 정우회 선언 발표(1926) → ㉣ 신간회 창립(1927) → ㉡ 혁신 의회(1928), 국민부(1929) 결성이 된다.
㉠ 참의부 조직: 간도 참변과 자유시 참변으로 큰 타격을 입은 만주의 독립운동 세력은 조직을 재정비하여 민정 조직과 군정 조직을 갖춘 참의부를 조직하였다(1923). 이외에도 정의부(1924), 신민부(1925)가 조직되었다.
㉢ 정우회 선언 발표: 사회주의 단체인 정우회는 민족주의 세력과의 연대를 주장하는 내용의 선언문(정우회 선언)을 발표하였다(1926).
㉣ 신간회 창립: 민족 유일당 운동의 일환으로 비타협적 민족주의 계열과 사회주의 계열이 연대하여 신간회를 창립하였다(1927).
㉡ 혁신 의회, 국민부 결성: 참의부·정의부·신민부의 3부가 민족 유일당 운동의 일환으로 통합 운동을 전개하였다. 그 결과 북만주의 혁신 의회(1928)와 남만주의 국민부(1929)가 결성되었다.

✍️ 이것도 알면 합격

정우회 선언

> 따라서 민족주의적 세력에 대하여는 그 부르주아 민주주의적 성질을 명백하게 인식하는 동시에 또 과정적 동맹자적 성질도 충분히 승인하여 그것이 타락하는 형태로 출현되지 아니하는 것에 한하여는 적극적으로 제휴하여 대중의 개량적 이익을 위하여서도 종래의 소극적 태도를 버리고 분연히 싸워야 할 것이다.

사료 분석 | 정우회는 '정우회 선언'을 통해 분파 투쟁의 청산, 사상 단체의 통일, 경제 투쟁에서 정치 투쟁으로의 전환 등을 강조하며 민족주의 세력과의 연대를 주장하였다.

07 고대 고국원왕 전사와 개로왕 전사 사이의 사실　난이도 중 ●●○

자료분석
(가) 평양성을 공격 + 고구려 왕 사유가 죽음 → 고국원왕 전사(371)
(나) 고구려 왕 거련(장수왕)이 한성을 포위 + 임금을 살해 → 개로왕 전사(475)

④ (가)와 (나) 사이 시기인 384년에 백제는 동진에서 온 인도 승려 마라난타를 통해 불교를 수용하였다.

① (나) 이후: 백제가 수도를 사비로 옮긴 것은 538년으로, (나) 시기 이후의 사실이다. 백제는 성왕 때 대외 진출이 유리한 사비로 천도 하고 국호를 남부여로 고쳤다.

② (가) 이전: 고구려가 진대법을 처음 실시한 것은 194년으로, (가) 시기 이전의 사실이다. 고구려는 고국천왕 때 백성의 구휼을 위하 여 춘궁기에 백성들에게 곡식을 빌려주고 추수기에 갚도록 하는 진대법을 제정하였다.

③ (가) 이전: 고구려가 중국이 5호 16국 시대로 인해 혼란스러운 틈 을 타 요동 지역의 서안평을 점령한 것은 미천왕 때인 311년으로, (가) 시기 이전의 사실이다.

---

08 근대 조·일 통상 장정 개정   난이도 중 ●●○

조병식 + 함경도의 방곡령 + 조약에 준함 → 조·일 통상 장정 개정 (1883)

④ 조·일 통상 장정 개정에서는 일본 관리와 백성에 대한 최혜국 대 우를 인정하였다.

① 조·일 무역 규칙(조·일 통상 장정): 일본 상선에 대한 무항세 조 항이 포함된 조약은 1876년에 체결된 조·일 무역 규칙(조·일 통 상 장정)이다.

② 강화도 조약: 일본의 자유로운 조선 연해 측량을 허용한 조약은 강화도 조약이다.

③ 조·일 수호 조규 부록: 개항장에서 일본 화폐가 유통되는 근거가 된 것은 조·일 수호 조규 부록이다.

---

09 현대 노태우 정부의 통일 정책   난이도 상 ●●●

민족 자존과 통일 번영의 새 시대를 열어나갈 것임을 약속 + 사회주 의 국가들과의 관계 개선을 추구 → 7·7 선언 → 노태우 정부

③ 노태우 정부 시기에는 자주·평화·민주의 3대 원칙 아래 남북 연 합을 구성하고 남북 평의회를 통해 통일 헌법을 제정하며, 총선 거를 실시하여 통일 민주 공화국을 구성하자는 한민족 공동체 통 일 방안을 발표하였다.

① 김대중 정부: 6·15 남북 공동 선언을 채택한 것은 김대중 정부 때이다.

② 김영삼 정부: 한반도 에너지 개발 기구(KEDO)를 설립한 것은 김 영삼 정부 때이다.

④ 전두환 정부: 민족 화합 민주 통일 방안을 발표한 것은 전두환 정 부 때이다.

🖐 이것도 알면 합격

노태우 정부 시기의 통일 노력

7·7 선언 (1988)	남북 관계를 선의의 동반자이며 함께 번영해 야 할 민족 공동체 관계로 규정하고 모든 부 분에서의 교류 표방
한민족 공동체 통일 방안 (1989)	자주·평화·민주의 3대 원칙 아래 과도적인 체제로 남북 연합을 구성하여 통일 헌법을 제정한 다음 총선거를 실시하여 통일 민주 공화국을 구성하자는 방안 제시
남북 기본 합의서 (1991)	· 상호 체제를 인정하고 상호 불가침, 교류 와 협력 확대 등에 대해 합의 · 남북 관계를 잠정적으로 형성된 특수한 관 계로 인정
한반도 비핵화 공동 선언 (1991)	한반도를 비핵화하여 핵 전쟁의 위험을 제 거하고 핵 에너지를 평화적 목적에만 이용 하기로 합의

---

10 조선 전기 『경국대전』   난이도 하 ●○○

조선 시대 국가 통치 체제의 확립을 위함 + 세조 때 편찬에 착수 + 성 종 때 완성 → (가) 『경국대전』

② 옳은 것을 모두 고르면 ㉠, ㉢이다.

㉠ 『경국대전』은 세조 때 육전 상정소를 설치하여 편찬을 시작하였 으며, 성종 때 완성·반포되었다.

㉢ 『경국대전』은 조선 시대의 기본 법전으로, 「이전」·「호전」·「예 전」·「병전」·「형전」·「공전」의 6전 체제로 구성되었다.

㉡ 『경제육전』: 조선 최초의 공식적인 성문 법전은 조준이 주도하여 편찬한 『경제육전』이다.

㉢ 『대전통편』: 법령을 모아 원, 속, 증으로 표시한 것은 『대전통편』 이다. 『대전통편』은 정조 때 그동안의 법령을 모아 『경국대전』의 내용에 원(原), 『속대전』의 내용에 속(續), 새롭게 추가된 내용에 증(增)을 붙여 편찬한 법전이다.

■ 정답   p.76

01	③ 근대
02	③ 고대
03	④ 현대
04	④ 일제 강점기
05	③ 고려 시대
06	④ 조선 후기
07	③ 고대
08	③ 조선 전기
09	④ 일제 강점기
10	② 시대 통합

■ 취약시대 분석표

분류	시대	문항 수
전근대	선사 시대	/0
	고대	/2
	고려 시대	/1
	조선 전기	/1
	조선 후기	/1
근현대	근대	/1
	일제 강점기	/2
	현대	/1
통합	시대 통합	/1
총합		/10

* 취약시대 분석표를 이용해 틀린 문제가 있는 시대는 그 시대의 문제만 골라 해설을 다시 한번 꼼꼼히 학습하세요.

---

01 근대 한·일 의정서   난이도 중 ●●○

자료분석

대일본 제국 정부는 군사 전략상 필요한 지점을 상황에 따라 이용할 수 있음 → 한·일 의정서

정답설명

③ 한·일 의정서는 일본이 러시아와의 전쟁을 원활히 수행하기 위해 대한 제국의 국외 중립 선언을 무시하고 체결을 강요하였다.

오답분석

① 을사늑약: 민영환, 조병세 등이 자결로써 항거한 것은 대한 제국의 외교권을 박탈한 을사늑약이다.

② 제1차 한·일 협약: 일본인 메가타가 재정 고문으로 부임하는 계기가 된 것은 제1차 한·일 협약이다.

④ 고종이 을미사변 이후 신변의 안전을 꾀하고, 일본의 간섭과 위협에서 벗어나기 위해 러시아 공사관으로 거처를 옮긴 것(아관 파천)은 1896년으로, 한·일 의정서 체결(1904) 이전의 사실이다.

02 고대 김유신   난이도 하 ●○○

자료분석

용화향도 + 비담과 염종이 왕(선덕 여왕)을 폐위하려 하자 그들을 공격함 → 김유신

정답설명

③ 김유신은 황산벌에서 계백이 이끄는 백제군을 물리쳤다.

오답분석

① 연개소문: 당의 침입에 대비하기 위하여 세운 천리장성의 축조를 감독한 인물은 연개소문이다.

② 장보고: 당에 무역 사절인 견당매물사를 파견한 인물은 장보고이다. 이외에도 장보고는 일본에 회역사라는 무역 사절을 보내 당, 신라, 일본을 잇는 국제 무역을 주도하였다.

④ 김춘추: 진골 출신으로서 처음 왕위에 오른 인물은 김춘추이다. 김춘추는 진덕 여왕을 마지막으로 성골이 소멸되자, 진골 출신으로 처음 왕위에 올랐다.

03 현대 이승만 정부 시기의 사실   난이도 중 ●●○

자료분석

귀속 재산은 대한민국의 국민 또는 법인에게 매각함 → 귀속 재산 처리법 → 이승만 정부

정답설명

④ 이승만 정부 시기에는 평화 통일론을 주장한 진보당의 정당 등록이 취소되었으며, 간첩죄 및 국가 보안법 위반 혐의로 검거된 조봉암이 사형당하였다.

오답분석

① 전두환 정부: 3S 정책의 일환으로 프로 야구가 6개 구단으로 출범한 것은 전두환 정부 시기의 사실이다.

② 박정희 정부: 미국의 정보 수집함인 푸에블로호가 북한에 납치된 것은 박정희 정부 시기의 사실이다.

③ **김영삼 정부:** '황국 신민의 학교'라는 의미의 국민학교 명칭을 초등학교로 변경한 것은 김영삼 정부 시기의 사실이다.

④ **교장:** 흥왕사에 교장도감을 설치하여 간행한 것은 교장이다. 교장은 의천이 송과 요 등의 대장경 주석서를 모아 간행한 것이다.

👆 이것도 알면 합격

이승만 정부 시기의 사실	
국가 보안법 제정	반국가활동을 규제하고 국가의 안전 보장을 위해 국가 보안법 제정
귀속 재산 처리법 제정	귀속 재산의 처리에 관하여 규정한 귀속 재산 처리법 제정
자유당 창당	여러 우익 단체를 규합하여 자유당 창당
한·미 상호 방위 조약 체결	미군의 한반도 주둔을 허용한 한·미 상호 방위 조약 체결
진보당 사건	진보당의 정당 등록을 취소하고 진보당의 당수인 조봉암을 사형시킴

👆 이것도 알면 합격

대장경의 간행	
초조대장경	· 현종 때 거란의 침입을 물리치고자 간행하기 시작하여 선종 때 완성됨 · 대구 부인사에서 보관하던 중, 몽골의 2차 침입 때 소실됨
교장(속장경)	의천이 고려·송·요·일본의 대장경 주석서를 모아 『신편제종교장총록』을 편찬한 후, 흥왕사에 교장도감을 설치하여 간행
재조대장경	· 몽골의 2차 침입 때 소실된 초조대장경을 대신하여 부처의 힘으로 몽골 침입을 물리치기 위하여 조판 · 강화도에 대장도감을 설치하고, 진주에 대장도감 분사를 설치하여 완성 · 합천 해인사에 8만 장이 넘는 목판이 보관되어 팔만대장경이라고도 불림

---

04 일제 강점기 일제 강점기 주요 의거 활동 난이도 중 ●●○

정답설명

④ 식민 통치 기구인 조선 총독부에 폭탄을 투척한 인물은 김상옥이 아닌 김익상이다. 한편, 김상옥은 종로 경찰서에 폭탄을 투척하였다.

오답분석

① 최수봉은 의열단원으로, 독립운동의 기세를 올리기 위하여 밀양 경찰서에 폭탄을 투척하였다.

② 조명하는 대만 타이중에서 일왕 장인이자 육군 대장인 구니노미야의 암살을 시도하였다.

③ 나석주는 의열단원으로, 조선식산은행과 동양 척식 주식회사에 폭탄을 투척하였다.

---

05 고려 시대 초조대장경 난이도 중 ●●○

자료분석

달단(몽골)이 부인사에 소장된 것을 태워버림 → 초조대장경

정답설명

③ 초조대장경은 거란의 침입을 물리치기 위해 제작한 우리나라 최초의 대장경으로 대구 부인사에 소장되어 있다가 몽골의 침입으로 소실되었다.

오답분석

①, ② **팔만대장경:** 재조대장경이라고도 불리며, 경판의 총 매수는 8만 장이 넘는 것은 팔만대장경이다. 팔만대장경은 몽골의 2차 침입 때 소실된 초조대장경을 대신하여 부처의 힘으로 몽골의 침입을 물리치기 위하여 조판되었다.

---

06 조선 후기 조선 후기의 지도 난이도 중 ●●○

정답설명

④ 김정호가 제작한 대동여지도가 나라의 기밀을 누설시킬 우려가 있어 조선 정부에서 판목을 압수·소각하였다는 일설은 일제 강점기에 조작된 사실이다. 한편, 대동여지도 판목은 숭실대학교 박물관과 국립 중앙 박물관에 남아 있다.

오답분석

① 동국지도는 영조 때 정상기가 우리나라 최초로 100리 척을 사용한 지도로, 정확하고 과학적인 지도 제작에 공헌하였다.

② 청구도는 김정호가 전국에 동일한 축척을 적용하여 제작한 전국 지도로, 전국의 행정 구역 수와 인구 수 등이 기록되어 있다.

③ 요계관방지도는 숙종 때 이이명이 제작한 군사 지도로 중국 동북 지방의 군사 요새지가 그려져 있다.

---

07 고대 발해의 경제 상황 난이도 하 ●○○

자료분석

왕자 대봉예 + 우리보다 위에 있도록 허락해 주기를 청함 → 쟁장 사건 → (가) 발해

정답설명

③ 시장을 감독하는 관청으로 동시전을 설치한 나라는 발해가 아닌 신라이다.

오답분석

모두 발해의 경제 상황에 대한 설명이다.

① 발해는 수도인 상경 용천부 등의 도시와 교통 요충지에서는 여러 국가들과 교역하면서 상업이 발달하였다.

② 발해는 거란도, 영주도 등을 통해 주변국과 교역하였다. 거란도 는 상경 용천부에서 거란으로 이어지는 교통로이고, 영주도는 상 경 용천부에서 장령부를 거쳐 당나라의 영주로 가는 교통로이다.

④ 발해는 기후가 좋지 않고 토지가 척박하여 농업에서 밭농사가 중 심이었으나, 일부 지역에서는 벼농사도 지었다.

08 조선 전기 조광조　　　난이도 중 ●●○

자료분석

정암 + 정국공신(중종반정 때 공을 세운 사람)은 허위가 많아 고쳐야 됨 → (가) 조광조

정답설명

③ 조광조는 천거제인 현량과의 실시를 주장하였다. 현량과는 중앙 과 지방의 관리들이 후보자를 천거하고, 이들을 모아 왕이 참석 한 자리에서 시정의 문제에 대한 대책으로 시험을 본 뒤 관리로 선발하는 제도이다.

오답분석

① 이황: 향촌 사회의 교화를 위해 중국의 여씨 향약을 본떠 예안 향 약을 만든 인물은 이황이다.

② 정도전: 『조선경국전』을 저술한 인물은 정도전이다. 『조선경국 전』은 『주례』의 6전 체제를 참고하여 정도전이 지은 사찬 법전 이다.

④ 이이: 아홉 차례 과거에서 장원하여 '구도장원공'이라고도 불린 인물은 이이이다.

🖐️이것도 알면 합격

조광조의 개혁

소격서 폐지	도교 행사를 주관하던 소격서의 폐지 주장
현량과 실시	천거제인 현량과의 실시 주장
위훈 삭제	중종반정 공신들의 위훈 삭제 주장
경연의 강화	임금에게 유학의 경서를 가르치는 경연의 강화 주장

09 일제 강점기 3·1 운동　　　난이도 하 ●○○

자료분석

태화관 + 민족 대표들은 '독립 만세'를 외침 + 탑골 공원 → 3·1 운동

정답설명

④ 3·1 운동을 계기로 기존의 강압적인 무단 통치로는 한국을 지배 하기 어렵다고 판단한 일제는 문화 통치를 실시하였다.

오답분석

① 6·10 만세 운동: 조선 학생 과학 연구회가 주도한 운동은 6·10 만 세 운동이다. 6·10 만세 운동은 사회주의 세력과 천도교 중심의 민 족주의 세력, 조선 학생 과학 연구회를 중심으로 한 학생들이 만세 운동을 준비하였다. 하지만, 사회주의 세력과 천도교 세력의 만세 운동은 사전에 경찰에 발각되었고, 학생들의 만세 운동은 발각되 지 않아 학생들의 주도로 6·10 만세 운동이 전개되었다.

② 광주 학생 항일 운동: 신간회에서 허헌, 김병로 등으로 구성된 진 상 조사단을 파견한 운동은 광주 학생 항일 운동이다.

③ 물산 장려 운동: '내 살림 내 것으로', '조선 사람 조선 것으로' 등의 구호를 내세운 운동은 물산 장려 운동이다.

10 시대 통합 조선 시대에 편찬된 서적　난이도 중 ●●○

정답설명

② 옳은 것을 모두 고르면 ㉠, ㉢이다.

㉠ 『동국통감』은 성종 때 서거정 등이 편찬하였으며, 단군부터 삼 한까지는 외기(外紀), 삼국의 건국부터 신라 문무왕 때인 669년 까지를 삼국기, 669년부터 고려 태조 때인 935년(신라 멸망)까 지를 신라기, 935년부터 고려 말까지를 고려기로 구분하여 서 술하였다.

㉢ 『금석과안록』은 김정희가 금석문에 관하여 저술한 서적으로, 북 한산 비가 진흥왕 순수비임을 밝혔다.

오답분석

㉡ 김종서 등이 고려 시대의 역사를 기전체로 서술한 것은 『고려사』 이다. 한편, 『고려사절요』는 『고려사』를 보완하기 위하여 김종서 등이 고려 시대의 역사를 편년체로 서술한 서적이다.

㉣ 천지, 인사, 만물, 경사, 시문 등 5개 부문으로 구성된 것은 이익 이 저술한 『성호사설』이다. 한편, 『청장관전서』는 이덕무의 저술 을 모아 엮은 문집이다.

■ 정답   p.80

01	② 근대
02	④ 조선 전기
03	④ 고려 시대
04	③ 고대
05	③ 선사 시대
06	② 현대
07	③ 근대
08	① 조선 후기
09	③ 현대
10	④ 일제 강점기

■ 취약시대 분석표

분류	시대	문항 수
전근대	선사 시대	/1
	고대	/1
	고려 시대	/1
	조선 전기	/1
	조선 후기	/1
근현대	근대	/2
	일제 강점기	/1
	현대	/2
통합	시대 통합	/0
총합		/10

* 취약시대 분석표를 이용해 틀린 문제가 있는 시대는 그 시대의 문제만
골라 해설을 다시 한번 꼼꼼히 학습하세요.

---

01 근대 신민회   난이도 중 ●●○

자료분석

윤치호, 안창호 등이 조직 + 총독을 암살하기로 계획함 → 105인 사
건 판결문 → (가) 신민회

정답설명

② 신민회는 평양에 대성 학교, 정주에 오산 학교를 설립하여 민족
교육을 추진하였다.

오답분석

① 신민회는 입헌 군주제가 아닌 공화 정치 체제의 근대 국가 수립을
목표로 하였다. 한편, 입헌 군주제 수립을 목표로 활동한 대표적인
단체로는 독립 협회가 있다.
③ **대한민국 임시 정부:** 상하이에서 입법 기관인 임시 의정원을 구성
한 단체는 대한민국 임시 정부이다.
④ **독립 협회:** 러시아의 절영도 조차 요구를 저지한 단체는 독립 협
회이다.

02 조선 전기 선조 대의 사실   난이도 중 ●●○

자료분석

통신사 황윤길 등이 일본에서 돌아옴 + 김성일 → 선조

정답설명

④ 선조 때인 1589년에 정여립이 대동계라는 비밀결사를 조직하고
역성 혁명을 준비하였다는 혐의로 처형되고, 이에 연루된 동인들
이 대거 제거된 정여립 모반 사건이 일어났다.

오답분석

① **인조:** 후금의 침입에 대비하여 어영청을 창설한 것은 인조 때이다.
② **중종:** 여진족과 왜구 등 외적의 침입에 대비하기 위하여 임시 기구
로 비변사를 처음 설치한 것은 중종 때이다.
③ **명종:** 윤원형 일파와 문정 왕후를 비판하는 양재역 벽서 사건이 일
어난 것은 명종 때이다.

03 고려 시대 이규보   난이도 중 ●●○

자료분석

백운거사라고 불림 + 『동국이상국집』 → 이규보

정답설명

④ 이규보는 고구려 동명왕(주몽)의 업적을 칭송하고, 고구려의 건
국 설화를 5언시체로 재구성한 영웅 서사시인 『동명왕편』을 지
었다.

오답분석

① **최승로:** 시무 28조의 개혁안을 고려 왕에게 올린 인물은 최승로이
다. 최승로는 고려 성종에게 유교 이념을 바탕으로 국가를 운영할
것을 주장하며 시무 28조를 제시하였다.
② **정몽주:** 성리학에 뛰어나 '동방 이학의 조(우리나라 성리학의 시조)'
라는 칭호로 불린 인물은 정몽주이다.
③ **이제현:** 성리학적 유교 사관에 입각하여 대의명분을 강조한 역사
서인 『사략』을 저술한 인물은 이제현이다.

04 고대 녹읍

자료분석

신문왕 때 폐지 + 경덕왕 때 부활 → (가) 녹읍

정답설명

③ 녹읍은 토지에 대한 조세를 수취할 수 있는 수조권과 함께 해당 지역의 노동력을 징발할 수 있는 권리가 부여되었다.

오답분석

① **전분 6등법**: 토지의 비옥도에 따라 토지의 등급을 6등급으로 구분한 것은 조선 전기 세종 때 실시된 조세 수취 방식인 전분 6등법이다.

② 녹읍은 관직의 복무 대가로 귀족들에게 지급된 토지로 일반 백성들에게는 지급되지 않았다. 한편, 모든 토지가 왕의 소유라는 왕토 사상에 근거하여 일반 백성들에게도 지급된 것은 정전이다.

④ **식읍**: 전쟁에서 큰 공을 세운 사람에게 공로의 대가로 지급한 것은 식읍이다.

이것도 알면 합격

녹읍과 식읍

녹읍	· 국가에서 관료에게 지급한 일정 지역의 토지 · 조세 수취 및 해당 지역의 노동력을 징발할 수 있었음
식읍	· 국가에서 왕족, 공신 등에게 수여한 토지와 가호 · 조세를 수취하고 노동력을 징발할 수 있는 권리 부여

05 선사 시대 삼한

자료분석

5월이면 귀신에게 제사(수릿날) + 10월에 농사일을 마치고 나서도 함(계절제) → 삼한

정답설명

③ 삼한은 제정 분리 사회로, 정치적 지배자인 군장 외에 제사장인 천군이 있었으며, 천군이 신성 지역인 소도를 다스렸다.

오답분석

① **고구려**: 서옥제라는 혼인 풍습이 있었던 나라는 고구려이다. 서옥제는 혼인을 한 후 신랑이 처가 뒤에 지은 서옥에서 머물다가, 자녀가 태어나 성장하면 아내와 함께 신랑 집으로 돌아가는 풍습이다.

② **부여, 고구려**: 도둑질을 한 자에게 12배를 배상하게 하는 1책 12법의 풍습이 있었던 나라는 부여와 고구려이다.

④ **동예**: 바닥이 철(凸)자형, 여(呂)자형인 가옥에서 생활한 나라는 동예이다.

06 현대 대한민국 정부 수립 과정

정답설명

② 시기순으로 바르게 나열하면 (나) 탁치 반대 국민 총동원 위원회 조직(1945. 12.) → (가) 좌·우 합작 7원칙 발표(1946) → (라) 남조선 과도 정부 수립(1947) → (다) 남북 제정당 사회 단체 연석 회의 개최(1948)가 된다.

(나) **탁치 반대 국민 총동원 위원회 조직**: 모스크바 3국 외상 회의에서 4개국(미국·영국·중국·소련)에 의한 최장 5개년의 한반도 신탁 통치가 결정되자, 김구 등의 주도로 탁치 반대 국민 총동원 위원회가 조직되었다(1945. 12.).

(가) **좌·우 합작 7원칙 발표**: 제1차 미·소 공동 위원회가 결렬되고 남한만의 단독 정부를 수립하려는 움직임이 확산되자, 김규식과 여운형 등의 중도 좌·우익 세력은 좌·우 합작 위원회를 조직하고 좌·우 합작 7원칙을 발표하였다(1946).

(라) **남조선 과도 정부 수립**: 미군정은 행정권을 한국인에게 이양하기 위해 안재홍을 행정부의 최고 책임자인 민정 장관에 임명하였으며, 미군정청의 한국인 기구를 개편하여 남조선 과도 정부를 수립하였다(1947).

(다) **남북 제정당 사회 단체 연석 회의 개최**: 유엔 총회에서 남한만의 단독 선거 실시가 결정되자, 김구는 김규식과 함께 북한에 남북 협상을 제의하였고, 북한의 김일성·김두봉과 함께 남북 제정당 사회 단체 연석 회의를 개최하였다(1948, 남북 협상).

이것도 알면 합격

대한민국 정부 수립 과정

광복(1945. 8) → 미·소 군정 실시 → 모스크바 3국 외상 회의(1945. 12.) → 제1차 미·소 공동 위원회 개최(1946. 3.) → 정읍 발언(1946. 6.) → 좌·우 합작 위원회 조직(1946. 7.) → 좌우 합작 7원칙 발표(1946. 10.) → 남조선 과도 입법 의원 창립(1946. 12.) → 제2차 미·소 공동 위원회 개최(1947. 5.) → 유엔 총회 결의(남북한 총선거 실시 결의, 1947. 11.) → 유엔 소총회 결의(접근 가능한 지역(남한)에서만의 단독 총선거 실시 결의, 1948. 2.) → 5·10 총선거 실시(1948. 5.) → 대한민국 정부 수립(1948. 8.)

07 근대 아관 파천 시기의 사실

자료분석

(가) 왕과 세자는 러시아 공사관에 도착함 → 아관 파천(1896. 2.)

(나) 왕이 러시아 공사관 앞문을 나옴 + 해를 넘기도록 이차하셨다가 오늘 환궁함 → 고종 환궁(1897. 2.)

정답설명

③ (가)와 (나) 사이 시기인 1896년 7월에 독립 협회가 창설되었다.

독립 협회는 서재필 등이 근대적 자주 독립 국가의 건설을 목표로 창설한 단체이다.

① (가) 이전: 교정청이 설치되어 동학 농민군의 요구 사항을 수용하고 자주적 개혁을 추진한 것은 1894년으로, (가) 시기 이전의 사실이다.

② (나) 이후: 황제 직속의 최고 군통수 기관인 원수부가 설치된 것은 1899년으로, (나) 시기 이후의 사실이다.

④ (가) 이전: 춘생문 사건이 일어난 것은 1895년 11월로, (가) 시기 이전의 사실이다. 춘생문 사건은 이범진, 이완용 등이 고종을 궁 밖으로 나오게 하여 친일 정권을 타도하고 새 정권을 수립하려고 했던 사건이다.

08 조선 후기 양명학 난이도 중 ●●○

① 옳은 것을 모두 고르면 ㉠, ㉡이다.

㉠ 양명학은 앎과 행함이 분리되거나 선후 관계가 있는 것이 아니라 앎은 행함을 통해서 성립한다는 지행합일을 통해 학문의 실천성을 강조하였다.

㉡ 양명학은 이황에 의해 인의를 해치고 천하를 어지럽힌다고 비판받으며 이단으로 간주되었다.

㉢ 성리학: 원 간섭기인 충렬왕 때 안향에 의해 국내에 소개된 학문은 성리학이다.

㉣ 성리학: 주자가 집대성하였으며, 이기론과 심성론 등을 연구한 학문은 성리학이다.

🖐 이것도 알면 합격

양명학의 주요 이론

심즉리(心卽理)	모든 사물의 이치는 마음속에 있음
치양지(致良知)	선험적인 지를 충분히 발휘하는 것
지행합일(知行合一)	앎은 행함을 통해서 성립하는 것
친민설(親民設)	백성은 도덕 실천의 주체

09 현대 유신 헌법 시행 시기의 사실 난이도 중 ●●○

대통령의 임기는 6년 + 국민의 자유와 권리를 정지하는 긴급 조치를 할 수 있음 → 유신 헌법(1972~1980)

③ 유신 헌법 시행 시기인 1979년에 부산과 마산에서는 유신 체제에 반대하는 부·마 민주 항쟁이 전개되었다.

① 제5차 개헌안: 6·3 시위가 일어난 것은 1964년으로, 제5차 개헌안 시행 시기이다. 박정희 정부가 한·일 기본 조약의 체결을 위한 한·일 회담(1962)을 비밀리에 진행하고 있다는 사실이 폭로되자 학생과 시민들은 굴욕적인 대일 외교에 반대하는 6·3 시위를 전개하였다.

② 제5차 개헌안: 향토 예비군이 창설된 것은 1968년으로, 제5차 개헌안 시행 시기이다. 박정희 정부 시기에 향토 방위 체제를 확립하기 위해 향토 예비군을 창설하였다.

④ 제9차 개헌안: 노동자의 권익을 도모하기 위하여 전국 민주 노동조합 총연맹(민주노총)이 결성된 것은 1995년으로, 제9차 개헌안(현행 헌법) 적용 시기이다.

🖐 이것도 알면 합격

유신 헌법(제7차 개헌, 1972)

장기 독재 체제 마련	· 통일 주체 국민회의에서 간선제로 대통령 선출 · 대통령 임기 6년(중임 제한 폐지)
박정희 당선	제8대 대통령에 박정희 당선(제4공화국)
대통령 권한 강화	국회의원 1/3 지명권, 국회 해산권, 긴급 조치권 부여

10 일제 강점기 1920년대의 문화 난이도 중 ●●○

④ 이육사가 잡지 『문장』을 통해 저항시인 절정을 발표한 것은 1940년이다.

모두 1920년대의 문화에 대한 설명이다.

① 1920년대에는 도쿄 유학생들을 중심으로 신극 운동 단체인 토월회가 조직(1923)되었다.

② 1920년대에는 나운규의 영화 아리랑이 종로 단성사에서 개봉(1926)하였다.

③ 1920년대에는 김기진, 박영희, 이상화 등의 신경향파 문인들이 카프(KAPF, 조선 프롤레타리아 예술가 동맹)를 결성(1925)하였다.

하프모의고사 20 정답 및 해설

■ 정답
p.84

01	④ 근대
02	② 시대 통합
03	③ 고대
04	④ 고려 시대
05	③ 조선 전기
06	② 일제 강점기
07	③ 근대
08	② 조선 후기
09	④ 현대
10	④ 고대

■ 취약시대 분석표

분류	시대	문항 수
전근대	선사 시대	/0
	고대	/2
	고려 시대	/1
	조선 전기	/1
	조선 후기	/1
근현대	근대	/2
	일제 강점기	/1
	현대	/1
통합	시대 통합	/1
총합		/10

* 취약시대 분석표를 이용해 틀린 문제가 있는 시대는 그 시대의 문제만 골라 해설을 다시 한번 꼼꼼히 학습하세요.

01 근대 급진 개화파
난이도 중 ●●○

자료분석

청에 대한 조공 허례를 폐지 + 문벌은 폐지 + 지조법을 개혁 → 14개조 혁신 정강 → 급진 개화파

정답설명

④ 급진 개화파는 보부상을 총괄하는 기관인 혜상공국을 혁파하여 자유로운 상업의 발전을 꾀하였다.

오답분석

① 온건 개화파: 전통적인 유교 사상을 지키면서 서양의 과학 기술은 수용하자는 동도 서기론을 주장한 세력은 온건 개화파이다. 한편, 급진 개화파는 서양의 과학 기술은 물론 정치 제도, 사상, 종교까지 받아들이자는 문명 개화론을 주장하였다.

② 급진 개화파는 공화정체의 국가가 아닌, 입헌 군주제에 입각한 내각제를 수립하고자 하였다.

③ 위정척사파: 대표적인 인물로 이항로, 기정진 등이 있었던 세력은 위정척사파이다. 한편, 급진 개화파의 대표적인 인물로는 김옥균, 박영효 등이 있다.

02 시대 통합 시기별 대외 교역
난이도 하 ●○○

정답설명

② 발해는 당에서 귀족들의 수요품인 서적·비단 등을 수입하였고, 토산물인 담비 가죽·인삼 등을 수출하였다.

오답분석

① 위만 조선은 지리적 이점을 이용하여 중국의 한나라와 남방의 진국이 직접 교역하는 것을 막고, 중계 무역으로 이익을 독점하였다.

③ 고려 시대에는 대식국인이라 불리는 아라비아 상인과도 교역하였다. 이들은 고려에 수은, 산호, 향료 등을 수출하였고, 고려로부터 금, 비단 등을 수입하였다.

④ 조선 시대에는 국경 지역인 경성과 경원에 무역소를 설치하여 여진과 교역하였다.

03 고대 견훤
난이도 중 ●●○

자료분석

왕경(경주)의 서남쪽 주현을 공격 + 무진주(광주)를 습격 → (가) 견훤

정답설명

③ 견훤은 왕위를 계승하는 과정에서 첫째 아들인 신검에 의해 김제 금산사에 유폐되었고, 이후 탈출하여 고려에 귀순하였다.

오답분석

① 경순왕: 경주의 사심관으로 임명된 인물은 경순왕이다. 경순왕은 중앙 정치의 문란과 후백제의 침략 등으로 국가 유지가 어려워지자 고려에 항복하였고, 이후 최초의 경주 사심관으로 임명되었다.

② 궁예: 무태, 성책, 수덕만세 등의 연호를 사용한 인물은 궁예이다.

④ 궁예: 국정 총괄 기구인 광평성을 비롯하여 병부(군사) 등의 여러 관서를 설치한 인물은 궁예이다.

정답설명

④ 시기순으로 나열하면 (나) 서희의 외교 담판(993) → (라) 흥화 진 전투(1010) → (다) 귀주 대첩(1019) → (가) 천리장성 축조 (1033~1044)가 된다.

(나) 서희의 외교 담판: 거란의 1차 침입 때 서희는 소손녕과의 외교 담판(993)으로 거란군을 철수시켰으며 강동 6주를 획득하였다.

(라) 흥화진 전투: 거란의 2차 침입 때 양규의 활약으로 고려가 흥화 진 전투에서 승리하였다(1010).

(다) 귀주 대첩: 거란의 3차 침입 때 강감찬은 귀주에서 소배압이 이끄 는 거란군을 크게 물리쳤다(귀주 대첩, 1019).

(가) 천리장성 축조: 거란의 3차 침입 이후 고려는 압록강에서 도련포 에 이르는 천리장성을 쌓아 거란과 여진 등 외적의 침입에 대비 하였다(1033~1044).

이것도 알면 합격

거란의 침입

1차 (993)	· 전개: 옛 고구려 땅을 내놓을 것과 송과의 외 교 관계 단절 및 거란과의 수교를 요구하며 침 입 → 서희의 외교 담판 · 결과: 강동 6주를 획득하여 국경 확장
2차 (1010)	· 전개: 강조의 정변을 구실로 침입 → 양규의 활약(흥화진 전투) · 결과: 거란과의 강화 체결
3차 (1018)	· 전개: 현종의 입조 약속 불이행 → 거란의 침입 · 결과: 귀주에서 거란군 크게 격파

05 조선 전기 직전법 난이도 중 ●●○

자료분석

장차 (가) 을/를 두려고 함 + 벼슬에서 물러난 신하의 자손들은 1결 의 토지도 가질 수 없게 됨 → (가) 직전법

정답설명

③ 직전법은 과전의 세습 등으로 관리에게 지급할 토지가 부족해지 자, 이를 해결하기 위해 세조 때 실시되었다.

오답분석

① 직전법이 현직 관리에게만 지급된 것은 맞으나, 토지의 소유권이 아닌 수조권(조세를 걷을 수 있는 권한)이 지급되었다.

② 관수 관급제: 국가에서 직접 세금을 거두어 관리에게 지급한 것은 성종 때 실시된 관수 관급제이다.

④ 직전법이 폐지되면서 양반들이 사유지를 확대하였고, 이로 인해 자영농이 감소하고 소작농이 증가하면서 지주 전호제가 일반화 되었다.

이것도 알면 합격

직전법

배경	신진 관리에게 지급할 토지가 부족해짐
내용	· 현직 관리에게만 수조권 지급 · 수신전과 휼양전 폐지
한계	· 관리들의 토지 사유화 → 농장 확대 초래 · 농민에 대한 관리들의 수조권 남용 심화

06 일제 강점기 신간회 난이도 중 ●●○

자료분석

창립 당시는 민족적 단일한 정치 투쟁 단체 + 해소하는 것은 당연하 다고 생각함 → 신간회

정답설명

② 암태도 소작 쟁의가 일어난 것은 신간회 조직(1927) 이전인 1923 년으로, 신간회와 관련이 없다.

오답분석

① 신간회는 노동 운동과 연계하여 최저 임금제 시행 등 노동자들의 권익 향상을 요구하였다.

③ 신간회는 함경남도 갑산 지역의 화전민들이 일제의 추방 정책에 저항한 사건인 갑산 화전민 학살 사건의 진상 규명 운동을 전개 하였다.

④ 신간회는 일제 강점기 최대 규모의 합법적인 단체로, 서울에 본부 를 두고 전국에 140여개의 지회를 설치하였다.

이것도 알면 합격

신간회 해소 배경

신 집행부의 우경화	1930년 이후 신 집행부가 타협적 민족주의 자들과 협력하려 하자 사회주의자들이 반발 하며 내부 갈등 심화
코민테른의 노선 변화	코민테른이 '12월 테제'를 통해 민족주의 세 력과 결별하고 계급 투쟁으로 정책 노선의 변 경을 지시하자, 사회주의자들이 신간회 해소 를 선언하며 이탈

07 근대 한·일 신협약 체결 시기 난이도 중 ●●○

자료분석

시정 개선에 관하여 통감의 지도를 받음 + 중요한 행정상 처분은 미 리 통감의 승인을 거침 → 한·일 신협약(정미 7조약)

(가) 갑신정변(1884) ~ 군국기무처 설치(1894)

(나) 군국기무처 설치(1894) ~ 관민 공동회 개최(1898)

(다) 관민 공동회 개최(1898) ~ 서울 진공 작전 전개(1908)

(라) 서울 진공 작전 전개(1908) ~ 한·일 병합 조약 체결(1910)

(정답설명)

③ 한·일 신협약은 (다) 시기인 1907년에 체결되었다. 일본은 대한 제국과 한·일 신협약을 체결하여 법령 제정 등 행정 업무를 통감의 승인을 거치게 하는 등 통감의 권한을 강화하였다. 또한 비밀 부수 각서를 통해 일본인 차관의 채용과 대한 제국의 군대 해산을 명시하여 내정 간섭을 강화하였다.

---

08 조선 후기 조선 후기의 문화 동향 난이도 중 ●●○

(자료분석)

개잘양이라는 '양'자에 개다리소반이라는 '반'자 쓰는 양반 → 탈춤 → 조선 후기

(정답설명)

② 옳은 것을 모두 고르면 ㉠, ㉣이다.

㉠ 조선 후기에는 법주사 팔상전, 금산사 미륵전 등의 불교 건축물이 건립되었다.

㉣ 조선 후기에는 김정희가 고금의 필법을 연구하고 그들의 장점을 모아 독특한 글씨체인 추사체를 창안하였다.

(오답분석)

㉡ 조선 전기: 정읍사, 처용가 등이 수록된 음악 이론서인 『악학궤범』이 편찬된 것은 조선 전기의 사실이다.

㉢ 조선 전기: 깎아 자른듯한 절벽을 배경으로 바위에 기대어 엎드린 채 수면을 바라보며 명상에 잠겨 있는 선비의 유유자적한 모습을 담은 고사관수도가 그려진 것은 조선 전기의 사실이다.

---

09 현대 한·일 기본 조약 난이도 중 ●●○

(자료분석)

과거 일본 제국주의 침략을 합법화 함 + 청구권은 일본 자본의 경제적 지배를 위한 소지를 마련해 줌 → 한·일 기본 조약

(정답설명)

④ 한·일 기본 조약의 부속 협정으로 재일 교포의 법적 지위 및 대우에 관한 협정이 체결되어 재일 한국인이 일본 영주권을 획득할 수 있게 되었다.

(오답분석)

①, ② 한·일 기본 조약에서는 위안부와 독도 영유권 문제가 논의되지 않았다. 한·일 기본 조약은 일본의 침략 사실 인정과 사죄가 선행되지 않았으며, 위안부 문제와 독도 문제 등이 논의되지 않아 국민들로부터 굴욕적인 외교라는 비판을 받았다.

③ 브라운 각서: 한국군의 현대화와 AID 차관 제공에 합의한 조약은 브라운 각서이다.

🔖 이것도 알면 합격

한·일 기본 조약	
배경	· 경제 개발을 위한 자금 필요 · 동아시아의 안보 질서를 강화하고자 한 미국의 권고 체결
과정	· 한·일 회담(1962, 김종필·오히라 비밀 메모): 경제 개발에 필요한 자금을 마련하기 위해 청구권 협정 진행 · 6·3 항쟁(1964): 한·일 회담 반대 시위를 하였으나 무력으로 진압됨
내용	· 일본이 배상과 사과 대신 독립 축하금 형식으로 '무상 3억 달러, 정부 차관 2억 달러, 상업 차관 3억 달러'를 제공 · 재일 교포의 법적 지위 및 대우, 문화재와 문화 협력, 어업 문제 등의 부속 협정도 함께 체결

---

10 고대 고대의 고분 난이도 하 ●○○

(정답설명)

④ 사신도가 그려진 강서대묘(강서 고분)는 굴식 돌방무덤으로 축조되었다. 돌무지무덤은 돌을 정밀하게 쌓아 올린 고구려 초기의 고분 양식으로, 고구려의 대표적인 돌무지무덤으로는 장군총이 있다.

(오답분석)

① 무령왕릉은 중국 남조의 영향을 받아 벽돌무덤 양식으로 축조되었다.

② 발해의 정혜 공주 묘는 고구려 고분 양식에 영향을 받아 모줄임 천장 구조로 조성된 굴식 돌방무덤이다.

③ 황남대총, 천마총은 대표적인 돌무지덧널무덤으로 도굴이 어려워 많은 양의 부장품이 출토되었다.

■ 정답

p.88

01	② 고대
02	③ 근대
03	② 일제 강점기
04	④ 고려 시대
05	② 조선 전기
06	④ 고대
07	③ 일제 강점기
08	② 근대
09	② 현대
10	③ 조선 후기

■ 취약시대 분석표

분류	시대	문항 수
전근대	선사 시대	/0
	고대	/2
	고려 시대	/1
	조선 전기	/1
	조선 후기	/1
근현대	근대	/2
	일제 강점기	/2
	현대	/1
통합	시대 통합	/0
총합		/10

* 취약시대 분석표를 이용해 틀린 문제가 있는 시대는 그 시대의 문제만
골라 해설을 다시 한번 꼼꼼히 학습하세요.

01 고대 근초고왕의 업적

난이도 하 ●○○

자료분석

박사 고흥 + 『서기』 → 근초고왕

정답설명

② 근초고왕은 황해도 지역을 놓고 대립하던 고구려의 평양성을 공격하였고, 이 과정에서 고구려의 고국원왕이 전사하였다.

오답분석

① 고이왕: 정사를 보는 관청인 남당을 설치한 왕은 고이왕이다.
③ 의자왕: 신라를 공격하여 대야성을 비롯한 40여 성을 함락시킨 왕은 의자왕이다.
④ 고이왕: 목지국을 병합하여 한강 유역을 장악한 왕은 고이왕이다.

02 근대 최익현과 이만손

난이도 중 ●●○

자료분석

(가) 왜인이라고 하나 실은 양적 → 왜양 일체론 → 최익현
(나) 영남 + 황준헌의 『사의조선책략』이 유포된 것을 보고 통곡함 → 영남 만인소 → 이만손

정답설명

③ 최익현은 을사늑약에 저항하며 일어난 을사의병에 참여하였으나, 체포된 후 대마도(쓰시마 섬)에서 순국하였다.

오답분석

① 박규수: 평양 군민과 함께 대동강으로 침입한 제너럴셔먼호를 불태운 인물은 박규수이다.
② 이항로: 『화서아언』에서 프랑스와의 통상에 반대하며 서양 세력에 항전해야한다고 주장한 인물은 이항로이다.
④ 장지연: 민족 의식을 고취하고 일제를 규탄하는 내용을 담은 '시일야방성대곡'을 황성신문에 발표한 인물은 장지연이다.

🐰 이것도 알면 합격

위정척사 운동의 전개

1860년대	• 계기: 프랑스가 병인양요를 일으키며 통상 요구 • 전개: 이항로, 기정진 등이 통상 수교 반대 운동 전개
1870년대	• 계기: 일본이 운요호 사건을 일으키며 개항 요구 • 전개: 최익현 등이 왜양 일체론을 주장, 개항 반대 운동 전개
1880년대	• 계기: 정부의 개화 정책 추진과 『조선책략』의 유포 • 전개: 이만손의 영남 만인소를 시작으로 개화 반대 운동 전개
1890년대	• 계기: 을미사변과 단발령 시행 • 전개: 유인석, 이소응 등이 항일 의병 운동(을미의병) 전개

03 일제 강점기 물산 장려 운동 · 난이도 하 ●○○

자료분석

조선인이 생산한 물품을 사용할 것 → 물산 장려 운동

정답설명

② 물산 장려 운동은 조만식 등의 주도로 평양에서 시작되어 전국적으로 확산되었다.

오답분석

① **상권 수호 운동:** 황국 중앙 총상회를 중심으로 전개된 것은 1890년대에 전개된 상권 수호 운동이다.

③ 물산 장려 운동은 조선 총독부가 회사령을 폐지한 이후에 전개되었다. 물산 장려 운동은 회사령 폐지와 관세 철폐를 계기로 일본 자본이 국내에 대거 유입되자 이에 대항하여 민족 경제를 지키기 위해 시작되었다.

④ 물산 장려 운동은 사회주의 세력에 의해 자본가 계급만을 위한 운동이라고 비판받았다.

🖐️이것도 알면 합격

물산 장려 운동

배경	일본 상품에 대한 관세 철폐 움직임 속에서 조선인 기업가들의 위기의식 고조
전개	· 조만식 등을 중심으로 평양에서 시작하여 전국적으로 확산 · 자작회, 토산 애용 부인회 등의 단체가 활동
활동	· 자급자족, 국산품 애용("내 살림 내 것으로", "조선 사람 조선 것으로") · 근검절약, 생활 개선, 금주·단연 운동 전개
한계	· 물가 상승: 늘어난 수요를 뒷받침할 수 있는 자본과 생산 시설의 미흡으로 국산품 가격 폭등 · 사회주의 계열의 운동가들과 일부 민중들이 자본가 계급만을 위한 운동이라고 비판

04 고려 시대 무신 집권기의 봉기 · 난이도 상 ●●●

자료분석

(가) 무신 정변(1170) ~ 조위총의 난(1174)

(나) 조위총의 난(1174) ~ 이의민 집권(1183)

(다) 이의민 집권(1183) ~ 교정도감 설치(1209)

(라) 교정도감 설치(1209) ~ 개경 환도(1270)

정답설명

④ (라) 시기인 1237년에 담양 지역에서 이연년 형제가 백제의 부흥을 표방하며 난을 일으켰다.

오답분석

① **(다) 시기:** 김사미와 효심이 경상도 지역인 운문(청도)과 초전(울산)에서 난을 일으킨 것은 이의민 집권기인 1193년으로, (다) 시기의 사실이다.

② **(다) 시기:** 이비와 패좌가 신라 부흥을 목표로 경주에서 봉기한 것은 최충헌 집권기인 1202년으로, (다) 시기의 사실이다.

③ **(가) 시기:** 동북면 병마사 김보당이 의종 복위와 무신 정권 타도를 내세우며 난을 일으킨 것은 정중부 집권기인 1173년으로, (가) 시기의 사실이다.

05 조선 전기 계해약조와 기유약조 사이의 사실 · 난이도 중 ●●○

자료분석

(가) 해마다 쌀과 콩을 합하여 200석 + 세견선 50척 → 계해약조(1443)

(나) 일본과 교류를 재개 + 세견선 20척과 세사미두 100석의 범위 내에서 제한된 교섭 허용 → 기유약조(1609)

정답설명

② (가)와 (나) 사이 시기인 1510년에 부산포, 제포(내이포), 염포의 삼포에 거주하던 왜인들이 조선 정부의 무역 통제에 반발하여 난(삼포왜란)을 일으켰다.

오답분석

① **(나) 이후:** 대보단이 건립된 것은 숙종 때인 1704년으로, (나) 시기 이후의 사실이다.

③ **(나) 이후:** 도성 수비에 대한 명령인 『수성윤음』이 반포된 것은 영조 때인 1751년으로, (나) 시기 이후의 사실이다.

④ **(가) 이전:** 이종무가 왜구의 소굴인 쓰시마 섬(대마도)을 정벌한 것은 1419년으로, (가) 시기 이전의 사실이다.

06 고대 진골 귀족 · 난이도 중 ●●○

자료분석

나이 어린 종이 3천명 + 소, 말, 돼지는 바다 가운데 섬에서 기름 → 진골 귀족

정답설명

④ 진골 귀족은 집사부의 중시, 령(令) 등의 중앙 관부의 장관직과 9주의 총관·도독과 같은 지방 행정 조직의 장관직 등에 오를 수 있었다.

오답분석

① **6두품:** 도당 유학생의 대부분을 차지한 신분층은 6두품이었다. 6두품은 능력에 상관없이 신분적 제약으로 정치 참여에 제한 받았기 때문에 당으로 건너가 유학 생활을 하거나 외국인을 대상으로 하는 빈공과에 응시하여 급제하는 경우가 많았다.

② 신라의 관복 색깔의 기준은 신분이 아닌 관등이었기 때문에, 진골 귀족 역시 관등에 따라 관복의 색을 다르게 입었다.

③ 죄를 지으면 본관지로 귀향시키는 형벌인 귀향형이 있었던 것은 고려 시대로, 진골 귀족과는 관련이 없다. 귀향형은 고려 시대에 중앙 관리 등이 죄를 지은 경우 자신의 본관지로 유배 보내는 형벌이다.

07 일제 강점기 제2차 조선 교육령 시행 시기의 사실 난이도 중 ●●○

자료분석

보통학교의 수업 연한은 6년 → 제2차 조선 교육령(1922~1938)

정답설명

③ 학도 지원병제가 실시된 것은 1943년으로, 제4차 조선 교육령 시행 시기의 사실이다. 일제는 중·일 전쟁의 장기화와 태평양 전쟁의 발발로 전쟁 병력이 부족해지자 학도 지원병제를 실시하여 학생들까지 전쟁에 동원하였다.

오답분석

모두 제2차 조선 교육령이 시행된 시기의 사실들이다.

① 일제는 1928년에 신은행령을 제정하여 은행 설립 및 운영을 제한하였고, 한국인 소유의 중소 은행을 일본 은행에 합병시켰다.

② 일제는 1934년에 한국 내의 소작 문제를 해결하기 위한 목적으로 조선 농지령을 제정하였다.

④ 일제는 1937년에 민족 말살 정책의 일환으로 일본 천황에게 충성을 다짐하는 내용의 황국 신민 서사를 발표하고, 강제로 암송하게 하였다.

08 근대 근대의 신문 난이도 하 ●○○

정답설명

② 옳은 것을 모두 고르면 ㉠, ㉣이다.

㉠ 황성신문은 대한매일신보, 만세보, 제국신문 등과 함께 국채 보상 운동을 적극적으로 지원하였다.

㉣ 만세보는 오세창 등에 의해 창간된 천도교의 기관지로, 친일 단체인 일진회 등의 매국 행위를 주로 비판하였다.

오답분석

㉡ **제국신문:** 순한글판으로 발간되어 부녀자들에게 인기가 있었던 신문은 제국신문이다. 한편, 한성순보는 우리나라 최초의 신문으로 박문국에서 순한문체로 10일에 한 번씩 발행되었다.

㉢ **황성신문:** 국한문 혼용체로 발행되어 유학자층의 계몽에 앞장선 신문은 황성신문이다.

09 현대 좌·우 합작 위원회 난이도 중 ●●○

자료분석

좌익이 제시한 5가지 조건 + 우익 대표의 답변 → 좌·우 합작 위원회

정답설명

② 좌·우 합작 위원회는 좌·우 합작 7원칙을 발표하여 민주주의 임시 정부의 수립을 위한 미·소 공동 위원회의 속개를 요청하였다.

오답분석

① 좌·우 합작 위원회는 중도 좌파인 여운형과 중도 우파인 김규식의 주도로 조직되었다.

③ **대한민국 임시 정부:** 조소앙의 삼균주의를 바탕으로 한 건국 강령을 발표한 것은 대한민국 임시 정부이다.

④ **조선 건국 준비 위원회:** 전국 각지에 치안을 담당하기 위한 치안대를 조직한 것은 조선 건국 준비 위원회이다.

10 조선 후기 홍대용 난이도 중 ●●○

자료분석

지구만이 중앙에 위치해 있는 것은 이치가 없음 + 자전하지 않는 것이 없음 → 지전설 → 홍대용

정답설명

③ 홍대용은 『임하경륜』에서 양반도 생산 활동에 종사할 것과 성인 남자에게 2결의 토지를 지급하자고 역설하였다.

오답분석

① **안정복:** 『천학문답』을 저술하여 서학(천주교)의 교리를 비판한 인물은 안정복이다.

② **박제가:** 『북학의』에서 적극적인 청 문물의 수용을 강조한 인물은 박제가이다.

④ **정약용:** 『경세유표』에서 정치 제도와 토지 제도의 개혁(정전제)을 주장한 인물은 정약용이다.

■ 정답
p.92

01	④ 조선 후기
02	③ 고대
03	③ 조선 전기
04	② 고려 시대
05	④ 근대
06	③ 일제 강점기
07	③ 고대
08	④ 현대
09	② 고려 시대
10	④ 고려 시대

■ 취약시대 분석표

분류	시대	문항 수
전근대	선사 시대	/0
	고대	/2
	고려 시대	/3
	조선 전기	/1
	조선 후기	/1
근현대	근대	/1
	일제 강점기	/1
	현대	/1
통합	시대 통합	/0
총합		/10

* 취약시대 분석표를 이용해 틀린 문제가 있는 시대는 그 시대의 문제만
골라 해설을 다시 한번 꼼꼼히 학습하세요.

01 조선 후기 숙종 재위 시기의 사실 난이도 중 ●●○

자료분석

상평통보를 주조하게 함 + 시중에 유통시킴 → 숙종

정답설명

④ 숙종 때 조선과 청은 대표를 파견하여 서쪽으로 압록강, 동쪽으로
토문강을 경계로 하는 백두산 정계비를 세워 국경을 확정하였다.

오답분석

① **정조**: 신해통공으로 육의전을 제외한 시전 상인의 금난전권을 폐
지한 것은 정조 때이다.
② **현종**: 효종과 효종비 사후에 자의 대비의 복상 기간을 두고 서인
과 남인 사이에서 두 차례 예송 논쟁이 전개된 것은 현종 때이다.
③ **영조**: 준천사를 설치하여 청계천을 정비하고 홍수에 대비한 것
은 영조 때이다.

02 고대 나·제 결혼 동맹 체결 시기 난이도 중 ●●○

자료분석

백제의 왕 모대(동성왕)가 혼인을 청함 + 이벌찬 비지의 딸을 보냄 →
나·제 결혼 동맹(493)

(가) 낙랑군 축출(313) ~ 고구려의 평양 천도(427)
(나) 고구려의 평양 천도(427) ~ 백제의 웅진 천도(475)
(다) 백제의 웅진 천도(475) ~ 관산성 전투(554)
(라) 관산성 전투(554) ~ 황산벌 전투(660)

정답설명

③ 백제와 신라가 결혼 동맹을 맺은 것은 (다) 시기인 493년이다. 백
제와 신라는 고구려 장수왕의 남진 정책에 대항하고자 433년에
나·제 동맹을 체결하였으나, 고구려 장수왕의 공격으로 백제의
수도 한성이 함락되고 웅진(공주)으로 천도하게 되자 나·제 결혼
동맹을 체결하여 동맹 관계를 더욱 강화하였다.

03 조선 전기 사간원과 홍문관 난이도 하 ●○○

자료분석

(가) 문하부의 낭사가 독립한 것 + 왕에게 간쟁함 → 사간원
(나) 궁궐 내의 경적을 관리 + 옥당 → 홍문관

정답설명

③ 바르게 연결하면 (가) 사간원, (나) 홍문관이다.
(가) 사간원은 조선 시대의 언론 기관으로 왕의 옳지 못한 행동에 대
해 간쟁하고, 정사의 잘못을 논박하는 역할을 담당하였다. 또한
사헌부와 함께 양사라고 불리며 5품 이하 관리 임명에 대한 동
의권(서경권)을 행사하였다.
(나) 홍문관은 궁궐 내의 경적을 관리하고 문서를 처리하며 국왕의
정책 자문에 대비하였다.

오답분석

· 사헌부는 시정 논의, 관리 감찰 및 탄핵, 풍속 교정 등을 담당한 기
구이다.
· 교서관은 궁중의 서적을 간행하고 제사 때 쓰이는 향과 제사용 축
문, 도장 등을 담당한 관청이다.

04 고려 시대 신진 사대부 난이도 하 ●○○

자료분석

대부분 지방의 향리나 하급 관리의 자제 + 급진파와 온건파로 분화됨 → (가) 신진 사대부

정답설명

② 신진 사대부는 새로운 사상인 성리학을 통해 불교의 폐단을 비판하고 고려 말의 사회 모순을 개혁하고자 하였다.

오답분석

① **문벌 귀족**: 왕실과의 혼인을 통해 관직을 세습한 것은 문벌 귀족이다. 문벌 귀족은 왕실과의 혼인으로 외척이 되거나 권력을 가진 가문 간의 혼인을 통해 지위나 관직을 세습하였다.
③ **무신, 권문세족**: 권력을 앞세워 대규모 농장을 소유한 것은 무신과 권문세족이다. 정변을 통해 정권을 장악한 무신들과 원 간섭기에 성장한 권문세족은 대농장을 소유하여 사회 혼란을 야기하였다.
④ **권문세족**: 친원적 성향으로, 도평의사사를 장악한 것은 권문세족이다. 권문세족은 원 간섭기에 부원 세력이 성장한 고려 후기의 대표적인 지배 세력으로, 고위 관직을 독점하고 도평의사사(도당)를 장악하였다.

✌️이것도 알면 합격

권문세족과 신진 사대부

구분	권문세족	신진 사대부
출신	무신 정권과 원 간섭기에 형성된 다양한 출신의 귀족 계층	지방 향리 출신
성격	귀족적 (음서로 관직 진출, 도평의사사 장악)	실무적 (과거로 관직 진출, 유교적 소양과 행정 능력 보유)
경제적 기반	대농장, 부재(不在) 지주	지방 중소 지주, 재향(在鄕) 지주
사상적 기반	친불교적	성리학 중시, 불교 배척, 사회 개혁적 성향
대외 정책	친원	반원 친명

05 근대 김홍집 난이도 중 ●●○

자료분석

군국기무처 회의 총재는 (가)이/가 맡음 → (가) 김홍집

정답설명

④ 김홍집은 제2차 수신사로 일본으로 파견되었으며, 귀국할 때 황쭌셴(황준헌)이 쓴 『조선책략』을 가져와 국내에 소개하였다.

오답분석

① **안창호 등**: 신민회를 조직한 인물은 안창호, 양기탁 등이다.
② **김옥균 등**: 갑신정변을 주도한 인물은 김옥균, 박영효 등의 급진 개화파이다.
③ **유길준**: 서양 각국의 지리, 역사, 문화 등을 정리한 『서유견문』을 저술한 인물은 유길준이다.

✌️이것도 알면 합격

김홍집

- 1880년: 제2차 수신사로 일본에 파견, 국내에 『조선책략』을 가져옴
- 1884년: 한성 조약 체결 당시 전권대신을 맡음
- 1894년: 총리대신으로 갑오개혁을 주도함
- 1896년: 아관 파천 이후 성난 군중에 의해 살해됨

06 일제 강점기 조선 의용대 난이도 중 ●●○

자료분석

항일 전쟁에 직접 참가 + 조선 민족 전선 연맹 기치하에 단결 → 조선 의용대

정답설명

③ 조선 의용대는 조선 민족 전선 연맹이 중국 국민당의 지원을 받아 중국 관내에서 결성한 최초의 한인 군사 조직이었다.

오답분석

① 자유시 참변(1921)으로 큰 피해를 입은 독립군은 1920년 만주에서 활동하던 독립군이다. 한편, 조선 의용대는 자유시 참변 이후인 1938년에 결성되었다.
② **한국 독립군**: 중국 호로군 등과 한·중 연합 작전을 수행하여 동경성에서 승리한 부대는 한국 독립군이다.
④ **한국광복군**: 미국 전략 정보처(OSS)와 함께 정진군을 편성하여 국내 진공 작전을 계획한 부대는 한국광복군이다. 한편, 국내 진공 작전은 일본의 무조건 항복으로 실현되지 못하였다.

07 고대 국학 난이도 중 ●●○

자료분석

예부에 속함 + 대사 이하에서 관등이 없는 자 + 15세에서 30세까지인 사람을 들임 → ① 국학

정답설명

③ 국학은 유학 교육을 위하여 신문왕 때 설치되었으며 박사와 조교가 교육을 담당하였다.

오답분석

① 국학에는 진골 귀족뿐만 아니라 6두품 등도 입학할 수 있었다. 국학은 원칙적으로 왕경인(수도에 거주하는 사람)이 입학할 수 있었으며 졸업할 때는 나마나 대나마의 관직을 주었다. 따라서 나마 관직에 오를 수 없는 4두품 이하는 제외되었을 것으로 추정된다.

② **국자감(고려):** 유학부와 기술학부로 나누어 교육한 것은 고려 시대의 국립 대학인 국자감이다.

④ **서원(조선):** 왕으로부터 편액(현판)과 함께 서적 등을 받기도 한 것은 조선 시대의 지방 교육 기관인 서원이다.

08 현대 역대 헌법 개정 과정 난이도 중 ●●○

정답설명

④ 순서대로 바르게 나열하면 (라) 제3차 개헌(1960) → (다) 제6차 개헌(1969) → (나) 제7차 개헌(1972) → (가) 제8차 개헌(1980)이 된다.

(라) 제3차 개헌: 대통령은 양원 합동 회의에서 선거하고 재적 국회의원의 3분의 2 이상의 투표를 얻어 당선된다고 명시한 것은 1960년에 발표된 제3차 개헌이다.

(다) 제6차 개헌: 대통령의 3선 연임과 국회의원의 국무총리 및 국무위원의 겸직을 허용한 것은 1969년에 발표된 제6차 개헌이다.

(나) 제7차 개헌: 대통령은 통일 주체 국민 회의에서 토론 없이 무기명 투표로 선출하는 것은 1972년에 발표된 제7차 개헌(유신 헌법)의 내용이다.

(가) 제8차 개헌: 대통령은 대통령 선거인단에서 선출하고, 임기는 7년으로 하는 것은 1980년에 발표된 제8차 개헌의 내용이다.

09 고려 시대 의천 난이도 중 ●●○

자료분석

태조의 4대손 + 선종 때 불법을 구하기 위해 배를 타고 감 + 5교(교종 5교)가 다시 제자리로 돌아감 → 의천

정답설명

② 의천은 수행 방법으로 이론의 연마와 실천을 함께 강조하는 교관겸수를 주장하였다.

오답분석

① **지눌:** 대구 팔공산 거조암, 길상사 등에서 정혜결사를 주도한 인물은 지눌이다.

③ 초조대장경은 거란의 침입을 부처의 힘으로 극복하고자 고려 현종 때부터 편찬하기 시작한 대장경으로, 의천과는 관련이 없다.

④ **균여:** 교종 내의 대립을 해소하기 위해 성상융회 사상을 주장한 인물은 균여이다.

10 고려 시대 시정 전시과와 경정 전시과 난이도 중 ●●●

자료분석

(가) 경종 원년 + 직관·산관의 전시과를 제정함 → 시정 전시과
(나) 문종 30년 + 양반 전시과를 다시 고침 → 경정 전시과

정답설명

④ 경정 전시과에서는 거란과의 항쟁 과정에서 공을 세웠던 무반과 일반 군인에 대한 대우가 이전에 비해 전반적으로 향상되었다.

오답분석

① **역분전:** 개국 공신에게 인품, 행실, 공로를 기준으로 토지를 분급한 것은 고려 태조 때 시행된 역분전이다.

② **과전법:** 권문세족을 약화시키고, 신진 사대부의 경제적 기반을 마련하기 위하여 실시된 것은 과전법이다.

③ **경정 전시과:** 모든 관리를 과 내로 포함시키면서 한외과가 소멸된 것은 경정 전시과이다. 개정 전시과에서는 18과에 들지 못한 계층을 한외과로 분류하여 전지만 17결을 지급하였으나, 경정 전시과에서는 한외과가 소멸되었다.

✌️ 이것도 알면 합격

전시과 제도의 변천

제도	지급 대상	특징
시정 전시과 (경종)	전·현직 관리	· 관품과 인품 반영 · 4색 공복 + 문·무반·잡업으로 나누어 지급
개정 전시과 (목종)	전·현직 관리	· 인품을 배제, 관직만 고려 · 현직자 우대, 한외과 설치, 토지 지급량 축소
경정 전시과 (문종)	현직 관리	· 산직 배제, 공음전, 한인전, 구분전 정비 · 무관 차별 완화, 별정 전시과 정비, 한외과 폐지

■ 정답   p.96

01	③ 근대
02	④ 고려 시대
03	④ 일제 강점기
04	② 조선 후기
05	② 현대
06	① 조선 전기
07	④ 현대
08	④ 고려 시대
09	④ 고대
10	③ 고대

■ 취약시대 분석표

분류	시대	문항 수
전근대	선사 시대	/0
	고대	/2
	고려 시대	/2
	조선 전기	/1
	조선 후기	/1
근현대	근대	/1
	일제 강점기	/1
	현대	/2
통합	시대 통합	/0
총합		/10

* 취약시대 분석표를 이용해 틀린 문제가 있는 시대는 그 시대의 문제만 골라 해설을 다시 한번 꼼꼼히 학습하세요.

01 근대 신미양요   난이도 중 ●●○

(자료분석)

초지와 덕진을 잃어버림 + 광성보에서 군사와 장수를 잃음 → 신미 양요

(정답설명)

③ 신미양요는 미국이 제너럴셔먼호 사건을 빌미로 조선 정부에 책 임을 추궁하고 이를 빌미로 통상 수교를 요구하기 위해 강화도에 침입한 사건이다.

(오답분석)

① 운요호 사건: 일본과 강화도 조약이 체결되는 계기가 된 사건은 운 요호 사건이다. 운요호 사건은 일본이 조선에 개항을 요구하기 위 해 강화도 초지진 등을 공격한 사건으로, 이 사건을 계기로 강화 도 조약이 체결되었다.

② 병인양요: 한성근이 이끄는 부대가 문수산성에서 항전한 사건은 프랑스군이 강화도를 공격한 병인양요이다.

④ 병인양요: 외규장각에 보관 중인 『의궤』 등의 왕실 서적이 약탈되 는 피해를 입은 사건은 병인양요이다.

02 고려 시대 고려 시대 화폐의 유통   난이도 하 ●○○

(정답설명)

④ 옳은 것을 모두 고르면 ⓒ, ⓔ이다.

ⓒ 고려 시대의 원 간섭기에는 원과의 무역이 활발하게 전개됨에 따 라 원의 지폐인 보초가 국내로 들어와 유통되기도 하였다.

ⓔ 고려 시대에는 화폐가 널리 유통되지 못하고 주로 다점(찻집), 주 점(술집) 등의 관영 상점에서 제한적으로 사용되었다.

(오답분석)

㉠ 우리나라 최초의 화폐는 고려 성종 때 주조된 건원중보이다. 한편, 삼한통보는 고려 숙종 때 주조된 화폐이다.

㉡ 조선 후기: 화폐의 유통이 원활하지 않아 시중에 화폐가 부족해지 는 전황 현상이 일어난 것은 조선 후기이다.

03 일제 강점기 1930~1940년대의 무장 독립 투쟁   난이도 중 ●●○

(정답설명)

④ 시기순으로 바르게 나열하면 (다) 민족 혁명당 결성(1935) → (라) 조국 광복회 조직(1936) → (가) 한국광복군 창설(1940) → (나) 조선 독립 동맹 결성(1942)이 된다.

(다) 민족 혁명당 결성: 난징에서 의열단이 중심이 되어 조선 혁명 당·신한 독립당·한국 독립당 등 민족주의 계열과 사회주의 계열 을 통합한 민족 연합 전선인 민족 혁명당이 결성되었다(1935).

(라) 조국 광복회 조직: 동북 항일 연군 내 한인들이 함경도 일대의 사회주의 세력 및 민족주의 세력 등과 조국 광복회를 조직하였 다(1936).

(가) 한국광복군 창설: 충칭에 정착한 대한민국 임시 정부는 대일 항 전을 전개하기 위해 한국광복군을 창설하였다(1940).

(나) 조선 독립 동맹 결성: 화북 조선 청년 연합회가 개편하여 사회주 의 단체인 조선 독립 동맹이 결성되었다(1942).

04 조선 후기 **허균** 난이도 상 ●●●

자료분석

항민 + 호민 → 「호민론」 → 허균

정답설명

② 허균은 「유재론」에서 신분 제도에 근거한 불평등한 인재 등용 정책을 비판하고, 능력에 따른 인재 등용을 주장하였다.

오답분석

① 박지원: 「양반전」, 「호질」 등의 한문 소설을 지어 양반의 허례와 무능을 풍자한 인물은 박지원이다.

③ 유수원: 『우서』에서 상공업 진흥을 위해 사농공상의 평등과 전문화를 주장한 인물은 유수원이다.

④ 정약용: 우리나라 강역에 관한 역사 지리서인 『아방강역고』를 지어 역사 지리에 대한 이해를 심화시킨 인물은 정약용이다. 정약용은 『아방강역고』에서 고조선 이래의 역대의 수도, 하천 등의 위치를 새롭게 고증하였다.

✍️ 이것도 알면 합격

허균의 「유재론」

> 하늘이 재능을 균등하게 부여하는데 관리의 자격을 대대로 벼슬하던 집안과 과거 출신으로만 한정하고 있으니 항상 인재가 모자라 애태우는 것은 당연한 일이다. …… 노비나 서얼이어서 어진 인재를 버려두고, 어머니가 개가했으므로 재능을 쓰지 않는다는 것은 듣지 못했다. – 「유재론」

사료 분석 | 허균은 「유재론」에서 신분 제도에 근거한 불평등한 인재 등용 정책을 비판하였다.

05 현대 **우리나라의 시기별 교육 정책** 난이도 하 ●○○

정답설명

② 1974년에 박정희 정부는 고교 평준화 정책을 실시하여 고등학교 간 교육 격차를 완화하고, 고교 입시 과열로 인한 교육 문제와 부작용을 해결하고자 하였다.

오답분석

① 1990년대: 학교마다 학교 운영 위원회를 설치한 것은 1996년부터이다. 학교 운영 위원회는 교육 자치를 실현하고, 지역의 실정과 학교 특성에 맞는 교육을 실시하기 위한 교육 개혁의 일환으로 도입된 제도로, 1996년부터 시 지역 소재 학교부터 적용하기 시작하여 1998년까지 읍·면 지역에 실시되었다.

③ 1990년대: 대학 수학 능력 시험이 처음 시행된 것은 1993년이다.

④ 1980년대: 과외 금지와 대학의 정원보다 많은 신입생을 선발하고 초과 인원을 탈락시켜 졸업할 때 정원을 맞추는 대학 졸업 정원제가 시행된 것은 1980년이다.

06 조선 전기 **3포 개항** 난이도 중 ●●○

자료분석

왜인이 제포, 염포, 부산포 등지에서 살 것을 허락함 → ㉠ 3포 개항(1426)

(가) 제2차 왕자의 난(1400) ~ 계해약조 체결(1443)

(나) 계해약조 체결(1443) ~ 계유정난(1453)

(다) 계유정난(1453) ~ 이시애의 난(1467)

(라) 이시애의 난(1467) ~ 중종 반정(1506)

정답설명

① 조선 정부는 (가) 시기인 1426년에 대마도주의 요청에 따라 제포(진해), 염포(울산), 부산포의 3포를 개항하여 무역을 허용하였다.

07 현대 **제1차 미·소 공동 위원회** 난이도 하 ●○○

자료분석

모스크바 삼상 회의에서 결정 + 덕수궁 석조전에서 개최→ (가) 제1차 미·소 공동 위원회

정답설명

④ 제1차 미·소 공동 위원회에서는 임시 정부 수립을 위한 협의 대상을 선정하는 문제로 미국과 소련 양국이 논쟁하였다. 미국은 반탁 운동을 펼치는 우익 세력도 협의 대상에 포함시키자 주장하였고, 소련은 반탁 운동을 하는 정당·단체와는 협의할 수 없다고 주장하였다.

오답분석

① 좌·우 합작 위원회: 중도 좌파인 여운형과 중도 우파인 김규식 등을 중심으로 결성된 것은 좌·우 합작 위원회이다.

② 조선 건국 준비 위원회는 여운형이 조직한 조선 건국 동맹이 광복 직후 개편된 단체로, 제1차 미·소 공동 위원회 개최(1946. 3.) 이전인 1945년 8월에 조직되었다.

③ 유엔 감시 하 남북한 총선거를 통한 정부 수립을 결정한 것은 1947년에 열린 유엔 총회로, 미·소 공동 위원회와는 관련이 없다.

✍️ 이것도 알면 합격

미·소 공동 위원회

제1차 (1946. 3.~5.)	반탁 운동을 펼치는 우익을 협의 대상에 포함시키자는 미국의 주장과 신탁 통치에 반대하는 정당·단체와는 협의할 수 없다는 소련의 주장이 맞서면서 무기한 휴회에 돌입
제2차 (1947. 5.~10.)	트루먼 독트린으로 미·소 간의 냉전이 격화되는 가운데 자국에 우호적인 정당을 세우려는 미·소의 정책으로 회담이 결렬 → 미국이 한반도 문제를 유엔에 이관(1947. 9.)

자료분석

강화 천도(1232) → (가) → 개경 환도(1270)

정답설명

④ (가) 시기인 1254년에 충주 다인철소 주민들이 항쟁하여 몽골군을 격퇴하였으며, 그 공으로 다인철소는 익안현으로 승격되었다.

오답분석

① (가) 이후: 공민왕을 시해하기 위한 흥왕사의 변이 일어난 것은 1363년으로, (가) 시기 이후의 사실이다.

② (가) 이전: 금의 사대 요구를 수용한 것은 1126년으로, (가) 시기 이전의 사실이다. 고려 인종 때 집권자였던 이자겸이 자신의 권력을 유지하고 금(여진)과의 무력 충돌을 피하기 위해 사대 요구를 수용하였다.

③ (가) 이전: 귀주에서 박서가 몽골군에 항전한 것은 1231년으로, (가) 시기 이전의 사실이다.

자료분석

오언시인 태평송을 써서 당 황제에게 바침 → 진덕 여왕

정답설명

④ 진덕 여왕은 관리들에게 중국식 의관을 착용하도록 하고, 진골로서 관직에 있는 자는 상아나 무소뿔로 만든 아홀(관리가 왕을 알현할 때 손에 쥐던 의례용 장신구)을 갖도록 하였다.

오답분석

① 진흥왕: 황룡사를 창건한 왕은 진흥왕이다. 진흥왕은 월성의 동쪽에 궁궐을 짓다가, 그곳에서 황룡이 나타났다는 말을 듣고 궁궐 대신 황룡사를 지었다.

② 경덕왕: 당 황제인 대종에게 만불산이라는 불교 공예품을 헌상한 왕은 경덕왕이다.

③ 신무왕: 장보고의 도움을 받아 왕으로 즉위한 왕은 신무왕이다. 왕위 계승 과정에서 김명(민애왕)에게 패배한 김우징은 이후 장보고의 도움을 받아 민애왕을 몰아내고 신무왕으로 즉위하였다.

이것도 알면 합격

진덕 여왕 재위 시기의 사실
· 품주를 개편하여 집사부 설치
· 김춘추를 당나라에 파견하여 나·당 동맹 결성
· 오언태평송을 지어 당 고종에게 바침
· 당의 연호인 영휘 사용

자료분석

합하면 이문(二門) 일심(一心)의 법이 그 요체가 됨 + 일심과 하나가 되어 혼용 → 일심 사상 → 원효

정답설명

③ 『목우자수심결』을 저술한 인물은 고려 시대의 지눌이다. 지눌은 『목우자수심결』에서 마음을 닦는 비결(수심결)로 선과 교학을 나란히 수행하되 선을 중심으로 교학을 포용하자는 정혜쌍수와 단번에 깨달은 바를 꾸준히 수행하자는 돈오점수를 주창하였다.

오답분석

모두 원효의 저술이다.

① 『화엄경소』는 원효가 교파 간의 대립과 논쟁을 조화시키기 위해 저술한 화엄경의 주석서이다.

② 『십문화쟁론』은 불교의 여러 가지 이론을 10문으로 정리한 서적이다.

④ 『금강삼매경론』은 『금강삼매경』에 대한 주석서이다.

이것도 알면 합격

원효	
불교 이해 기준 확립	여러 불교 서적에 대한 폭넓은 이해를 바탕으로 『대승기신론소』, 『금강삼매경론』 등 저술
종파 융합에 기여	일심 사상을 바탕으로 사상적 대립을 조화시키고 분파 의식을 극복하기 위해 『십문화쟁론』 저술
불교 대중화에 기여	나무아미타불만 염불하면 누구나 극락왕생할 수 있다는 아미타 신앙 전파

■ 정답

p.100

01	② 근대
02	③ 조선 전기
03	② 고려 시대
04	② 일제 강점기
05	③ 근대
06	③ 고대
07	④ 현대
08	④ 고려 시대
09	③ 일제 강점기
10	③ 조선 후기

■ 취약시대 분석표

분류	시대	문항 수
전근대	선사 시대	/0
	고대	/1
	고려 시대	/2
	조선 전기	/1
	조선 후기	/1
근현대	근대	/2
	일제 강점기	/2
	현대	/1
통합	시대 통합	/0
총합		/10

* 취약시대 분석표를 이용해 틀린 문제가 있는 시대는 그 시대의 문제만 골라 해설을 다시 한번 꼼꼼히 학습하세요.

---

01 근대 조·미 수호 통상 조약   난이도 중 ●●○

자료분석

미국 상인이 무역을 할 때 세금을 바쳐야 함 + 미국 관민에게도 우대하는 이익을 동일하게 누리게 함(최혜국 대우) → 조·미 수호 통상 조약

정답설명

② 조·미 수호 통상 조약에는 조약을 체결한 양국 중 한 국가가 제3국의 압박을 받을 경우에 서로 도와주도록 한다는 거중조정에 대한 원칙이 명시되었다.

오답분석

① 보빙사는 조·미 수호 통상 조약 체결(1882) 이후 미국 공사의 파견에 대한 답례로 파견되었다(1883).

③ 조·미 수호 통상 조약은 조·프 수호 통상 조약 체결(1886) 이전인 1882년에 체결되었다.

④ 조·일 수호 조규 부록: 개항장에서 외국 화폐의 통용을 처음 허용한 것은 강화도 조약의 부속 조약인 조·일 수호 조규 부록이다.

---

02 조선 전기 중종 재위 시기의 사실   난이도 중 ●●○

자료분석

유자광에게 뇌물을 바쳐서 공신이 된 자 + 공신록에서 삭제해야 함 → 위훈 삭제 → 중종

정답설명

③ 중종 재위 시기에는 연장자와 연소자, 친구 사이에서 지켜야 할 윤리를 강조한 『이륜행실도』가 간행되었다.

오답분석

① 명종: 승과 제도가 부활한 것은 명종 때이다. 명종 때는 명종의 모후인 문정 왕후의 불교 후원으로 선교 양종이 다시 설치되고, 승과 제도가 부활하였다.

② 선조: 왕실의 서얼 출신인 이몽학이 충청도 홍산(지금의 부여 일대)에서 난을 일으킨 것은 선조 때이다.

④ 세조: 원각사지 10층 석탑을 건립한 것은 세조 때이다. 원각사지 10층 석탑은 고려 원 간섭기에 건립된 경천사지 10층 석탑의 영향을 받아 대리석으로 세워진 탑이다.

✋ 이것도 알면 합격

중종 재위 시기의 사실

정치	· 비변사 설치: 삼포왜란을 계기로 임시 회의 기구로 처음 설치 · 기묘사화: 위훈 삭제, 주초위왕 사건을 계기로 조광조 등의 사림 세력들이 제거됨 · 군적수포제 시행: 군역 부담자에게 군포를 납부받고 군역을 면제시킴 · 임신약조 체결: 세견선 25척, 세사미두 100석으로 무역 규모를 제한
사회	주세붕이 우리나라 최초의 서원인 백운동 서원을 건립함
문화	연장자와 연소자·친구 사이에서 지켜야 할 윤리를 강조한 『이륜행실도』 간행

03 고려 시대 **거란**

자료분석

사신을 파견하여 낙타 50필을 보냄 + 발해를 멸망시킴 → (가) 거란

정답설명

② 거란은 목종을 폐위한 강조의 정변을 구실로 고려를 침략하였다.

오답분석

① 명: 고려에 철령위 설치를 통보한 나라는 명이다. 명은 과거에 원이 지배한 철령 이북의 땅을 직접 다스리기 위해 행정 관청인 철령위의 설치를 고려에 통보하였다.

③ 여진: 고려에 동북 9성을 돌려달라고 요청한 나라는 여진이다. 여진은 윤관이 천리장성 밖 동북 지역에 쌓은 9개의 성인 동북 9성을 돌려달라고 요청하였다.

④ 몽골: 다루가치를 파견하여 고려의 내정을 간섭한 나라는 몽골이다. 몽골은 고려의 내정을 간섭하고 공물 징수를 감독하기 위해 다루가치를 파견하였다.

04 일제 강점기 **문일평**

자료분석

조선학 + 조선인의 특수성을 표시하는 언어(한글 강조) → 문일평

정답설명

② 문일평은 국제 관계에서 실리적인 감각이 필요함을 느끼고 『대미 관계 50년사』를 저술하였다.

오답분석

① 안재홍: 『조선상고사감』을 저술한 인물은 안재홍이다. 안재홍은 신채호의 고대사 연구를 계승·발전시켜 『조선상고사감』을 저술하였다.

③ 백남운 등: 역사가 발전하는 원동력은 관념이 아니라 물질적인 것이라고 주장하는 유물 사관에 입각하여 역사를 연구한 인물은 백남운 등의 사회·경제 사학자들이다.

④ 정인보: 「5천 년간 조선의 얼」이라는 글을 동아일보에 연재한 인물은 정인보이다.

05 근대 **농광 회사**

자료분석

주주는 본국인만으로 허용함 + 토지 개간·관개 사무 등을 담당함 → (가) 농광 회사

정답설명

③ 농광 회사는 일본의 황무지 개간권 요구에 대응하여 우리 손으로 직접 황무지를 개간하기 위해 설립된 특허 회사이다. 일본이 황

무지 개간권을 요구하자 보안회를 중심으로 반대 운동이 전개되었고, 일부 민간 실업인과 관리들은 농광 회사를 설립하여 직접 황무지를 개간할 것을 주장하였다.

오답분석

① 종로 직조사: 종로의 백목전 상인들이 만든 직조 회사는 종로 직조사이다. 청·일 전쟁 이후 일본산 면포가 조선에 대거 유입되자 이에 대항하기 위해 종로 직조사, 한성 제직 회사 등이 설립되었다.

② 동양 척식 주식회사: 역둔토나 국유 미간지를 약탈하기 위해 일본이 세운 국책 회사는 동양 척식 주식회사이다.

④ 상권 수호 운동 전개를 위하여 시전 상인들이 주도하여 만든 회사는 황국 중앙 총상회이다.

✌️ 이것도 알면 합격

농광 회사

설립 목적	일본의 토지 침탈에 맞서 개간 사업을 목적으로 일부 민간 실업인과 관리들이 설립
활동	· 황무지를 우리 손으로 개간할 것을 주장함 · 각종 채굴 사무에도 종사할 것을 규정함
결과	일본이 황무지 개간권 요구를 철회하고 회사의 해체를 요구하면서 본격적 활동은 하지 못함

06 고대 **원광**

자료분석

왕이 수나라에 군사를 청하는 글을 요청 + 명령을 따름 → 걸사표 → 원광

정답설명

③ 원광은 화랑이 지켜야 할 규율인 세속오계(사군이충, 사친이효, 교우이신, 임전무퇴, 살생유택)를 제시하여 화랑에게 충효의 원리를 교육하였다.

오답분석

① 『해심밀경』을 주석한 『해심밀경소』를 저술한 인물은 원측과 원효이며, 『인왕경』을 주석한 『인왕경소』를 저술한 인물은 원측이다.

② 충담사: 백성을 편안히 다스릴 노래를 지어달라는 경덕왕의 요청에 따라 '안민가'를 지은 인물은 충담사이다.

④ 의상: 관세음보살을 염불하여 현세에서 고난을 구제받고자 하는 관음 신앙을 전파하였던 승려는 의상이다.

07 현대 **미군정 시기의 사실**

자료분석

맥아더 원수의 포고에 의하여 수립 → 미군정

④ 화폐 개혁을 실시하여 '환'을 '원'으로 변경(1962)한 것은 5·16 군사 정변 이후 수립된 군사 정부 시기의 사실이다.

모두 미군정 시기의 사실이다.

① 미군정 시기에는 일제의 식민 교육을 폐지하고 민주 시민 양성을 목표로 교육 정책을 추진하여 6-3-3제의 미국식 학제를 마련하였다.

② 미군정 시기에는 일본인 소유의 토지 분배를 위해 설치되었던 신한 공사를 개편하여 중앙 토지 행정처를 발족하였다.

③ 미군정 시기에는 소작 조건의 개선을 위하여 소작료가 총 수확량의 3분의 1을 넘지 못하도록 규제하는 정책을 실시하였다.

08 고려 시대 전민변정도감 난이도 하 ●○○

원종 10년에 설치 + 공민왕 원년에 다시 설치 → (가) 전민변정도감

④ 전민변정도감은 권문세족에 의해 불법적으로 점유된 토지나 농민을 조사하고, 이를 바로잡아 권문세족의 경제적 기반을 약화시키기 위해 설치된 임시 개혁 기구였다.

① 중추원: 원 간섭기에 밀직사로 격하된 기구는 중추원이다. 원 간섭기에 고려는 관제의 격을 낮추어 중서문하성과 상서성을 합쳐 첨의부로, 중추원은 밀직사, 6부는 4사로 개편되었다.

② 경시서: 고려 시대에 매점매석 등 시전의 상행위와 물가를 감독·조절하는 임무를 담당한 기구는 경시서이다.

③ 어사대: 소속 관원이 중서문하성의 낭사와 함께 대간으로 불린 기구는 어사대이다. 대간은 간쟁(국왕의 비행을 간언)·봉박(잘못된 조칙에 대한 거부권)의 업무를 담당하고, 서경권(관리 임명 등에 대한 거부)을 행사하였다.

09 일제 강점기 대일 선전 포고 이후의 사실 난이도 중 ●●○

한국 인민과 정부를 대표 + 대일 선전 → 한국광복군의 대일 선전 포고(1941)

③ 대일 선전 포고 이후인 1943년에 일제는 조선 식량 관리령을 제정하여 곡물을 강제로 공출하였다.

모두 대일 선전 포고 이전의 사실이다.

① 부전강에 수력 발전소가 준공된 것은 1929년이다. 일제는 공업화 정책을 시행하기 위하여 부전강 수력 발전소, 허천강 수력 발전소 등을 건설하였다.

② 조선 민립 대학 기성회가 창립된 것은 1923년이다. 조선 민립 대학 기성회는 조선 교육회의 주도로 설립된 단체로 민립 대학 설립 운동을 주도하였다.

④ 이광수가 우리나라 최초의 현대 장편 소설인 「무정」을 매일신보에 연재한 것은 1917년이다.

10 조선 후기 균역법 난이도 중 ●●○

2필 양역의 폐단이 나라를 망치는 근저 + 1필로 줄이는 정책을 행하지 않을 수 없음 → 균역법

③ 옳은 것을 모두 고르면 ㉡, ㉢이다.

㉡, ㉢ 균역법의 시행으로 국가 재정이 감소되자, 이를 보충하기 위해 지주에게 토지 1결당 2두의 결작미를 징수하였다. 또한 각 아문과 궁방에서 관리하던 어세·염세·선박세 등의 잡세 수입을 균역청에서 관리하게 하여 국고로 전환하였다.

㉠ 대동법: 국가에서 돈을 받아 관청에 필요한 물품을 대신 구매하여 납품하는 어용 상인인 공인이 등장하는 배경이 된 것은 대동법이다.

㉣ 호포법: 군포를 호 단위로 부과하여 양반도 군역을 부담하게 된 것은 고종 때 시행된 호포법이다.

✌이것도 알면 합격

균역법	
배경	군포 징수의 문란, 농민들의 군포 부담 증가
내용	· 1년에 군포 1필만 부과 · 재정 감소 보완책: 어장세·염세·선박세 부과, 결작(지주에게 1결당 2두 부과), 선무군관포(일부 부유한 평민층에게 명예직을 수여하고 군포 1필 징수) 등을 징수
결과	농민들의 군포 부담 감소, 결작이 소작농에게 전가되는 문제점 발생

■ 정답

p.106

01	③ 선사 시대	11	② 고대
02	③ 고대	12	④ 시대 통합
03	③ 고려 시대	13	④ 일제 강점기
04	① 조선 후기	14	③ 고려 시대
05	③ 시대 통합	15	③ 조선 후기
06	④ 일제 강점기	16	② 고대
07	③ 현대	17	② 근대
08	② 조선 전기	18	④ 일제 강점기
09	④ 근대	19	② 근대
10	① 고려 시대	20	④ 현대

■ 취약시대 분석표

분류	시대	문항 수
전근대	선사 시대	/1
	고대	/3
	고려 시대	/3
	조선 전기	/1
	조선 후기	/2
근현대	근대	/3
	일제 강점기	/3
	현대	/2
통합	시대 통합	/2
총합		/20

* 취약시대 분석표를 이용해 틀린 문제가 있는 시대는 그 시대의 문제만 골라 해설을 다시 한번 꼼꼼히 학습하세요.

---

01 선사 시대 **신석기 시대**

난이도 하 ●○○

(자료분석)

농경과 목축이 시작됨 + 간석기를 사용 + 정착 생활 → 신석기 시대

(정답설명)

③ 신석기 시대에는 가락바퀴와 뼈바늘을 이용하여 옷이나 그물을 만들어 사용하였다.

(오답분석)

① **청동기 시대**: 고인돌이나 돌널무덤을 제작한 시대는 청동기 시대이다. 고인돌 제작에는 많은 노동력을 필요로 했기 때문에 지배층의 무덤으로 추정된다.
② **철기 시대**: 반량전, 오수전 등의 중국 화폐를 사용한 시대는 철기 시대이다.
④ **구석기 시대**: 대표적인 유적지로 연천 전곡리 유적 등이 있는 시대는 구석기 시대이다. 한편, 신석기 시대의 대표적인 유적지로는 서울 암사동 유적, 양양 오산리 유적 등이 있다.

02 고대 **백제 성왕 재위 시기의 사실**

난이도 중 ●●○

(자료분석)

왕이 관산성을 공격 + 도도가 왕을 죽임 → 백제 성왕

(정답설명)

③ 백제 성왕 때는 도읍을 웅진(공주)에서 사비(부여)로 옮긴 후, 국호를 남부여로 고치고 중흥을 꾀하였다.

(오답분석)

① **문주왕**: 고구려 장수왕의 공격으로 한성(서울)이 함락되자 도읍을 금강 유역의 웅진(공주)으로 옮긴 것은 문주왕 때이다.
② **무령왕**: 오경 박사인 단양이와 고안무를 일본에 파견한 것은 무령왕 때이다.
④ **개로왕**: 고구려에 대항하기 위해 중국 북위에 사신을 보내 군사 지원을 요청한 것은 개로왕 때이다.

03 고려 시대 **최충헌**

난이도 중 ●●○

(자료분석)

왕에게 봉사(봉사 10조)를 올림 + 이의민을 없애버림 → (가) 최충헌

(정답설명)

③ 최충헌은 교정도감을 설치하고, 장관인 교정별감이 되어 국정을 총괄하였다.

(오답분석)

① **이자겸**: 고려 인종이 자신을 제거하려 하자 척준경과 함께 난을 일으킨 인물은 이자겸이다.
② **경대승**: 자신의 신변 보호를 위해 사병 집단인 도방을 처음 조직한 인물은 경대승이다. 한편, 도방은 경대승이 사망하면서 사실상 해체되었으나, 이후 최충헌에 의해 다시 설치되어 최씨 무신 정권의 군사적 기반이 되었다.
④ **최우**: 몽골의 침입 때 강화 천도의 공으로 진양후로 책봉된 인물은 최우이다.

04 조선 후기 대동법　난이도 중 ●●○

자료분석

역을 고르게 함 + 경기도와 강원도에 이미 시행함 → 대동법

정답설명

① 옳은 것을 모두 고르면 ㉠, ㉡이다.
㉠ 대동법은 광해군 때 처음 경기도에서 실시되었으나, 지주들의 반대가 심하여 이후 숙종 때 전국적으로 확대 실시될 때까지 100여 년의 시간이 걸렸다.
㉡ 대동법을 시행하면서 관할 관청으로 선혜청이 설치되었다.

오답분석

㉢ 대동법의 실시로 정기적으로 납부하던 상공은 없어졌으나, 부정기적인 별공·진상 등이 여전히 존재하여 현물 징수가 완전히 없어지지는 않았다.
㉣ **영정법**: 풍흉에 관계없이 전세를 1결당 4~6두로 고정하여 거둔 제도는 영정법이다.

05 시대 통합 『삼국사기』와 『발해고』　난이도 중 ●●○

자료분석

(가) 삼국도 역사가 오래되어 그 사실이 기록되어야 함 → 『삼국사기』
(나) 김씨가 남쪽을 차지하고, 대씨가 북쪽을 차지하고 발해라 했으니, 이를 남북국이라 함 → 『발해고』

정답설명

③ 『삼국사기』는 고려 인종 때 김부식 등이 왕명을 받아 편찬하였으며, 우리나라에 현존하는 가장 오래된 역사서이다.

오답분석

① 『삼국사기』에는 단군의 건국 이야기가 수록되어 있지 않다. 한편, 단군의 건국 이야기가 수록된 역사서로는 일연의 『삼국유사』, 이승휴의 『제왕운기』 등이 있다.
② 『해동역사』: 한치윤이 중국 및 일본의 자료를 참고하여 저술한 역사서는 『해동역사』이다. 한편, 『발해고』는 유득공이 저술하였다.
④ 고조선부터 고려 말까지의 역사를 정리한 역사서는 조선 시대에 편찬된 『동국통감』, 『동사강목』 등이 있다. 한편, 『발해고』는 발해의 역대 국왕, 인물, 지리 등을 서술하였다.

06 일제 강점기 민족 말살 통치 시기의 사실　난이도 하 ●○○

자료분석

징병 대상자로 지목됨 → 민족 말살 통치 시기

정답설명

④ 일제는 민족 말살 통치 시기에 매일 아침마다 일왕이 사는 일본 도쿄의 궁성을 향해 절을 하는 궁성요배를 강요하였다.

오답분석

① **무단 통치 시기**: 일제가 농산물을 반출하기 위해 호남선 철도를 개통(1914)한 것은 무단 통치 시기의 사실이다.
② **문화 통치 시기**: 일제가 경성 제국 대학을 설립(1924)한 것은 문화 통치 시기의 사실이다.
③ **무단 통치 시기**: 일제가 경찰범 처벌 규칙을 발표(1912)한 것은 무단 통치 시기의 사실이다.

07 현대 대한민국 정부 수립과 4·19 혁명 사이의 사실　난이도 중 ●●○

자료분석

대한민국 정부 수립(1948. 8.) → (가) → 4·19 혁명(1960)

정답설명

③ 제주에서 4·3 사건이 발생한 것은 (가) 시기 이전인 1948년 4월이다.

오답분석

모두 (가) 시기에 있었던 사실이다.
① 미국의 극동 방위선을 규정한 애치슨 선언이 발표된 것은 1950년 1월이다.
② 조봉암이 평화 통일론을 주장하며 진보당을 창당한 것은 1956년이다.
④ 반민족 행위 특별 조사 위원회가 설치된 것은 1948년 10월이다.

08 조선 전기 승정원　난이도 하 ●○○

자료분석

도승지 + 왕명의 출납을 맡아봄 → (가) 승정원

정답설명

② 승정원은 국왕의 명령을 출납하는 기관으로, 도승지 이하 6명의 승지가 6조를 각각 분담하였다.

오답분석

① **의금부**: 의금부는 국왕 직속의 사법 기관으로, 반역죄와 강상죄 등을 저지른 중죄인을 심문하고 처결하였다.
③ **교서관**: 교서관은 궁중의 서적을 간행하고, 제사 때 쓰이는 향과 제사용 축문, 도장 등을 관장한 기관이다.
④ **춘추관**: 춘추관은 역사서의 편찬과 보관을 담당한 기관이다.

09 근대 흥선 대원군의 정책　난이도 하 ●○○

자료분석

군포 + 귀천을 막론하고 장정 한 사람마다 세납전을 바치게 함 + 동포전 → 호포제 → 흥선 대원군

④ 법전인 『대전통편』을 편찬하여 통치 체제를 정비한 인물은 정조
이다. 한편, 흥선 대원군은 국가의 통치 기강을 확립하고자 『대전
회통』을 편찬하였다.

모두 흥선 대원군이 추진한 정책이다.
① 흥선 대원군은 외세의 침투를 막기 위해 대외적으로 다른 나라와의
통상 및 교역을 허용하지 않는 통상 수교 거부 정책을 추진하였다.
② 흥선 대원군은 명나라 황제인 신종과 의종을 기리기 위하여 설립
된 만동묘와 폐단이 큰 서원을 47개소만 남기고 모두 철폐하였다.
③ 흥선 대원군은 왕실의 위엄을 높이기 위하여 임진왜란 때 소실된
경복궁을 중건하였다.

10 고려 시대 고려 시대의 문화유산 난이도 중 ●●○

① 영주 부석사 무량수전은 다포 양식이 아닌 주심포 양식으로 지어
졌다. 한편, 다포 양식으로 지어진 대표적인 고려 시대의 문화유
산으로는 황해도 사리원에 있는 성불사 응진전이 있다.

② 경천사지 10층 석탑은 원 간섭기인 충목왕 때 티베트 불교(라마교)
의 영향을 받아 제작된 석탑으로, 대리석으로 제작되었다.
③ 여주 고달사지 승탑은 고려 시대의 승탑으로, 통일 신라 승탑의 전
형적인 형태인 팔각원당형 양식을 계승하였다.
④ 논산 관촉사 석조 미륵보살 입상은 고려 초기에 건립되었으며, 지
역 특색을 반영한 대형 불상이다.

11 고대 매소성 전투 이후의 사실 난이도 중 ●●○

이근행이 대군을 이끌고 매소성에 머무름 + 우리 군사(신라)가 공격
하여 달아나게 함 → 매소성 전투(675)

② 매소성 전투 이후인 676년에 신라가 기벌포 전투에서 설인귀가
이끄는 당나라의 수군을 상대로 승리하였다.

모두 매소성 전투 이전의 사실이다.
① 당나라가 웅진 도독부를 설치한 것은 660년이다.
③ 고구려 대신 연정토가 신라에 항복한 것은 666년이다. 연개소문의
동생인 연정토는 연개소문이 죽고 내분으로 고구려의 정세가 불리
해지자 신라에 항복하였다.
④ 웅진 도독 부여융과 문무왕이 당의 강요에 따라 취리산에서 회맹
을 맺은 것은 665년이다.

12 시대 통합 개성 난이도 중 ●●○

만월대 + 선죽교 → (가) 개성

④ 개성에서는 남북 경제 협력 사업의 일환으로 공단이 건설되었다.

① 진주: 조선 형평사의 창립 대회가 개최된 지역은 진주이다.
② 의주: 조선 후기에 만상이 근거지로 삼아 활동한 지역은 의주이다.
③ 평양: 고려 시대 무신 집권기에 최광수가 고구려 부흥을 표방하며
난을 일으킨 지역은 평양이다.

13 일제 강점기 대한민국 임시 정부 난이도 하 ●○○

국내 잠입 경로는 연통제를 따름 → (가) 대한민국 임시 정부

④ 대한민국 임시 정부는 신흥 무관 학교를 설립하지 않았다. 한편,
신흥 무관 학교는 서간도 지역에서 이회영 등의 신민회 인사들이
설립한 신흥 강습소가 개편된 독립군 양성 기관이다.

모두 대한민국 임시 정부에 대한 설명이다.
① 대한민국 임시 정부는 독립운동을 위한 자금을 마련하기 위해 중국
과 미국 등 국외에 거주하는 동포들에게 독립 공채를 발행하였다.
② 대한민국 임시 정부는 미국 워싱턴에 구미 위원부를 설치하여 외
교 활동을 전개하였다.
③ 대한민국 임시 정부는 국제 사회에 한국의 독립 의지를 널리 알리
기 위해 사료 편찬소를 두고 『한·일 관계 사료집』을 간행하였다.

14 고려 시대 별무반 난이도 하 ●○○

신기군에 편성됨 → (가) 별무반

③ 별무반은 여진족에 대처하기 위하여 조직된 부대로, 신기군(기
병), 신보군(보병), 항마군(승병)으로 구성되었다.

① 광군: 고려 정종(3대) 때 거란의 침입에 대비하기 위하여 설치된 부
대는 광군이다. 한편, 별무반은 고려 숙종 때 설치되었다.
② 귀주 대첩은 별무반이 조직되기 이전에 일어난 사건으로, 별무반과는
관련이 없다. 한편, 귀주 대첩에서 크게 활약한 인물은 강감찬이다.
④ 삼별초: 고려 정부의 개경 환도에 반대하며 강화도에서 진도와 제
주도로 근거지를 옮겨 활동한 부대는 삼별초이다.

15 조선 후기 정조 난이도 상 ●●●

자료분석

『자휼전칙』을 반포함 → 정조

정답설명

③ 정조는 인조 이후의 대청 및 대일 관계의 외교 문서를 정리한 『동문휘고』를 편찬하였다.

오답분석

① 숙종: 금위영을 설치한 왕은 숙종이다.

② 광해군: 기유약조를 체결한 왕은 광해군이다.

④ 영조: 성균관 입구에 탕평비를 건립한 왕은 영조이다.

16 고대 발해 난이도 중 ●●○

자료분석

서쪽으로는 거란이 있음 + 솔빈부의 말 → 발해

정답설명

② 발해는 관리 감찰 기구인 중정대를 두어 관리들의 비리를 감찰하였다.

오답분석

① 신라: 개국, 태창이라는 연호를 사용한 나라는 신라이다. 한편, 발해는 인안, 대흥 등의 연호를 사용하였다.

③ 고구려: 귀족 회의인 제가 회의에서 국가의 중대사를 결정한 나라는 고구려이다.

④ 백제: 왕족인 부여씨와 8성(연씨·사씨·협씨·해씨·진씨·국씨·목씨·백씨)의 귀족이 지배층을 이룬 나라는 백제이다.

17 근대 제1차 갑오개혁 난이도 중 ●●○

자료분석

1894년에 설치됨 + 총재 1명, 부총재 1명, 회의원으로 구성 → 군국기무처 → 제1차 갑오개혁

정답설명

② 옳은 것을 모두 고르면 ㉠, ㉣이다.

㉠ 제1차 갑오개혁 때는 종래의 6조를 8아문으로 개편하였다.

㉣ 제1차 갑오개혁 때는 왕실의 사무를 담당하는 궁내부를 신설하여 왕실 사무와 국정 사무를 분리하였다.

오답분석

㉡ 광무개혁: 양전 사업을 실시하여 근대적 토지 소유권인 지계를 발급한 것은 광무개혁 때이다.

㉢ 을미개혁: 중앙에 친위대, 지방에 진위대를 설치한 것은 을미개혁 때이다.

18 일제 강점기 연해주의 독립운동 난이도 하 ●○○

자료분석

두만강을 사이에 두고 국내와 가까움 + 신한촌 + 권업회 → 연해주

정답설명

④ 연해주 블라디보스토크에서는 이상설을 중심으로 대한 광복군 정부가 수립되었다.

오답분석

① 상하이: 신규식, 박은식 등의 주도로 동제사가 조직된 곳은 중국 상하이이다.

② 멕시코: 독립군을 양성하기 위해 숭무 학교가 설립된 곳은 멕시코이다.

③ 하와이: 박용만에 의해 대조선 국민 군단이 창설된 곳은 미주 하와이이다.

19 근대 독립 협회 난이도 하 ●○○

자료분석

독립문을 건립 + 구국 운동 상소문을 올림 → (가) 독립 협회

정답설명

② 독립 협회는 국민 계몽을 위해 회보를 발간하고 만민 공동회 등 대규모 집회를 개최하여 열강의 이권 침탈을 비판하였다.

오답분석

① 신민회: 자기 회사와 태극 서관 등을 설립한 단체는 신민회이다.

③ 대한 자강회: 고종의 강제 퇴위 반대 운동을 전개하다가 통감부에 의해 해산된 단체는 대한 자강회이다.

④ 황국 협회: 보부상 중심의 단체로 황권 강화를 통한 부국강병을 행동지침으로 삼은 단체는 황국 협회이다.

20 현대 김영삼 정부 시기의 사실 난이도 하 ●○○

자료분석

금융 거래는 실명으로만 이루어짐 → 금융 실명제 → 김영삼 정부

정답설명

④ 김영삼 정부 시기에는 시장 개방 정책의 일환으로 경제 협력 개발 기구(OECD)에 가입하였다.

오답분석

① 노태우 정부: 서울 올림픽이 개최된 것은 노태우 정부 시기의 사실이다.

② 박정희 정부: 광주 대단지 사건이 일어난 것은 박정희 정부 시기의 사실이다.

③ 김대중 정부: 평화 유지 활동 부대인 상록수 부대가 동티모르에 파견된 것은 김대중 정부 시기의 사실이다.

■ 정답
p.110

01	④ 고려 시대	11	④ 고대
02	① 현대	12	② 근대
03	② 일제 강점기	13	③ 고대
04	④ 선사 시대	14	② 조선 전기
05	③ 고대	15	③ 현대
06	④ 고려 시대	16	③ 조선 후기
07	④ 조선 전기	17	④ 일제 강점기
08	② 조선 후기	18	③ 근대
09	① 근대	19	② 조선 전기
10	④ 일제 강점기	20	③ 고려 시대

■ 취약시대 분석표

분류	시대	문항 수
전근대	선사 시대	/1
	고대	/3
	고려 시대	/3
	조선 전기	/3
	조선 후기	/2
근현대	근대	/3
	일제 강점기	/3
	현대	/2
통합	시대 통합	/0
총합		/20

* 취약시대 분석표를 이용해 틀린 문제가 있는 시대는 그 시대의 문제만 골라 해설을 다시 한번 꼼꼼히 학습하세요.

---

01 고려 시대 고려 시대의 가족 제도
난이도 중 ●●○

자료분석

부인과 결혼하면 남자가 여자의 집으로 감 → 고려 시대

정답설명

④ 고려 시대에는 태어난 차례대로 족보에 기재하여 남녀 차별을 하지 않았다.

오답분석

① **조선 후기:** 재산 상속에서 제사를 지내는 큰아들이 우대받은 시기는 조선 후기이다.
② **조선 후기:** 아들이 없는 경우 양자를 들이는 것이 일반적이었던 시기는 조선 후기이다.
③ 고려 시대에는 여성의 재가가 자유로웠으며, 재가한 여성의 자식은 별다른 제한 없이 과거에 응시할 수 있었다.

---

02 현대 좌·우합작7원칙발표이후의사실
난이도 중 ●●○

자료분석

토지 개혁에 있어서 몰수, 유조건 몰수, 체감매상 등으로 농민에게 무상으로 나누어 줌 → 좌·우 합작 7원칙(1946. 10.)

정답설명

① 옳은 것을 모두 고르면 ㉠, ㉢이다.
㉠ 좌·우 합작 7원칙이 발표된 이후인 1951년에 국민 방위군 사건이 일어났다.

㉢ 좌·우 합작 7원칙이 발표된 이후인 1948년 10월에 여수·순천 10·19 사건이 발생하였다.

오답분석

모두 좌·우 합작 7원칙 발표 이전의 사실이다.
㉡ 남조선 국방 경비대가 창설된 것은 1946년 1월이다.
㉣ 조선 건국 준비 위원회가 미군정과의 협상에서 유리한 입장을 차지하기 위해 조선 인민 공화국 수립을 선포한 것은 1945년 9월이다.

---

03 일제 강점기 대한 광복회
난이도 중 ●●○

자료분석

박상진 등이 국권 회복을 명분으로 조직 → 대한 광복회

정답설명

② 대한 광복회는 박상진 등이 조직한 단체로 공화 정체의 국가 건설을 지향하였다. 대한 광복회는 만주에 사관 학교를 설립하여 독립군을 양성하고자 하였으며 필요한 군자금을 마련하고자 우편차 등을 습격하여 일제의 재물을 빼앗거나 친일 부호를 처단하기도 하였다.

오답분석

① 대한 광복회는 중·일 전쟁 발발(1937) 이전인 1915년에 결성되었다.
③ **독립 의군부:** 고종의 비밀 지령을 받아 조직된 단체는 독립 의군부이다.
④ **대한민국 임시 정부:** 국내와의 연락을 위해 교통국을 설치한 단체는 대한민국 임시 정부이다.

04 선사 시대 **부여와 동예** 난이도 하 ●○○

자료분석

(가) 동이 지역 중에서 가장 넓고 평탄함 + 성품이 근엄하고 후덕하여 다른 나라를 노략질하지 않음 → 부여

(나) 해마다 10월이면 하늘에 제사를 지내는데 무천이라 함 → 동예

정답설명

④ 동예는 단궁이라는 활과 작은 말인 과하마, 바다표범 가죽인 반어피 등의 특산물이 생산되었다.

오답분석

① **삼한**: 정치적 지배자로 신지, 읍차 등이 있었던 국가는 삼한이다.
② **옥저**: 민며느리제라는 혼인 풍습이 있었던 국가는 옥저이다.
③ **고구려**: 집집마다 부경이라는 창고를 두었던 국가는 고구려이다.

05 고대 **의상** 난이도 중 ●●○

자료분석

중국으로 가서 지엄을 뵈었음 + 부석사를 창건함 → 의상

정답설명

③ 의상은 화엄 사상의 요지를 간결한 시로 축약한 『화엄일승법계도』를 지어 화엄 사상을 정립하였다.

오답분석

① **원효**: 『화엄경』의 내용을 쉽게 이해할 수 있도록 무애가를 지어 백성들을 교화하는 등 불교의 대중화에 노력한 인물은 원효이다.
② **원측**: 유식학을 기반으로 서명학파를 개창한 인물은 원측이다.
④ **혜초**: 인도와 중앙아시아를 여행하고 그 지역의 풍습, 언어, 종교 등을 기록한 여행기인 『왕오천축국전』을 저술한 인물은 혜초이다.

06 고려 시대 **광종 재위 기간의 사실** 난이도 중 ●●○

자료분석

혜거를 국사로 삼고, 탄문을 왕사로 삼음 → 광종

정답설명

④ 고려 광종 때는 광덕, 준풍 등의 독자적인 연호를 사용하였다.

오답분석

① **고려 성종**: 노비환천법을 실시한 것은 고려 성종 때이다.
② **고려 태조**: 기인 제도를 처음 실시한 것은 고려 태조 때이다. 기인 제도는 고려의 태조가 지방 호족들을 견제하기 위해 호족의 자제를 뽑아 개경에서 머물도록 한 인질 제도이다.
③ **고려 현종**: 현화사 7층 석탑을 건립한 것은 고려 현종 때이다.

07 조선 전기 **무오사화** 난이도 하 ●○○

자료분석

연산군 때 일어남 + 김종직이 부관참시를 당함 → (가) 무오사화

정답설명

④ 무오사화는 김일손이 스승 김종직의 「조의제문」을 「사초」에 기록한 것을 훈구 세력이 문제 삼아 일어난 사건으로, 이때 훈구 세력은 김일손 등의 사림을 제거하였다.

오답분석

① **을사사화**: 명종의 외척인 윤원형 일파에 의해 인종의 외척인 윤임 일파가 제거되는 결과를 가져온 사건은 을사사화이다.
② **기묘사화**: 위훈 삭제에 반발한 훈구 세력에 의해 도학 정치를 주장하던 조광조 등이 제거된 사건은 기묘사화이다.
③ **갑자사화**: 폐비 윤씨 사사 사건에 관련된 김굉필 등의 사림들이 피해를 입은 사건은 갑자사화이다.

08 조선 후기 **비변사** 난이도 중 ●●○

자료분석

변방의 일에 대응하도록 함 → (가) 비변사

정답설명

② 비변사는 흥선 대원군에 의해 기능이 축소되었다. 흥선 대원군은 세도 정치를 타파하고 왕권을 강화하기 위해 비변사를 축소·폐지한 뒤 의정부와 삼군부의 기능을 부활시켰다.

오답분석

① 비변사는 중종 때 일어난 삼포왜란을 계기로 임시로 설치되었으며, 명종 때 일어난 을묘왜변을 계기로 상설 기구화되었다.
③ 비변사는 비국(備局)·묘당(廟堂)·주사(籌司)라고도 불렸다.
④ 비변사는 세도 정치 시기에 외척 세력의 권력 기반이 되었다.

09 근대 **독립신문** 난이도 하 ●○○

자료분석

서재필 등이 창간함 + 영문판으로도 간행됨 → 독립신문

정답설명

① 독립신문은 서재필 등이 정부의 지원을 받아 창간한 우리나라 최초의 민간 신문으로, 한글판과 영문판으로 간행되었다.

오답분석

② **제국신문**: 제국신문은 순 한글판으로 발간되어 부녀자 및 일반 서민들에게 인기가 많았다.

③ **한성순보**: 한성순보는 우리나라 최초의 신문으로, 10일에 한 번씩 박문국에서 간행되었다.

④ **황성신문**: 황성신문은 유생층을 대상으로 한 국한문 혼용 신문으로, 장지연의 '시일야방성대곡'이라는 논설을 게재하였다.

10 일제 강점기 신채호
난이도 중 ●●○

자료분석

묘청의 천도 운동 + 일천년래 제일대사건 → 『조선사연구초』 → 신채호

정답설명

④ 신채호는 『조선상고사』에서 역사를 '아(我)'와 비아(非我)의 투쟁'으로 인식하였다.

오답분석

① **손진태**: 『조선민족사개론』을 저술한 인물은 손진태이다.

② **문일평**: 민족 정신으로 '조선심'을 강조한 인물은 문일평이다.

③ **박은식**: 대한민국 임시 정부의 제2대 대통령을 역임한 인물은 박은식이다.

11 고대 삼국의 문화재
난이도 하 ●○○

정답설명

④ 우리나라에 남아 있는 유일한 고구려 비석은 충주 고구려비이다. 한편, 광개토 대왕릉비는 중국 길림성에 위치하고 있다.

오답분석

① 칠지도는 근초고왕 때 왜왕에게 하사한 것으로 추정되며, 당시 백제와 왜의 교류를 보여주는 칼이다.

② 백제 금동 대향로는 부여 능산리 절터에서 출토되었으며, 불교와 도교 사상을 반영하고 있다.

③ 분황사 모전 석탑은 선덕 여왕 때 돌을 벽돌 모양으로 다듬어 쌓은 신라의 탑이다.

12 근대 국채 보상 운동
난이도 중 ●●○

자료분석

외채가 1,300만 원 + 채무를 상환 → 국채 보상 운동

정답설명

② 국채 보상 운동은 서상돈 등의 주도로 대구에서 시작되어 전국적으로 확산되었다.

오답분석

① 조선 총독부는 1910년에 설치된 기구이므로, 1907년부터 1년여 간 전개된 국채 보상 운동을 탄압할 수 없었다. 한편, 국채 보상 운동은 통감부의 방해로 실패하였다.

③ **3·1 운동**: 미국 대통령 윌슨이 제창한 민족 자결주의의 영향을 받은 운동은 3·1 운동이다.

④ **물산 장려 운동**: 자작회, 토산 애용 부인회 등의 단체가 참여한 운동은 물산 장려 운동이다.

13 고대 법흥왕
난이도 하 ●○○

자료분석

이차돈이 자신의 목을 베어 여러 사람들의 논의를 진정시키라고 함 → 법흥왕

정답설명

③ 법흥왕은 전기 가야 연맹을 주도한 금관가야를 병합하여 영토를 확장하였다.

오답분석

① **지증왕**: 국호를 '신라'로 확정한 왕은 지증왕이다.

② **소지 마립간**: 국가 공문서를 송달하기 위해 사방에 우역(역참)을 처음으로 설치한 왕은 소지 마립간이다.

④ **진흥왕**: 화랑도를 국가적인 조직으로 개편한 왕은 진흥왕이다.

14 조선 전기 서인과 동인
난이도 중 ●●○

자료분석

(가) 심의겸의 세력 → 서인

(나) 김효원의 세력 → 동인

정답설명

② 경신환국을 통해 정국을 주도한 붕당은 서인이다. 경신환국은 서인이 허적의 서자 허견의 역모를 고발하여 발생한 사건으로, 이로 인하여 남인이 대거 축출되었으며 서인이 정국을 주도하게 되었다.

오답분석

① 서인은 이이와 성혼 등의 학풍을 계승한 기호학파를 중심으로 형성되었다. 한편, 동인은 이황과 조식의 학풍을 계승한 영남학파로 형성되었다.

③ 서인은 예송 논쟁에서 왕실도 사대부와 같은 예법을 따라야 한다고 주장하며 왕권보다 신권을 강조하였다.

④ 동인은 건저 문제(세자 책봉 문제)로 탄핵된 서인 정철의 처벌 문제를 둘러싸고 강경파인 북인과 온건파인 남인으로 나뉘었다.

15 현대 5·18 민주화 운동 난이도 중 ●●○

(자료분석)

공수 부대 + 광주 시민의 의거 → 5·18 민주화 운동

(정답설명)

③ 5·18 민주화 운동 당시 공공기관이 생산한 자료 및 선언문, 시민들의 증언, 사진 등의 관련 기록물(5·18 민주화 운동 기록물)은 2011년에 유네스코 세계 기록유산으로 등재되었다.

(오답분석)

① 4·19 혁명: 대통령이 하야하는 계기가 된 민주화 운동은 4·19 혁명이다.

② 6·3 항쟁: 학생들과 시민들이 굴욕적인 한·일 국교 정상화에 반대한 시위는 6·3 항쟁이다.

④ 6월 민주 항쟁: 4·13 호헌 조치에 반발하여 호헌 철폐, 독재 타도 등의 구호를 내세운 민주화 운동은 6월 민주 항쟁이다.

16 조선 후기 조선 후기의 역사서 난이도 상 ●●●

(정답설명)

③ 옳은 것을 모두 고르면 ⓒ, ⓒ이다.

ⓒ 이종휘의 『동사』는 고구려의 역사와 문화를 다루었으며, 고대사 연구 범위를 만주까지 확대하였다.

ⓒ 안정복의 『열조통기』는 조선 태조부터 영조까지의 역사를 편년체로 서술하였다.

(오답분석)

㉠ 안정복의 『동사강목』은 기사본말체가 아닌 강목체 형식의 편년체로 역사를 서술하였다.

㉣ 임상덕의 『동사회강』은 기자 조선과 마한을 정통으로 인정하지 않았으며, 신라 통일 이후와 고려 통일 이후를 정통으로 보았다.

17 일제 강점기 만주 사변과 태평양 전쟁 사이의 사실 난이도 중 ●●○

(자료분석)

만주 사변 발생(1931) → (가) → 태평양 전쟁 발발(1941)

(정답설명)

④ 농공은행을 통합한 조선식산은행이 설립된 것은 (가) 시기 이전인 1918년이다.

(오답분석)

모두 (가) 시기에 있었던 사실이다.

① 제3차 조선 교육령이 공포된 것은 1938년이다.

② 조선 사상범 보호 관찰령이 제정된 것은 1936년이다.

③ 국민 정신 총동원 조선 연맹이 조직된 것은 1938년이다.

18 근대 을미의병 난이도 중 ●●○

(자료분석)

국모(명성 황후)의 원수를 생각함 + 부모에게서 받은 머리털을 풀 베듯이 베어 버림(단발령) → 을미의병

(정답설명)

③ 을미의병은 아관 파천으로 친일 정권이 무너지면서 단발령이 철회되고 고종이 해산을 권고하는 조칙을 내리자 대부분 해산하였다.

(오답분석)

① 정미의병: 해산된 군인의 합류로 전투력이 향상된 것은 정미의병이다.

② 을사의병: 전직 관리 출신인 민종식이 이끄는 부대가 홍주성을 점령한 것은 을사의병이다.

④ 정미의병: 스스로 독립군임을 내세우며 국제법상 교전 단체로 승인해 줄 것을 요구한 것은 정미의병이다.

19 조선 전기 세종 재위 시기의 사실 난이도 중 ●●○

(자료분석)

내불당을 지음 + 황희 → 세종

(정답설명)

② 세종 때는 우리나라 최초로 한양을 기준으로 천체 운동을 계산한 역법서인 『칠정산』을 편찬하였다.

(오답분석)

① 태종: 신문고를 처음으로 설치한 것은 태종 때이다.

③ 성종: 성균관 안에 존경각을 설치한 것은 성종 때이다.

④ 정종: 도평의사사를 개편하여 의정부를 설치한 것은 정종 때이다.

20 고려 시대 이제현 난이도 상 ●●●

(자료분석)

『국사』가 갖춰지지 못한 것을 근심하여 백문보, 이달충과 함께 편찬하기로 함 → 『사략』 → (가) 이제현

(정답설명)

③ 이제현은 충선왕이 연경에 세운 만권당에서 원의 학자들과 교류하였다.

(오답분석)

① 안향: 성리학을 고려에 처음 소개한 인물은 안향이다.

② 정몽주: 이방원의 「하여가」에 답하여 고려에 대한 충정을 담은 「단심가」를 지은 인물은 정몽주이다.

④ 최언위: 낭원대사 오진탑비의 비문을 작성한 인물은 최언위이다.

■ 정답 p.114

01	② 근대	11	④ 조선 전기
02	③ 조선 후기	12	② 일제 강점기
03	③ 근대	13	③ 고려 시대
04	④ 고려 시대	14	④ 조선 전기
05	② 현대	15	④ 근대
06	④ 시대 통합	16	① 조선 전기
07	③ 고대	17	① 고대
08	② 선사 시대	18	③ 시대 통합
09	② 고대	19	① 일제 강점기
10	④ 고려 시대	20	④ 현대

■ 취약시대 분석표

분류	시대	문항 수
전근대	선사 시대	/1
	고대	/3
	고려 시대	/3
	조선 전기	/3
	조선 후기	/1
근현대	근대	/3
	일제 강점기	/2
	현대	/2
통합	시대 통합	/2
총합		/20

* 취약시대 분석표를 이용해 틀린 문제가 있는 시대는 그 시대의 문제만 골라 해설을 다시 한번 꼼꼼히 학습하세요.

---

01 근대 **홍범 14조** 난이도 중 ●●○

자료분석

1894년에 고종이 국정 개혁의 기본 강령으로 반포함 → (가) 홍범 14조

정답설명

② 홍범 14조의 제4조에는 왕실 사무와 국정 사무를 분리한다는 내용이 포함되어 있다.

오답분석

① 14개조 혁신 정강: 의정부와 6조 외에 불필요한 관청을 없애도록 한 것은 갑신정변 때 발표된 14개조 혁신 정강의 내용이다.
③ 폐정 개혁안 12개조: 7종 천인의 대우를 개선하고 백정이 쓰는 평량갓은 없애도록 한 것은 동학 농민군이 제시한 폐정 개혁안 12개조의 내용이다.
④ 헌의 6조: 국가 재정은 탁지부에서 전담하고 예산과 결산은 인민에게 공포하도록 한 것은 독립 협회가 결의한 헌의 6조의 내용이다.

02 조선 후기 **박지원** 난이도 중 ●●○

자료분석

허생 → 「허생전」 → 박지원

정답설명

③ 박지원은 청나라를 다녀온 후에 청의 문물을 소개하고 상공업의 진흥 등을 강조한 『열하일기』를 저술하였다.

오답분석

① **박제가**: 생산과 소비의 관계를 우물에 비유하여 소비를 권장한 인물은 박제가이다.
② **정약용**: 『기기도설』을 참고하여 거중기를 제작한 인물은 정약용이다.
④ **이익**: 화폐 제도의 문제점을 지적하며 폐전론을 주장한 인물은 이익이다. 한편, 박지원은 화폐의 사용을 찬성하는 용전론을 주장하였다.

03 근대 **을사늑약** 난이도 중 ●●○

자료분석

이토가 체결을 강요함 + 전 황제(고종)께서 옥새를 직접 찍지 않음 → 을사늑약

정답설명

③ 옳은 것을 모두 고르면 ㉡, ㉢이다.
㉡ 을사늑약은 1905년에 일본이 대한 제국의 외교권을 박탈하기 위하여 강제로 체결한 조약으로, 덕수궁 중명전에서 체결되었다.
㉢ 을사늑약은 대한 제국 황제 아래에 통감을 두는 것을 규정하였으며, 이에 따라 서울에 통감부가 설치되었다.

오답분석

㉠ **한·일 신협약의 비밀 각서**: 대한 제국 군대의 해산을 규정한 것은 한·일 신협약의 비밀 각서이다.
㉣ **제1차 한·일 협약**: 미국인 스티븐스가 대한 제국의 외교 고문으로 임명되는 계기가 된 것은 제1차 한·일 협약이다.

04 고려 시대 고려 건국과 고창 전투 사이의 사실 난이도 중 ●●○

자료분석

고려 건국(918) → (가) → 고창 전투(930)

정답설명

④ 고려가 일리천 전투에서 신검이 이끄는 후백제군에 승리한 것은 (가) 시기 이후인 936년이다.

오답분석

모두 (가) 시기에 있었던 사실이다.

① 발해가 거란의 침략을 받아 멸망한 것은 926년이다.

② 고려가 공산 전투에서 신숭겸 등이 전사하는 등 후백제군에 패배한 것은 927년이다.

③ 견훤이 이끄는 후백제군이 신라의 수도인 경주를 침공하여 경애왕을 죽인 것은 927년이다.

05 현대 남북 기본 합의서 난이도 중 ●●○

자료분석

남과 북은 상대방을 무력으로 침략하지 아니함 + 남과 북은 경제 교류와 협력을 실시함 → 남북 기본 합의서

정답설명

② 남북 기본 합의서는 노태우 정부 때인 1991년에 채택되었으며, 남과 북은 쌍방의 관계가 나라와 나라 사이의 관계가 아닌 통일을 지향하는 과정에서 형성된 잠정적 특수 관계임을 인정하였다.

오답분석

① 7·4 남북 공동 성명: 남과 북에서 정치 권력의 강화에 이용된 것은 박정희 정부 때 발표된 7·4 남북 공동 성명이다.

③ 6·15 남북 공동 선언: 분단 이후 최초로 열린 남북 정상 회담의 결과로 김대중 정부 때 발표된 것은 6·15 남북 공동 선언이다.

④ 10·4 남북 공동 선언: 서해 평화 협력 특별 지대를 설치하기로 합의한 내용이 담겨있는 것은 노무현 정부 때 발표된 10·4 남북 공동 선언이다.

06 시대 통합 우리나라의 유네스코 세계 문화유산 난이도 중 ●●○

정답설명

③ 2015년에 유네스코 세계 문화유산으로 등재된 백제 역사 유적 지구 중 부여에 속한 능산리 고분군에는 계단식 돌무지무덤이 아닌 굴식 돌방무덤이 있다. 한편, 고구려의 영향을 받은 계단식 돌무지무덤으로는 서울 석촌동 고분이 있다.

오답분석

① 합천 해인사 장경판전은 팔만대장경을 보관하기 위해 지어진 건축물로, 1995년에 유네스코 세계 문화유산으로 등재되었다.

② 석굴암은 경주에 위치한 인공 석굴 사원으로 김대성이 창건하였으며, 1995년에 유네스코 세계 문화유산으로 등재되었다.

④ 도산 서원은 이황의 학문과 덕행을 기리고 추모하기 위해 지어진 서원으로, 2019년에 '한국의 서원'이라는 명칭으로 다른 8개의 서원과 함께 유네스코 세계 문화유산으로 등재되었다.

07 고대 고대 문화의 일본 전파 난이도 중 ●●○

정답설명

③ 옳은 것을 모두 고르면 ⓛ, ⓒ이다.

ⓛ 고구려의 승려 혜자는 영양왕 때 일본에 건너가 쇼토쿠 태자의 스승이 되었다.

ⓒ 가야의 토기 제작 기술은 일본으로 이주한 도공들에 의해 전파되어 일본 스에키 토기에 영향을 주었다.

오답분석

㉠ 일본 삼론종의 시조가 된 혜관은 백제가 아닌 고구려의 승려이다.

㉣ 일본에 종이와 먹의 제조 방법을 전한 담징은 신라가 아닌 고구려의 승려이다.

08 선사 시대 고조선 난이도 하 ●○○

자료분석

백성에게 금하는 법 8조가 있었음 → 고조선

정답설명

② 고조선은 기원전 108년에 한 무제가 보낸 군대의 침공으로 수도인 왕검성이 함락되면서 멸망하였다.

오답분석

① 삼한: 목지국의 지배자가 왕으로 추대된 나라는 삼한이다.

③ 부여, 고구려: 형이 죽으면 형수를 아내로 삼는 풍습인 형사취수제가 있었던 나라는 부여와 고구려이다.

④ 동예: 꺼리는 것이 많아 질병으로 인해 사람이 죽으면 옛 집을 버리고 새 집을 지어 살았던 나라는 동예이다.

09 고대 발해 무왕 재위 기간의 사실 난이도 하 ●○○

자료분석

장문휴를 보내 등주(덩저우)를 공격 → 발해 무왕

정답설명

② 발해 무왕 때는 '인안'이라는 독자적인 연호를 사용하였다.

오답분석

① 발해 문왕: 당으로부터 발해 국왕에 책봉된 것은 발해 문왕 때이다.

③ **발해 선왕:** 5경 15부 62주의 지방 제도를 완비한 것은 발해 선왕 때이다.

④ **발해 성왕:** 수도를 동경 용원부에서 상경 용천부로 옮긴 것은 발해 성왕 때이다.

10 고려 시대 **공민왕 재위 시기의 사실** 난이도 하 ●○○

자료분석

지정 연호의 사용을 중지 + 기철 등을 처단 → 공민왕

정답설명

④ 공민왕 때는 동북면 병마사 유인우가 쌍성총관부를 공격하여 철령 이북의 영토를 회복하였다.

오답분석

① **충렬왕:** 두 차례 일본 원정에 여·몽 연합군이 파견된 것은 충렬왕 때이다.

② **충목왕:** 개혁 추진 기구로 정치도감을 설치한 것은 충목왕 때이다.

③ **우왕:** 청주 흥덕사에서 현존하는 가장 오래된 금속 활자본인 『직지심체요절』을 간행한 것은 우왕 때이다.

11 조선 전기 **정도전** 난이도 중 ●●○

자료분석

남은과 함께 요동을 공격하기를 요청함 + 『진도』를 익히게 함 → (가) 정도전

정답설명

④ 정도전은 『경제문감』에서 재상 제도의 변천 과정을 서술하고, 재상 중심의 정치를 주장하였다.

오답분석

① **김종서:** 세종 때 여진을 정벌하고 6진을 개척한 인물은 김종서이다.

② **주세붕:** 우리나라에 성리학을 처음 소개한 안향을 배향하는 백운동 서원을 건립한 인물은 주세붕이다.

③ **신숙주:** 세종 때 일본에 다녀와서 성종 때 일본의 정치, 지리 등을 정리한 『해동제국기』를 저술한 인물은 신숙주이다.

12 일제 강점기 **한국 독립군** 난이도 중 ●●○

자료분석

대전자령 + 일본군 습격 준비를 마침 → 대전자령 전투 → (가) 한국 독립군

정답설명

② 한국 독립군은 한국 독립당의 산하 부대로 북만주 일대에서 총사령관 지청천을 중심으로 활동하였다.

오답분석

① **조선 혁명군:** 흥경성 전투에서 일본군을 크게 물리친 부대는 조선 혁명군이다.

③ **한국광복군:** 영국군의 요청에 따라 연합군의 일원으로 인도와 미얀마(버마) 전선에 참전한 부대는 한국광복군이다.

④ **조선 의용대:** 조선 민족 전선 연맹이 중국 국민당의 지원을 받아 창설한 부대는 조선 의용대이다.

13 고려 시대 **고려 시대의 경제 상황** 난이도 하 ●○○

자료분석

해동통보 → 고려 시대

정답설명

③ 담배, 면화, 인삼 등의 작물을 널리 재배한 것은 조선 후기이다.

오답분석

모두 고려 시대의 경제 상황이다.

① 고려 시대에는 민전을 경작하는 농민들에게 생산량의 10분의 1을 조세로 거두었다.

② 고려 시대에는 예성강 하구의 벽란도가 국제 무역항으로 번성하였다.

④ 고려 시대에는 특수 행정 구역인 소(所)에서 국가가 필요로 하는 물품인 금, 은, 종이 등을 생산하였다.

14 조선 전기 **혼일강리역대국도지도** 난이도 하 ●○○

자료분석

현재 남아 있는 동양 최고(最古)의 세계 지도 + 중화 사상 반영 → 혼일강리역대국도지도

정답설명

④ 혼일강리역대국도지도는 태종 때 제작된 현재 남아 있는 동양 최고(最古)의 세계 지도로 중화 사상이 반영되었다.

오답분석

① 대동여지도는 김정호가 제작한 지도로 산맥, 하천 등을 정밀하게 표시하였으며, 거리를 알 수 있도록 10리마다 눈금을 표시하였다.

② 조선방역지도는 명종 때 제작된 지도로, 각 군현을 도별로 색을 다르게 하였고 만주와 대마도를 우리 영토로 표기하였다.

③ 곤여만국전도는 마테오 리치가 제작한 세계 지도로, 선조 때 이광정에 의해 우리나라에 전래되었다.

15 근대 **강화도 조약**

자료분석

일본의 항해자가 해안을 측량하도록 허가함 → 강화도 조약

정답설명

④ 강화도 조약에 따라 조선은 부산 외에 두 곳의 항구를 추가로 개항하기로 하였고, 이에 따라 원산, 인천에 개항장이 설치되었다.

오답분석

① **조·미 수호 통상 조약**: 황쭌셴의 『조선책략』의 영향을 받아 체결된 조약은 조·미 수호 통상 조약이다.

② **제물포 조약**: 일본 공사관의 경비병 주둔을 허용한 조약은 임오군란의 결과 체결된 제물포 조약이다.

③ **조·프 수호 통상 조약**: 천주교 포교의 자유를 인정하는 계기가 된 조약은 조·프 수호 통상 조약이다.

16 조선 전기 **향교**

난이도 중 ●●○

자료분석

역을 피하는 곳으로 삼음 + 훈도, 교수 → (가) 향교

정답설명

① 향교는 유학의 진흥을 위하여 지방의 군현에 설립된 유일한 관학으로, 각 군현의 인구에 비례하여 정원을 책정하였다.

오답분석

② 향교는 8세 이상의 양인은 입학이 가능하였지만, 천민은 입학할 수 없었다.

③ **서원**: 국가의 사액(임금이 사당이나 서원 등의 이름을 지어서 새긴 액자를 내리는 일)을 받으면 면세 특권이 주어진 교육 기관은 서원이다.

④ **성균관**: 성적 우수자는 문과(대과)의 초시를 면제해주었던 교육 기관은 국립 고등 교육 기관인 성균관이다.

17 고대 **장수왕**

난이도 중 ●●○

자료분석

도림 + 백제를 치려고 장수에게 군사를 나누어 줌 → 장수왕

정답설명

① 장수왕은 국내성에 기반을 둔 귀족 세력을 약화시키고, 적극적인 남하 정책을 추진하기 위해 평양으로 도읍을 옮겼다.

오답분석

② **미천왕**: 낙랑군과 대방군을 축출한 왕은 미천왕이다.

③ **영양왕**: 이문진에게 『신집』을 편찬하게 한 왕은 영양왕이다.

④ **소수림왕**: 율령을 반포하여 국가 체제를 정비한 왕은 소수림왕이다.

18 시대 통합 **조선 시대의 과거 제도**

난이도 중 ●●○

정답설명

③ 옳은 것을 모두 고르면 ⓛ, ⓔ이다.

ⓛ 조선 시대에 정기적으로 시행된 과거 시험인 식년시는 3년마다 실시되는 것이 원칙이었다.

ⓔ 무과는 조선 후기에 재정상의 이유 등으로 한번의 시험으로 만명이 넘는 합격자가 양산되어 '만과(萬科)'로 지칭되기도 하였다.

오답분석

ⓖ 조선 시대의 잡과는 수시로 시행된 것이 아닌 식년시(3년마다 실시)와 증광시(국가에 경사가 있을 때 실시)에만 시행되었다.

ⓒ 조선 시대의 과거는 법적으로 양인 이상에게 응시할 수 있는 자격이 주어졌다.

19 일제 강점기 **의열단**

난이도 하 ●○○

자료분석

민중 직접 혁명의 수단을 취함 → 「조선혁명선언」 → 의열단

정답설명

① 의열단은 조선 혁명당(최동오), 한국 독립당(조소앙) 등과 함께 민족 혁명당 결성에 참여하였다.

오답분석

② 대동 단결 선언은 의열단이 조직(1919)되기 이전인 1917년에 발표되었다.

③ **한인 애국단**: 단원인 이봉창이 일본 도쿄에서 일왕에게 폭탄을 투척한 단체는 한인 애국단이다.

④ **한인 애국단**: 침체된 대한민국 임시 정부의 활동에 활기를 불어넣고자 결성된 단체는 한인 애국단이다.

20 현대 **여운형**

난이도 중 ●●○

자료분석

정치범과 경제범을 즉시 석방 + 3개월간의 식량 확보 → 여운형

정답설명

④ 여운형은 중도 좌파 세력을 중심으로 진보적 민주주의를 표방하는 조선 인민당을 결성하였다.

오답분석

① 여운형은 반민족 행위 특별 조사 위원회가 조직(1948)되기 이전인 1947년에 암살 당하였다.

② **이승만**: 독립 촉성 중앙 협의회의 회장으로 추대된 인물은 이승만이다.

③ **김구**: 남한만의 단독 정부 수립에 반대하며 '삼천만 동포에게 읍고함'이라는 글을 발표한 인물은 김구이다.

해커스공무원 **단기 합격생**이 말하는
공무원 합격의 비밀!

해커스공무원과 함께라면
다음 합격의 주인공은 바로 여러분입니다.

대학교 재학 중,
7개월 만에 국가직 합격!

김*석 합격생

영어 단어 암기를 하프모의고사로!
—
하프모의고사의 도움을 많이 얻었습니다. 모의고사의
5일 치 단어를 일주일에 한 번씩 외웠고, 영어 단어
100개씩은 하루에 외우려고 노력했습니다.

가산점 없이
6개월 만에 지방직 합격!

김*영 합격생

국어 고득점 비법은 기출과 오답노트!
—
이론 강의를 두 달간 들으면서 이론을 제대로 잡고 바로
기출문제로 들어갔습니다. 문제를 풀어보고 기출강의를
들으며 틀렸던 부분을 필기하며 머리에 새겼습니다.

직렬 관련학과 전공,
6개월 만에 서울시 합격!

최*숙 합격생

한국사 공부법은 기출문제 통한 복습!
—
한국사는 휘발성이 큰 과목이기 때문에 반복 복습이
중요하다고 생각했습니다. 선생님의 강의를 듣고 나서
바로 내용에 해당되는 기출문제를 풀면서 복습
했습니다.

20대 마지막
기회라 생각했던
박*묵님도

적성에 맞지는 않는 전공으로
진로에 고민이 많았던
박*훈님도

군 전역 후 노베이스로
수험 생활을 시작한
박*란님도

해커스공무원으로 자신의 꿈에 한 걸음 더 가까워졌습니다.

당신의 꿈에 가까워지는 길
해커스공무원이 함께합니다.